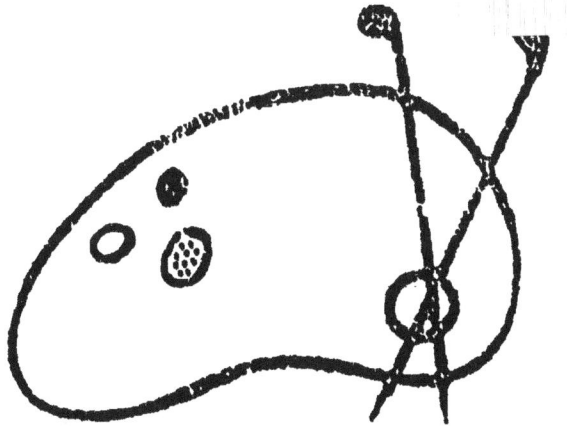

Début d'une série de documents
en couleur

QUINZIÈME ÉDITION

LE PAYS DES FOURRURES

PAR

JULES VERNE

AUTEUR DES VOYAGES EXTRAORDINAIRES
Couronnés par l'Académie française.

DEUXIÈME PARTIE

BIBLIOTHÈQUE
D'ÉDUCATION ET DE RÉCRÉATION
J. HETZEL ET Cie, 18, RUE JACOB
PARIS

Tous droits de traduction et de reproduction réservés.

LIBRAIRIE J. HETZEL ET Cⁱᵉ, 18, RUE JACOB

BIBLIOTHÈQUE D'ÉDUCATION ET DE RÉCRÉATION

VOLUMES IN-18
Brochés, **3 fr.** — Cartonnés toile, tranches dorées, **4 fr.**

vol.	vol.	vol.
AMPÈRE (A. M.) Journal et Corr. 1	LEGOUVÉ (E.), Pères et Enfants 3	STAHL (P.-J.) Maroussia...
ANDERSEN. Nouv. Contes sued. 1	— Conférences parisiennes... 1	STAHL, P.-J.) et DE WAILLY Riquet et Madeleine...
BERTRAND (J.), Les Fondateurs de l'astronomie... 1	— Nos Filles et nos Fils... 1	— Mary Bell, William et la faine...
BIART (L.) Jeune naturaliste... 1	— L'Art de la lecture... 1	STAHL et MULLER, Le nouveau Robinson suisse...
— Entre frères et sœurs... 1	LOCKROY (Mᵐᵉ), Contes... 1	SUSANE, Hist. de la cavalerie
BLANDY, Le Petit Roi... 1	MACAULAY, Histoire et Critique 1	THIERS, Histoire de Law...
BOISSONNAS (Mᵐᵉ B.), Une Famil. pendant la guerre 1870-71. 1	MACÉ (Jean), Bouchée de pain. 1	VALLERY RADOT (René), Journal d'un volontaire d'un an
BRACHET (A.), Grammaire historique (ouvr. couronné).. 1	— Les Serviteurs de l'estomac 1	VERNE (Jules), Aventures du capitaine Hatteras...
BARNAT (DE), Petit Parisien... 1	— Contes du petit château... 1	— Enfants du capitaine Grant
CANDÈZE, Avent. d'un grillon. 1	— Arithmétique du grand-papa 1	— Autour de la lune...
CARLEN (E.), Un Brill. mariage. 1	MALOT (Hect.) Romain Kalbris 1	— 3 Russes et 3 Anglais...
CHAZEL (P.), Chalet des sapins. 1	MAURY (comm'), Geogr. phys.. 1	— Cinq Semaines en ballon
CHERVILLE (DE), Histoire d'un trop bon chien... 1	— Le Monde où nous vivons. 1	— De la Terre à la Lune...
CLÉMENT (Ch.), Michel-Ange, Raphaël, etc... 1	MULLER (E.), La Jeunesse des hommes célèbres... 1	— Découverte de la terre...
DESNOYERS (L.), J.-P. Choppart 1	— Morale en action par l'hist. 1	— Grands navigateurs...
DURAND (Hip.), Grands Poètes.. 1	— Rhétorique nouvelle... 1	— Le Pays des fourrures...
— Les Grands Prosateurs... 1	RATISBONNE (L.), Comédie enfantine (ouvr. couronné). 1	— Tour du monde en 80 jours
ERCKM.-CHATRIAN. L'Invasion. 1	RECLUS (E.), Hist. d'un ruisseau 1	— 20,000 lieues sous les mers
— Madame Thérèse... 1	RÉNARD, Le Fond de la mer... 1	— Voyage au centre de la terre
— Hist. d'un paysan (compl.). 4	ROULIN (F.), Histoire naturelle. 1	— Une Ville flottante...
FATH (G.), Un drôle de voyage. 1	SANDEAU, (J.) La Roche aux mouettes... 1	— Le docteur Ox...
FOUCOU. Histoire du travail... 1	SAVOUS, Conseils à une mère. 1	— Le Chancellor...
GENIN (M.), La Famille Martin. 1	— Principes de littérature... 1	— L'Ile mystérieuse...
GRAMONT (Cᵗᵉ DE), Les Vers français et leur Prosodie. 1	SIMONIN. Histoire de la terre.. 1	— Michel Strogoff...
GRATIOLET (P.), Physionomie. 1	STAHL (P.-J.), Contes et Récits de morale familière (ouvrage couronné)... 1	— Les Indes-Noires...
GRIMARD. Hist. goutte de sève. 1	— Hist. d'un âne et de deux jeunes filles (ouvr. cour.). 1	— Hector Servadac...
— Jardin d'acclimatation... 1	— Famille Chester... 1	— Un Capitaine de 15 ans...
HIPPEAU (Mᵐᵉ), Econom. domest 1	— Les Patins d'argent... 1	— 500 millions de la Begum
HUGO (V.), Les Enfants... 1	— Mon 1ᵉʳ voyage en mer... 1	— Tribulations d'un Chinois
IMMERMANN, La blonde Lisbeth. 1	— Les Histoires de mon parrain... 1	ZURCHER et MARGOLLÉ, Les Tempêtes...
LAPRADE (DE), Livre d'un père. 1		— Histoire de la navigation..
LAVALLÉE (Th.), Hist. Turquie 2		— Le Monde sous-marin...

SÉRIE DES VOLUMES IN-18, AVEC GRAVURES
Brochés, **3 fr. 50**. — Cartonnés, tr. dorées, **4 fr. 50**

vol.	vol.	vol.
ANQUEZ. Histoire de France. 1	MAYNE-REID. William le Mousse 1	MICKIEWICZ Hist. de Pologne
AUDOYNAUD. Cosmographie.. 1	— Les Jeunes Esclaves... 1	MORTIMER D'OCAGNE. Grandes Écoles civiles et militaires
BERTRAND (Alex.), Lettres sur les révolutions du globe.. 1	— Le Desert d'eau... 1	NODIER (Ch.). Contes choisis
BOISSONNAS (B.), Un vaincu.. 1	— Les Chasseurs de girafes.. 1	PARVILLE (DE). Un habitant de la planète Mars...
FARADAY Hᵗᵉ d'une chandelle 1	— Naufragés de l'île de Bornéo 1	SILVA (DE). Livre de Maurice
FRANKLIN (J.), Vie des animaux 6	— La Sœur perdue... 1	SUSANE. Histoire de l'artillerie
HIRTZ (Mˡˡᵉ). Méthode de coupe et de confection... 1	— Les Planteurs de la Jamaïq. 1	TYNDALL. Dans les montagnes
LAVALLÉE (Th.), Les Frontières de la France... 1	— Les deux Filles du squatter. 1	WENTWORTH HIGGINSON. Hist. des Etats-Unis...
	— Les Jeunes voyageurs... 1	
	— Robinsons de terre ferme. 1	
	— Chasseurs de chevelures.. 1	

SÉRIE IN-18. — PRIX DIVERS

fr.	fr.	fr.
BLOCH (Maurice). Petit Manuel d'économie pratique... 1	CLAVÉ (J.). Économie politique 2	MACÉ (Jean). Théâtre du petit château...
A. BRACHET. Dictionnaire étymologique (ouvrage couronné)... 8	DUBAIL. Géographie de l'Alsace-Lorraine... 1	— Arithmétique du grand-papa (édit. popul.)...
CHENEVIÈRES (DE). Aventures du petit roi saint Louis... 5	GRIMARD (Ed.). La Botanique à la campagne... 5	— Morale en action...
	LEGOUVÉ (E.). Petit Traité de lecture... 1	SOUVIRON. Diction. des termes techniques...

Paris. — Imp. Gauthier-Villars

Fin d'une série de documents en couleur

LE PAYS
DES FOURRURES

OUVRAGES DU MÊME AUTEUR:

VOLUMES IN-18 A 3 FR.

Aventures du capitaine Hatteras, 25ᵉ édition	2 vol.
Les Enfants du capitaine Grant, 19ᵉ édition	3 vol.
Aventures de 3 Russes et de 3 Anglais, 18ᵉ édition	1 vol.
De la Terre a la Lune, 24ᵉ édition	1 vol.
Autour de la Lune, 20ᵉ édition	1 vol.
Cinq Semaines en ballon, 43ᵉ édition	1 vol.
Découverte de la Terre, 15ᵉ édition	1 vol.
Les grands Navigateurs du XVIIIᵉ siècle, 6ᵉ édition	2 vol.
Les Voyageurs du XIXᵉ siècle, 4ᵉ édition	2 vol.
Une Ville flottante, suivie des Forceurs de Blocus, 16ᵉ édition	1 vol.
Vingt mille Lieues sous les mers, 24ᵉ édition	2 vol.
Voyage au centre de la Terre, 28ᵉ édition	1 vol.
Le Pays des Fourrures, 16ᵉ édition	2 vol.
Le Tour du monde en 80 jours, 55ᵉ édition	1 vol.
Le Docteur Ox, 19ᵉ édition	1 vol.
L'Ile mystérieuse, 24ᵉ édition	3 vol.
Le Chancellor, 19ᵉ édition	1 vol.
Michel Strogoff, 22ᵉ édition	2 vol.
Les Indes-Noires, 19ᵉ édition	1 vol.
Hector Servadac, 17ᵉ édition	2 vol.
Un Capitaine de quinze ans, 17ᵉ édition	2 vol.
Les 500 millions de la Bégum, 16ᵉ édition	1 vol.
Les Tribulations d'un Chinois en Chine, 16ᵉ édition	1 vol.
Un Neveu d'Amérique, comédie. Prix	1 fr. 50

VOLUMES IN-8° ILLUSTRÉS.

Aventures du capitaine Hatteras. Prix : broché	9 fr.
Cinq Semaines en ballon	5 »
Voyage au centre de la Terre	5 »
Ces deux ouvrages réunis en un seul volume	9 »
De la Terre a la Lune	5 »
Autour de la Lune	5 »
Ces deux ouvrages réunis en un seul volume	9 »
Une Ville flottante, suivie des Forceurs de blocus	5 »
Aventures de 3 Russes et de 3 Anglais	5 »
Ces deux ouvrages réunis en un seul volume	9 »
Vingt mille Lieues sous les mers	9 »
Le Pays des Fourrures	9 »
Le Tour du monde en 80 jours	5 »
Le Docteur Ox	5 »
Ces deux ouvrages réunis en un seul volume	9 »
Les Enfants du capitaine Grant	10 »
L'Ile mystérieuse	10 »
Le Chancellor	5 »
Les Indes-Noires	5 »
Ces deux ouvrages réunis en un seul volume	9 »
Michel Strogoff	9 »
Hector Servadac	9 »
Un Capitaine de quinze ans	9 »
Découverte de la Terre	7 »
Les grands Navigateurs du XVIIIᵉ siècle	7 »
Les Voyageurs du XIXᵉ siècle	7 »
La Maison a vapeur	9 »
Les 500 millions de la Bégum	5 »
Les Tribulations d'un Chinois en Chine	5 »
Ces deux ouvrages réunis en un seul volume	9 »
Géographie illustrée de la France, par Jules Verne et Théophile Lavallée	10 »

PARIS. — Impr. J. CLAYE. — A. QUANTIN et Cⁱᵉ, rue Saint-Benoît. — [190]

LE PAYS DES FOURRURES

par

JULES VERNE

AUTEUR DES « VOYAGES EXTRAORDINAIRES »
COURONNÉS PAR L'ACADÉMIE FRANÇAISE

SECONDE PARTIE

16ᵉ Édition

BIBLIOTHÈQUE
D'ÉDUCATION ET DE RÉCRÉATION
J. HETZEL ET Cⁱᵉ, 18, RUE JACOB
PARIS

Tous droits de traduction et de reproduction réservés.

LE PAYS DES FOURRURES

DEUXIÈME PARTIE.

CHAPITRE PREMIER.

UN FORT FLOTTANT.

Le Fort-Espérance, fondé par le lieutenant Jasper Hobson sur les limites de la mer polaire, avait dérivé! Le courageux agent de la Compagnie méritait-il un reproche quelconque? Non. Tout autre y eût été trompé comme lui. Aucune prévision humaine ne pouvait le mettre en garde contre une telle éventualité. Il avait cru bâtir sur le roc et n'avait pas même bâti sur le sable! Cette portion de territoire, formant la presqu'île Victoria, que les cartes les plus exactes de l'Amérique anglaise rattachaient au continent américain, s'en était brusquement séparée. Cette presqu'île n'était, par le fait, qu'un immense glaçon, d'une superficie de cent cinquante milles carrés, dont les alluvions successives avaient fait en apparence un terrain solide, auquel ne manquaient ni la végétation, ni l'humus. Liée au littoral depuis des milliers de siècles, sans doute le tremblement de terre du 3 janvier avait rompu ses liens, et la presqu'île s'était faite île, mais île errante et vagabonde que, depuis trois mois, les courants entraînaient sur l'océan Arctique !

Oui ! ce n'était qu'un glaçon qui emportait ainsi le Fort-Espérance et ses habitants ! Jasper Hobson avait immédiatement compris qu'on ne pouvait expliquer autrement ce déplacement de la latitude observée. L'isthme, c'est-à-dire la langue de terre qui réunissait la presqu'île Victoria au continent, s'était évidemment brisée sous l'effort d'une convulsion souterraine, provoquée par l'éruption volcanique, quelques mois auparavant. Tant que dura l'hiver boréal, tant que la mer demeura solidifiée sous le froid intense, cette rupture n'amena aucun changement dans la position géographique de la presqu'île. Mais la débâcle venue, quand les glaçons se fondirent sous les rayons solaires, lorsque la banquise, repoussée au large, eut reculé derrière les limites de l'horizon, quand la mer fut libre enfin, ce territoire, reposant sur sa base glacée, s'en alla en dérive avec ses bois, ses falaises, son promontoire, son lagon intérieur, son littoral, sous l'influence de quelque courant inconnu. Depuis plusieurs mois, il était ainsi entraîné, sans que les hiverneurs qui, pendant leurs chasses, ne s'étaient point éloignés du Fort-Espérance, eussent pu s'en apercevoir. Aucun point de repère, des brumes épaisses arrêtant le regard à quelques milles, une immobilité apparente du sol, rien ne pouvait indiquer ni au lieutenant Hobson, ni à ses compagnons, que de continentaux ils fussent devenus insulaires. Il était même remarquable que l'orientation de la presqu'île n'eût pas changé, malgré son déplacement, ce qui tenait sans doute à son étendue et à la direction rectiligne du courant qu'elle suivait. En effet, si les points cardinaux se fussent modifiés par rapport au cap Bathurst, si l'île eût tourné sur elle-même, si le soleil et la lune se fussent levés ou couchés sur un horizon nouveau, Jasper Hobson, Thomas Black, Mrs. Paulina Barnett ou tout autre eussent compris ce qui s'était passé. Mais, par une raison quelconque, le déplacement s'était accompli jusqu'alors suivant un des parallèles du globe, et, quoiqu'il fût rapide, on ne le sentait pas.

Jasper Hobson, bien qu'il ne doutât pas du courage, du sang-froid, de l'énergie morale de ses compagnons, ne voulut cependant pas leur faire connaître la vérité. Il serait toujours temps de leur exposer la nouvelle situation qui leur était faite, quand on l'aurait étudiée avec soin. Très-heureusement, ces braves gens, soldats ou ouvriers, s'entendaient peu aux observations astronomiques, ni aux questions de longitude ou de latitude, et du changement accompli depuis quelques mois dans les coordonnées de la presqu'île, ils ne pouvaient tirer les conséquences qui préoccupaient si justement Jasper Hobson.

Le lieutenant, résolu à se taire tant qu'il le pourrait et à cacher une situation à laquelle il n'y avait présentement aucun remède, rappela toute son énergie. Par un suprême effort de volonté, qui n'échappa point à Mrs. Paulina Barnett, il redevint maître de lui-même, et il s'employa à consoler de son mieux l'infortuné Thomas Black, qui, lui, se lamentait et s'arrachait les cheveux.

Car l'astronome ne se doutait en aucune façon du phénomène dont il était victime. N'ayant pas, comme le lieutenant, observé les étrangetés de ce territoire, il ne pouvait rien comprendre, rien imaginer en dehors de ce fait si malencontreux, à savoir : que, ce jour-là, à l'heure indiquée, la lune n'avait point occulté entièrement le soleil. Mais que devait-il naturellement penser? Que, à la la honte des observatoires, les éphémérides étaient fausses, et que cette éclipse tant désirée, son éclipse à lui, Thomas Black, qu'il était venu chercher si loin et au prix de tant de fatigues, n'avait jamais dû être « totale » pour cette zone du sphéroïde terrestre, comprise sur le soixante-dixième parallèle! Non; jamais il n'eût admis cela! Jamais! Aussi son désappointement était-il grand, et il devait l'être. Mais Thomas Black allait bientôt apprendre la vérité.

Cependant, Jasper Hobson, laissant croire à ses compagnons que l'incident de l'éclipse manquée ne pouvait intéresser que l'astronome et ne les concernait en rien, les avait engagés à reprendre leurs travaux, ce qu'ils allaient faire. Mais, au moment où ils se préparaient à quitter le sommet du cap Bathurst, afin de rentrer dans la factorerie, le caporal Joliffe, s'arrêtant soudain :

« Mon lieutenant, dit-il en s'approchant, la main au bonnet, pourrais-je vous faire une simple question?

— Sans doute, caporal, répondit Jasper Hobson, qui ne savait trop où son subordonné voulait en venir. Voyons, parlez! »

Mais le caporal ne parlait pas. Il hésitait. Sa petite femme le poussa du coude.

« Eh bien, mon lieutenant, reprit le caporal, c'est à propos de ce soixante-dixième degré de latitude. Si j'ai bien compris, nous ne sommes pas où vous croyiez être... »

Le lieutenant fronça le sourcil.

« En effet, répondit-il évasivement... nous nous étions trompés dans nos calculs... notre première observation a été fausse. Mais pourquoi... en quoi cela peut-il vous préoccuper?

— C'est à cause de la paye, mon lieutenant, répondit le caporal, qui prit un air très-malin. Vous savez bien, la double paye promise par la Compagnie... »

Jasper Hobson respira. En effet, ses hommes, on s'en souvient, avaient droit à une solde plus élevée, s'ils parvenaient à s'établir sur le soixante-dixième parallèle ou au-dessus. Le caporal Joliffe, toujours intéressé, n'avait vu en tout cela qu'une question d'argent, et il pouvait craindre que la prime ne fût point encore acquise.

« Rassurez-vous, caporal, répondit Jasper Hobson en souriant, et rassurez aussi vos braves camarades. Notre erreur, qui est vraiment inexplicable, ne vous portera heureusement aucun préjudice. Nous ne sommes pas au-dessous, mais au-dessus du soixante-dixième parallèle, et, par conséquent, vous serez payés double.

— Merci, mon lieutenant, dit le caporal, dont le visage rayonna, merci. Ce n'est pas que l'on tienne à l'argent, mais c'est ce maudit argent qui vous tient. »

Sur cette réflexion, le caporal Joliffe et ses compagnons se retirèrent sans soupçonner en aucune façon la terrible et étrange modification qui s'était accomplie dans la nature et la situation de ce territoire.

Le sergent Long se disposait aussi à redescendre vers la factorerie, quand Jasper Hobson, l'arrêtant, lui dit :

« Restez, sergent Long. »

Le sous-officier fit demi-tour sur ses talons et attendit que le lieutenant lui adressât la parole.

Les seules personnes qui occupaient alors le sommet du promontoire étaient Mrs. Paulina Barnett, Madge, Thomas Black, le lieutenant et le sergent.

Depuis l'incident de l'éclipse, la voyageuse n'avait pas prononcé une parole. Elle interrogeait du regard Jasper Hobson, qui semblait l'éviter. Le visage de la courageuse femme montrait plus de surprise que d'inquiétude. Avait-elle compris ? L'éclaircissement s'était-il brusquement fait à ses yeux comme aux yeux du lieutenant Hobson ? Connaissait-elle la situation, et son esprit pratique en avait-il déduit les conséquences ? Quoi qu'il en fût, elle se taisait et demeurait appuyée sur Madge, dont le bras entourait sa taille.

Quant à l'astronome, il allait et venait. Il ne pouvait tenir en place. Ses cheveux étaient hérissés. Il gesticulait. Il frappait dans ses mains et les laissait retomber. Des interjections de désespoir s'échappaient de ses lèvres. Il montrait le poing au soleil ! Il le regardait en face, au risque de se brûler les yeux !

Enfin, après quelques minutes, son agitation intérieure se calma. Il sentit qu'il pourrait parler, et, les bras croisés, l'œil enflammé, la face colère, le front menaçant, il vint se planter carrément devant le lieutenant Hobson.

« A nous deux! s'écria-t-il, à nous deux, monsieur l'agent de la Compagnie de la baie d'Hudson. »

Cette appellation, ce ton, cette pose ressemblaient singulièrement à une provocation. Jasper Hobson ne voulut point s'y arrêter, et il se contenta de regarder le pauvre homme, dont il comprenait bien le désappointement immense.

« Monsieur Hobson, dit Thomas Black avec l'accent d'une irritation mal contenue, m'apprendrez-vous ce que cela signifie, s'il vous plaît? Est-ce une mystification provenant de votre fait? Dans ce cas, monsieur, elle frapperait plus haut que moi, entendez-vous, et vous pourriez avoir à vous en repentir!

— Que voulez-vous dire, monsieur Black? demanda tranquillement Jasper Hobson.

— Je veux dire, monsieur, reprit l'astronome, que vous vous étiez engagé à conduire votre détachement sur la limite du soixante-dixième degré de latitude...

— Ou au delà, répondit Jasper Hobson.

— Au delà, monsieur, s'écria Thomas Black. Eh! qu'avais-je à faire au delà? Pour observer cette éclipse totale de soleil, je ne devais pas m'écarter de la ligne d'ombre circulaire que délimitait, en cette partie de l'Amérique anglaise, le soixante-dixième parallèle, et nous voilà à trois degrés au-dessus!

— Eh bien, monsieur Black, répondit Jasper Hobson du ton le plus tranquille, nous nous sommes trompés, voilà tout.

— Voilà tout! » s'écria l'astronome, que le calme du lieutenant exaspérait.

« Je vous ferai d'ailleurs observer, reprit Jasper Hobson, que si je me suis trompé, vous avez partagé mon erreur, vous, monsieur Black, car, à notre arrivée au cap Bathurst, c'est ensemble, vous avec vos instruments, moi avec les miens, que nous avons relevé sa situation en latitude. Vous ne pouvez donc me rendre responsable d'une erreur d'observation que vous avez commise pour votre part! »

A cette réponse, Thomas Black fut aplati, et, malgré sa profonde irritation, ne sut que répliquer. Pas d'excuse admissible! S'il y avait eu faute, il était coupable, lui aussi. Et, dans l'Europe savante, à l'observatoire de Greenwich, que penserait-on d'un astronome assez maladroit pour se tromper dans une observation de latitude? Un Thomas Black commettre une erreur de trois degrés en prenant la hauteur du soleil, et en quelles circonstances? Quand la détermination exacte d'un parallèle devait le mettre à même d'observer une éclipse totale, dans des conditions qui ne devaient plus se reproduire avant longtemps! Thomas Black était un savant déshonoré!

« Mais comment, s'écria-t-il en s'arrachant encore une fois les cheveux, comment ai-je pu me tromper ainsi? Mais je ne sais donc plus manier un sextant! Je ne sais donc plus calculer un angle! Je suis donc aveugle! S'il en est ainsi, je n'ai plus qu'à me précipiter du haut de ce promontoire, la tête la première!...

— Monsieur Black, dit alors Jasper Hobson d'une voix grave, ne vous accusez pas, vous n'avez commis aucune erreur d'observation, vous n'avez aucun reproche à vous faire!

— Alors, vous seul...

— Je ne suis pas plus coupable que vous, monsieur Black. Veuillez m'écouter, je vous en prie, vous aussi, madame, ajouta-t-il en se retournant vers Mrs. Paulina Barnett, vous aussi, Madge, vous aussi, sergent Long. Je ne vous demande qu'une chose, le secret le plus absolu sur ce que je vais vous apprendre. Il est inutile d'effrayer, de désespérer peut-être nos compagnons d'hivernage. »

Mrs. Paulina Barnett, sa compagne, le sergent, Thomas Black, s'étaient rapprochés du lieutenant. Ils ne répondirent pas, mais il y eut comme un consentement tacite à garder le secret sur la révélation qui allait leur être faite.

« Mes amis, dit Jasper Hobson, quand, il y a un an, arrivés en ce point de l'Amérique anglaise, nous avons relevé la position du cap Bathurst, ce cap se trouvait situé exactement sur le soixante-dixième parallèle, et si maintenant il se trouve au delà du soixante-douzième degré de latitude, c'est-à-dire à trois degrés plus au nord, c'est qu'il a dérivé.

— Dérivé! s'écria Thomas Black. A d'autres, monsieur! Depuis quand un cap dérive-t-il?

— Cela est pourtant ainsi, monsieur Black, répondit gravement le lieutenant Hobson. Toute cette presqu'île Victoria n'est plus qu'une île de glace. Le tremblement de terre l'a détachée du littoral américain, et maintenant un des grands courants arctiques l'entraîne!...

— Où? demanda le sergent Long.

— Où il plaira à Dieu! » répondit Jasper Hobson.

Les compagnons du lieutenant demeurèrent silencieux. Leurs regards se portèrent involontairement vers le sud, au delà des vastes plaines, du côté de l'isthme rompu, mais de la place qu'ils occupaient, sauf vers le nord, ils ne pouvaient apercevoir l'horizon de mer qui maintenant les entourait de toutes parts. Si le cap Bathurst eût mesuré quelques centaines de pieds de plus au-dessus du niveau de l'Océan, le périmètre de leur domaine serait nettement apparu à leurs yeux, et ils auraient vu qu'il s'était changé en île.

Une vive émotion leur serra le cœur, à la vue du Fort-Espérance et de ses habitants, entraînés au large de toute terre, et devenus avec lui le jouet des vents et des flots.

« Ainsi, monsieur Hobson, dit alors Mrs. Paulina Barnett, ainsi s'expliquent toutes les singularités inexplicables que vous aviez observées sur ce territoire ?

— Oui, madame, répondit le lieutenant, tout s'explique. Cette presqu'île Victoria, île maintenant, que nous croyions, que nous devions croire inébranlablement fixée sur sa base, n'était qu'un vaste glaçon, soudé depuis des siècles au continent américain. Peu à peu, le vent y a jeté la terre, le sable, et semé ces germes qui ont produit les bois et les mousses. Les nuages lui ont versé l'eau douce du lagon et de la petite rivière. La végétation l'a transformée ! Mais sous ce lac, sous cette terre, sous ce sable, sous nos pieds enfin, il existe un sol de glace qui flotte sur la mer, en raison de sa légèreté spécifique. Oui ! c'est un glaçon qui nous porte et qui nous emporte, et voilà pourquoi, depuis que nous l'habitons, nous n'avons trouvé ni un caillou, ni une pierre à sa surface ! Voilà pourquoi ses rivages étaient coupés à pic, pourquoi, lorsque nous avons creusé le piége à rennes, la glace est apparue à dix pieds au-dessous du sol, pourquoi, enfin, la marée était insensible sur ce littoral, puisque le flux et le reflux soulevaient et abaissaient toute la presqu'île avec eux !

— Tout s'explique, en effet, monsieur Hobson, répondit Mrs. Paulina Barnett, et vos pressentiments ne vous ont pas trompé. Je vous demanderai, cependant, à propos de ces marées, pourquoi, nulles maintenant, elles étaient encore légèrement sensibles à notre arrivée au cap Bathurst?

— Précisément, madame, répondit le lieutenant Hobson, parce que, à notre arrivée, la presqu'île tenait encore par son isthme flexible au continent américain. Elle opposait ainsi une certaine résistance au flux, et, sur son littoral du nord, la surface des eaux se déplaçait de deux pieds environ, au lieu des vingt pieds qu'elle aurait dû marquer au dessus de l'étiage. Aussi, du moment que la rupture a été produite par le tremblement de terre, du moment que la presqu'île, libre tout entière, a pu monter et descendre avec le flot et le jusant, la marée est devenue absolument nulle, et c'est ce que nous avons constaté ensemble, il y a quelques jours, au moment de la nouvelle lune ! »

Thomas Black, malgré son désespoir bien naturel, avait écouté avec un extrême intérêt les explications de Jasper Hobson. Les conséquences émises par le lieutenant durent lui paraître absolument justes; mais, furieux qu'un pareil phénomène, si rare, si inattendu, si « absurde », — ainsi disait-il, — se fût précisément produit pour lui faire manquer l'observation de son éclipse, il ne dit pas un mot, et demeura sombre et, pour ainsi dire, tout honteux.

« Pauvre monsieur Black! dit alors Mrs. Paulina Barnett, il faut convenir que jamais astronome, depuis que le monde existe, ne s'est vu exposé à pareille mésaventure!

— En tout cas, madame, répondit Jasper Hobson, il n'y a aucunement de notre faute! on ne pourra rien reprocher, ni à vous, ni à moi. La nature a tout fait, et elle est la seule coupable! Le tremblement de terre a brisé le lien qui rattachait la presqu'île au continent, et nous sommes bien réellement emportés sur une île flottante. Et cela explique encore pourquoi les animaux à fourrures et autres, emprisonnés comme nous sur ce territoire, sont si nombreux aux environs du fort!

— Et pourquoi, dit Madge, nous n'avons pas eu, depuis la belle saison, la visite de ces concurrents dont vous redoutiez la présence, monsieur Hobson!

— Et pourquoi, ajouta le sergent, le détachement envoyé par le capitaine Craventy n'a pu arriver jusqu'au cap Bathurst!

— Et pourquoi, enfin, dit Mrs. Paulina Barnett, en regardant le lieutenant, je dois renoncer à tout espoir, pour cette année du moins, de retourner en Europe! »

La voyageuse avait fait cette dernière réflexion d'un ton qui prouvait qu'elle se résignait à son sort beaucoup plus philosophiquement qu'on ne l'aurait supposé. Elle semblait avoir pris soudain son parti de cette étrange situation, qui lui réservait, sans doute, une série d'observations intéressantes. D'ailleurs, quand elle se fût désespérée, quand tous ses compagnons se seraient plaints, quand ils auraient récriminé, pouvaient-ils empêcher ce qui était? pouvaient-ils enrayer la course de l'île errante? pouvaient-ils, par une manœuvre quelconque, la rattacher à un continent? Non. Dieu seul disposait de l'avenir du Fort-Espérance. Il fallait donc se soumettre à sa volonté.

CHAPITRE II.

OÙ L'ON EST.

La situation nouvelle, imprévue, créée aux agents de la Compagnie, voulait être étudiée avec le plus grand soin, et c'est ce que Jasper Hobson avait hâte de faire, la carte sous les yeux. Mais il fallait nécessairement attendre au lendemain, afin de relever la position en longitude de l'île Victoria, — c'est le nom qui lui fut conservé, — comme elle venait de l'être en latitude. Pour faire ce calcul, il était nécessaire de prendre deux hauteurs du soleil, avant et après midi, et de mesurer deux angles horaires.

A deux heures du soir, le lieutenant Hobson et Thomas Black relevèrent au sextant l'élévation du soleil au-dessus de l'horizon. Le lendemain, ils comptaient, vers dix heures du matin, recommencer la même opération, afin de déduire des deux hauteurs la longitude du point alors occupé par l'île sur l'océan polaire.

Mais ils ne redescendirent pas immédiatement au fort, et la conversation continua assez longtemps entre Jasper Hobson, l'astronome, le sergent, Mrs. Paulina Barnett et Madge. Cette dernière ne songeait guère à elle, étant toute résignée aux volontés de la Providence. Quant à sa maîtresse, sa « fille Paulina », elle ne pouvait la regarder sans émotion, songeant aux épreuves et peut-être aux catastrophes que l'avenir lui réservait. Madge était prête à donner sa vie pour Paulina, mais ce sacrifice sauverait-il celle qu'elle aimait plus que tout au monde ? En tout cas, elle le savait, Mrs. Paulina Barnett n'était pas femme à se laisser abattre. Cette âme vaillante envisageait déjà l'avenir sans terreur, et, il faut le dire, elle n'avait encore eu aucune raison de désespérer.

En effet, il n'y avait pas péril imminent pour les habitants du Fort-Espérance, et même tout portait à croire qu'une catastrophe suprême serait conjurée. C'est ce que Jasper Hobson expliqua clairement à ses compagnons.

Deux dangers menaçaient l'île flottante, au large du continent américain, deux seulement :

Ou elle serait entraînée par les courants de la mer libre jusqu'à ces hautes latitudes polaires d'où l'on ne revient pas;

Ou les courants l'emporteraient au sud, peut-être à travers le détroit de Behring, et jusque dans l'océan Pacifique.

Dans le premier cas, les hiverneurs, pris par les glaces, barrés par l'infranchissable banquise, n'ayant plus aucune communication possible avec leurs semblables, périraient de froid ou de faim dans les solitudes hyperboréennes.

Dans le second cas, l'île Victoria, repoussée par les courants jusque dans les eaux plus chaudes du Pacifique, fondrait peu à peu par sa base et s'abîmerait sous les pieds de ses habitants.

Dans cette double hypothèse, c'était la perte inévitable du lieutenant Jasper Hobson, de tous ses compagnons et de la factorerie élevée au prix de tant de fatigues.

Mais ces deux cas se présenteraient-ils l'un ou l'autre? Non. Ce n'était pas probable.

En effet, la saison d'été était fort avancée. Avant trois mois, la mer serait solidifiée sous les premiers froids du pôle. Le champ de glace s'établirait sur toute la mer, et, au moyen de traîneaux, on pourrait gagner la terre la plus rapprochée, soit l'Amérique russe, si l'île s'était maintenue dans l'est, soit la côte d'Asie, si, au contraire, elle avait été repoussée dans l'ouest.

« Car, ajoutait Jasper Hobson, nous ne sommes aucunement maîtres de notre île flottante. N'ayant point de voile à hisser comme sur un navire, nous ne pouvons lui imprimer une direction. Où elle nous mènera, nous irons. »

L'argumentation du lieutenant Hobson, très-claire, très-nette, fut admise sans contestation. Il était certain que les grands froids de l'hiver souderaient au vaste icefield l'île Victoria, et il était présumable même qu'elle ne dériverait ni trop au nord ni trop au sud. Or, quelques cents milles à franchir sur les champs de glace n'étaient pas pour embarrasser ces hommes courageux et résolus, habitués aux climats polaires et aux longues excursions des contrées arctiques. Ce serait, il est vrai, abandonner ce Fort-Espérance, objet de tous leurs soins, ce serait perdre le bénéfice de tant de travaux menés à bonne fin, mais qu'y faire? La factorerie, établie sur ce sol mouvant, ne devait plus rendre aucun service à la Compagnie de la baie d'Hudson. D'ailleurs, un jour ou l'autre, tôt ou tard, un effondrement de l'île l'entraînerait au fond de l'Océan. Il fallait donc l'abandonner dès que les circonstances le permettraient.

La seule chance défavorable, — et le lieutenant

insista particulièrement sur ce point, — c'était que pendant huit à neuf semaines encore, avant la solidification de la mer Arctique, l'île Victoria fût entraînée trop au nord ou trop au sud. Et l'on voit, en effet, dans les récits des hiverneurs, des exemples de dérives qui se sont accomplies sur un très-long espace et sans qu'on ait pu les enrayer.

Tout dépendait donc des courants inconnus qui s'établissaient à l'ouvert du détroit de Behring, et il importait de relever avec soin leur direction sur la carte de l'océan Arctique. Jasper Hobson possédait une de ces cartes, et il pria Mrs. Paulina Barnett, Madge, l'astronome et le sergent de le suivre dans sa chambre; mais avant de quitter le sommet du cap Bathurst, il leur recommanda encore une fois le secret le plus absolu sur la situation actuelle.

« La situation n'est pas désespérée, tant s'en faut, ajouta-t-il, et, par conséquent, je trouve inutile de jeter le trouble dans l'esprit de nos compagnons, qui ne feraient peut-être pas comme nous la part des bonnes et des mauvaises chances.

— Cependant, fit observer Mrs. Paulina Barnett, ne serait-il pas prudent de construire dès maintenant une embarcation assez grande pour nous contenir tous, et qui pût tenir la mer pendant une traversée de quelques centaines de milles?

— Cela sera prudent, en effet, répondit le lieutenant Hobson, et nous le ferons. J'imaginerai quelque prétexte pour commencer ce travail sans retard, et je donnerai des ordres en conséquence au maître charpentier pour qu'il procède à la construction d'une embarcation solide. Mais, pour moi, ce mode de rapatriement ne devra être qu'un pis aller. L'important, c'est d'éviter de se trouver sur l'île au moment de la dislocation des glaces, et nous devrons tout faire pour gagner à pied le continent, dès que l'Océan aura été solidifié par l'hiver. »

C'était, en effet, la meilleure façon de procéder. Il fallait au moins trois mois pour qu'une embarcation de trente à trente-cinq tonneaux fût construite, et, à ce moment, on ne pourrait s'en servir, puisque la mer ne serait plus libre. Mais si alors le lieutenant pouvait rapatrier la petite colonie en la guidant à travers le champ de glace jusqu'au continent, ce serait un heureux dénoûment de la situation, car embarquer tout son monde à l'époque de la débâcle serait un expédient fort périlleux. C'était donc avec raison que Jasper Hobson regardait ce bateau projeté comme un pis aller, et son opinion fut partagée de tous.

Le secret fut de nouveau promis au lieutenant Hobson, qui était le meilleur juge de la question, et quelques minutes plus tard, après avoir quitté le cap Bathurst, les deux femmes et les trois hommes s'attablaient dans la grande salle du Fort-

Espérance, salle alors inoccupée, car chacun vaquait aux travaux du dehors.

Une excellente carte des courants atmosphériques et océaniques fut apportée par le lieutenant, et l'on procéda à un examen minutieux de cette portion de la mer Glaciale qui s'étend depuis le cap Bathurst jusqu'au détroit de Behring.

Deux courants principaux divisent ces parages dangereux compris entre le Cercle polaire et cette zone peu connue, appelée « passage du nord-ouest », depuis l'audacieuse découverte de Mac Clure, — du moins les observations hydrographiques n'en désignent pas d'autres.

L'un porte le nom du courant du Kamtchatka. Après avoir pris naissance au large de la presqu'île de ce nom, il suit la côte asiatique et traverse le détroit de Behring en touchant le cap Oriental, pointe avancée du pays des Tchouktchis. Sa direction générale du sud au nord s'infléchissait brusquement à six cents milles environ au delà du détroit, et il se développe franchement vers l'est, à peu près suivant le parallèle du passage de Mac Clure, qu'il tend sans doute à rendre praticable pendant les quelques mois de la saison chaude.

L'autre courant, nommé courant de Behring, se dirige en sens contraire. Après avoir prolongé la côte américaine de l'est à l'ouest et à cent milles au plus du littoral, il va, pour ainsi dire, heurter le courant du Kamtchatka, à l'ouvert du détroit, puis, descendant au sud et se rapprochant des rivages de l'Amérique russe, il finit par se briser à travers la mer de Behring sur cette espèce de digue circulaire des îles Aléoutiennes.

Cette carte donnait fort exactement le résumé des observations nautiques les plus récentes. On pouvait donc s'y fier.

Jasper Hobson l'examina attentivement avant de se prononcer. Puis, après avoir passé la main sur son front, comme s'il eût voulu chasser quelque fâcheux pressentiment :

« Il faut espérer, mes amis, dit-il, que la fatalité ne nous entraînera pas jusqu'à ces lointains parages. Notre île errante courrait le risque de n'en plus jamais sortir.

— Et pourquoi, monsieur Hobson? demanda vivement Mrs. Paulina Barnett.

— Pourquoi, madame? répondit le lieutenant. Regardez bien cette portion de l'océan Arctique, et vous allez facilement le comprendre. Deux courants, dangereux pour nous, y coulent en sens inverse. Au point où ils se rencontrent, l'île serait forcément immobilisée, et à une grande distance de toute terre. En ce point précis, elle hivernerait pendant la mauvaise saison, et quand la débâcle des glaces se produirait, ou elle suivrait le courant du Kamtchatka jusqu'au milieu des contrées perdues du nord-ouest, où elle subirait l'influence du courant de Behring et irait s'abîmer dans les profondeurs du Pacifique.

— Cela n'arrivera pas, monsieur le lieutenant, dit Madge avec l'accent d'une foi sincère, Dieu ne le permettra pas.

— Mais, reprit Mrs. Paulina Barnett, je ne puis imaginer sur quelle partie de la mer polaire nous flottons en ce moment, car je ne vois au large du cap Bathurst que ce dangereux courant du Kamtchatka qui porte directement vers le nord-ouest. N'est-il pas à craindre qu'il ne nous ait saisis dans son cours, et que nous ne fassions route vers les terres de la Géorgie septentrionale?

— Je ne le pense pas, répondit Jasper Hobson, après un moment de réflexion.

— Pourquoi n'en serait-il pas ainsi?

— Parce que ce courant est rapide, madame, et que depuis trois mois, si nous l'avions suivi, nous aurions quelque côte en vue, — ce qui n'est pas.

— Où supposez-vous que nous nous trouvions alors? demanda la voyageuse.

— Mais sans doute, répondit Jasper Hobson, entre ce courant du Kamtchatka et le littoral, probablement dans une vaste sorte de remous qui doit exister sur la côte.

— Cela ne peut être, monsieur Hobson, répondit vivement Mrs. Paulina Barnett.

— Cela ne peut être? répéta le lieutenant. Et pour quelle raison, madame?

— Parce que l'île Victoria, prise dans un remous, et, par conséquent, sans direction fixe, eût certainement obéi à un mouvement de rotation quelconque. Or, puisque son orientation n'a pas changé depuis trois mois, c'est que cela n'est pas.

— Vous avez raison, madame, répondit Jasper Hobson. Vous comprenez parfaitement ces choses et je n'ai rien à répondre à votre observation, — à moins toutefois qu'il n'existe quelque courant inconnu qui ne soit point encore porté sur cette carte. Vraiment, cette incertitude est affreuse. Je voudrais être à demain pour être définitivement fixé sur la situation de l'île.

— Demain arrivera », répondit Madge.

Il n'y avait donc plus qu'à attendre. On se sépara. Chacun reprit ses occupations habituelles. Le sergent Long prévint ses compagnons que le départ pour le Fort-Reliance, fixé au lendemain, n'aurait pas lieu. Il leur donna pour raison que, toute réflexion faite, la saison était trop avancée pour permettre d'atteindre la factorerie avant les grands froids, que l'astronome se décidait à subir un nouvel hivernage, afin de compléter ses observations météorologiques, que le ravitaillement du Fort-Espérance n'était pas indispensable, etc., — toutes choses dont ces braves gens se préoccupaient peu.

Une recommandation spéciale fut faite aux chasseurs par le lieutenant Hobson, la recommandation d'épargner désormais les animaux à fourrures, dont il n'avait que faire, mais de se rabattre sur le gibier comestible, afin de renouveler les réserves de la factorerie. Il leur défendit aussi de s'éloigner du fort de plus de deux milles, ne voulant pas que Marbre, Sabine ou autres chasseurs se trouvassent inopinément en face d'un horizon de mer, là où se développait, il y a quelques mois, l'isthme qui réunissait la presqu'île Victoria au continent américain. Cette disparition de l'étroite langue de terre eût, en effet, dévoilé la situation.

Cette journée parut interminable au lieutenant Hobson. Il retourna plusieurs fois au sommet du cap Bathurst, seul ou accompagné de Mrs. Paulina Barnett. La voyageuse, âme vigoureusement trempée, ne s'effrayait aucunement. L'avenir ne lui paraissait pas redoutable. Elle plaisanta même en disant à Jasper Hobson que cette île errante, qui les portait alors, était peut-être le vrai véhicule pour aller au pôle nord ! Avec un courant favorable, pourquoi n'atteindrait-on pas cet inaccessible point du globe ?

Le lieutenant Hobson hochait la tête en écoutant sa compagne développer cette théorie, mais ses yeux ne quittaient point l'horizon et cherchaient si quelque terre, connue ou inconnue, n'apparaîtrait pas au loin. Mais le ciel et l'eau se confondaient inséparablement sur une ligne circulaire dont rien ne troublait la netteté, — ce qui confirmait Jasper Hobson dans cette pensée que l'île Victoria dérivait plutôt vers l'ouest qu'en toute autre direction.

« Monsieur Hobson, lui demanda Mrs. Paulina Barnett, est-ce que vous n'avez pas l'intention de faire le tour de notre île, et cela le plus tôt possible?

— Si vraiment, madame, répondit le lieutenant Hobson. Dès que j'aurai relevé sa situation, je compte en reconnaître la forme et l'étendue. C'est une mesure indispensable pour apprécier dans l'avenir les modifications qui se produiraient. Mais il y a toute apparence qu'elle s'est rompue à l'isthme même, et que, par conséquent, la presqu'île tout entière s'est transformée en île par cette rupture.

— Singulière destinée que la nôtre, monsieur Hobson! reprit Mrs. Paulina Barnett. D'autres reviennent de leurs voyages, après avoir ajouté quelques nouvelles terres au contingent géographique! Nous, au contraire, nous l'aurons amoindri, en rayant de la carte cette prétendue presqu'île Victoria! »

Le lendemain, 18 juillet, à dix heures du matin, par un ciel pur, Jasper Hobson prit une bonne hauteur du soleil. Puis, chiffrant ce résultat et celui de l'observation de la veille, il détermina mathématiquement la longitude du lieu.

Pendant l'opération, l'astronome n'avait pas même paru. Il boudait dans sa chambre — comme un grand enfant qu'il était, d'ailleurs, en dehors de la vie scientifique.

L'île se trouvait alors par 157° 37' de longitude, à l'ouest du méridien de Greenwich.

La latitude obtenue la veille, au midi qui suivit l'éclipse, était, on le sait, de 73° 7' 20".

Le point fut reporté sur la carte, en présence de Mrs. Paulina Barnett et du sergent Long.

Il y eut là un moment d'extrême anxiété, et voici quel fut le résultat du pointage.

En ce moment, l'île errante se trouvait reportée dans l'ouest, ainsi que l'avait prévu le lieutenant Hobson, mais un courant non marqué sur la carte, un courant inconnu des hydrographes de ces côtes, l'entraînait évidemment vers le détroit de Behring. Tous les dangers pressentis par Jasper Hobson étaient donc à craindre si, avant l'hiver, l'île Victoria n'était pas ramenée au littoral.

« Mais à quelle distance exacte sommes-nous du continent américain ? demanda la voyageuse. Voilà, pour l'instant, quelle est la question intéressante. »

Jasper Hobson prit son compas et mesura avec soin la plus étroite portion de mer, laissée sur la carte entre le littoral et le soixante-treizième parallèle.

« Nous sommes actuellement à plus de deux

cent cinquante milles de cette extrémité nord de l'Amérique russe, formée par la pointe Barrow, répondit-il.

— Il faudrait savoir alors de combien de milles l'île a dérivé depuis la position occupée autrefois par le cap Bathurst? demanda le sergent Long.

— De sept cents milles au moins, répondit Jasper Hobson, après avoir à nouveau consulté la carte.

— Et à quelle époque, à peu près, peut-on admettre que la dérive ait commencé?

— Sans doute, vers la fin d'avril, répondit le lieutenant Hobson. A cette époque, en effet, l'icefield s'est désagrégé; et les glaçons que le soleil ne fondait pas ont été entraînés vers le nord. On peut donc admettre que l'île Victoria, sollicitée par ce courant parallèle au littoral, dérive vers l'ouest depuis trois mois environ, ce qui donnerait une moyenne de neuf à dix milles par jour.

— Mais n'est-ce point une vitesse considérable? demanda Mrs. Paulina Barnett.

— Considérable en effet, répondit Jasper Hobson, et vous jugez jusqu'où nous pouvons être entraînés pendant les deux mois d'été qui laisseront libre encore cette portion de l'océan Arctique! »

Le lieutenant, Mrs. Paulina Barnett et le sergent Long demeurèrent silencieux pendant quelques instants. Leurs yeux ne quittaient pas la carte de ces régions polaires qui se défendent si obstinément contre les investigations de l'homme, et vers lesquelles ils se sentaient irrésistiblement emportés !

« Ainsi, dans cette situation, nous n'avons rien à faire, rien à tenter? demanda la voyageuse.

— Rien, madame, répondit le lieutenant Hobson, rien. Il faut attendre, il faut appeler de tous nos vœux cet hiver arctique, si généralement, si justement redouté des navigateurs, et qui seul peut nous sauver. L'hiver, c'est la glace, madame, et la glace, c'est notre ancre de salut, notre ancre de miséricorde, la seule qui puisse arrêter la marche de l'île errante. »

CHAPITRE III.

LE TOUR DE L'ÎLE.

A compter de ce jour, il fut décidé que le point serait fait, ainsi que cela se pratique à bord d'un navire, toutes les fois que l'état de l'atmosphère rendrait cette opération possible. Cette île Victoria, n'était-ce pas désormais un vaisseau désemparé, errant à l'aventure, sans voiles, sans gouvernail?

Le lendemain, après le relèvement, Jasper Hobson constata que l'île, sans avoir changé sa direction en latitude, s'était encore portée de quelques milles plus à l'ouest. Ordre fut donné au charpentier Mac Nap de procéder à la construction d'une vaste embarcation. Jasper Hobson donna pour prétexte qu'il voulait, l'été prochain, opérer une reconnaissance du littoral jusqu'à l'Amérique russe. Le charpentier, sans en demander davantage, s'occupa donc de choisir ses bois, et il prit pour chantier la grève située au pied du cap Bathurst, de manière à pouvoir lancer facilement son bateau à la mer.

Ce jour-là même, le lieutenant Hobson aurait voulu mettre à exécution ce projet qu'il avait formé de reconnaître ce territoire sur lequel ses compagnons et lui étaient emprisonnés maintenant. Des changements considérables pouvaient se produire dans la configuration de cette île de glace, exposée à l'influence de la température variable des eaux, et il importait d'en déterminer la forme actuelle, sa superficie, et même son épaisseur en de certains endroits. La ligne de rupture, très-vraisemblablement l'isthme, devait être examinée avec soin, et, sur cette cassure neuve encore, peut-être distinguerait-on ces couches stratifiées de glace et de terre qui constituaient le sol de l'île.

Mais, ce jour-là, l'atmosphère s'embruma subitement, et une forte bourrasque, accompagnée de brumailles, se déclara dans l'après-dînée. Bientôt le ciel se chargea et la pluie tomba à torrents. Une grosse grêle crépita sur le toit de la maison, et même quelques coups d'un tonnerre éloigné se firent entendre, — phénomène qui a été rarement observé sous des latitudes aussi hautes.

Le lieutenant Hobson dut retarder son voyage, et attendre que le trouble des éléments se fût apaisé. Mais pendant les journées des 20, 21 et 22 juillet, l'état du ciel ne se modifia pas. La tempête fut violente, le ciel se chargea, et les lames battirent le littoral avec un fracas assourdissant. Des avalanches liquides heurtaient le cap Bathurst, et si violemment que l'on pouvait craindre pour sa solidité, désormais fort problématique, puisqu'il ne se composait que d'une agrégation de terre et de sable sans base assurée. Ils étaient à plaindre, les navires exposés en mer à ce terrible coup de vent! Mais l'île errante ne ressentait rien de ces agitations des eaux, et son énorme masse la rendait indifférente aux colères de l'Océan.

Pendant la nuit du 22 au 23 juillet, la tempête s'apaisa subitement. Une forte brise, venant du nord-est, chassa les dernières brumes accumulées sur l'horizon. Le baromètre avait remonté de quelques lignes, et les conditions atmosphériques parurent favorables au lieutenant Hobson pour entreprendre son voyage.

Mrs. Paulina Barnett et le sergent Long devaient

l'accompagner dans cette reconnaissance. Il s'agissait d'une absence d'un à deux jours, qui ne pouvait étonner les habitants de la factorerie, et on se munit en conséquence d'une certaine quantité de viande sèche, de biscuit et de quelques flacons de brandevin, qui ne chargerait pas trop le havre-sac des explorateurs. Les jours étaient très-longs alors, et le soleil n'abandonnait l'horizon que pendant quelques heures.

Aucune rencontre d'animal dangereux n'était probablement à craindre. Les ours, guidés par leur instinct, semblaient avoir abandonné l'île Victoria, alors qu'elle était encore presqu'île. Cependant, par précaution, Jasper Hobson, le sergent et Mrs. Paulina Barnett elle-même s'armèrent de fusils. En outre, le lieutenant et le sous-officier portaient la hachette et le couteau à neige, qui n'abandonnent jamais un voyageur des régions polaires.

Pendant l'absence du lieutenant Hobson et du sergent Long, le commandement du fort revenait hiérarchiquement au caporal Joliffe, c'est-à-dire à sa petite femme, et Jasper Hobson savait bien qu'il pouvait se fier à celle-ci. Quant à Thomas Black, on ne pouvait plus compter sur lui, pas même pour se joindre aux explorateurs. Toutefois, l'astronome promit de surveiller avec soin les parages du nord, pendant l'absence du lieutenant, et de noter les changements qui pourraient se produire, soit en mer, soit dans l'orientation de l'île.

Mrs. Paulina Barnett avait bien essayé de raisonner le pauvre savant, mais il ne voulut entendre à rien. Il se considérait, non sans raison, comme un mystifié de la nature, et il ne pardonnerait jamais à la nature une pareille mystification.

Après quelques bonnes poignées de main échangées en guise d'adieu, Mrs. Paulina Barnett et ses deux compagnons quittèrent la maison du fort, franchirent la poterne, et, se dirigeant vers l'ouest, ils suivirent la courbe allongée formée par le littoral depuis le cap Bathurst jusqu'au cap Esquimau.

Il était huit heures du matin. Les obliques rayons du soleil animaient la côte, en la piquant de lueurs fauves. Les dernières houles de la mer tombaient peu à peu. Les oiseaux, dispersés par la tempête, ptarmigans, guillemots, puffins, pétrels, étaient revenus par milliers. Des bandes de canards se hâtaient de regagner les bords du lac Barnett, courant sans le savoir au-devant du pot-au-feu de Mrs. Joliffe. Quelques lièvres polaires, des martres, des rats musqués, des hermines, se levaient devant les voyageurs, et s'enfuyaient, mais sans trop de hâte. Les animaux se sentaient évidemment portés à rechercher la société de l'homme, par le pressentiment d'un danger commun.

« Ils savent bien que la mer les entoure, dit

Jasper Hobson, et qu'ils ne peuvent plus quitter cette île !

— Ces rongeurs, lièvres ou autres, demanda Mrs. Paulina Barnett, n'ont-ils pas l'habitude, avant l'hiver, d'aller chercher au sud des climats plus doux ?

— Oui, madame, répondit Jasper Hobson, mais, cette fois, à moins qu'ils ne puissent s'enfuir à travers les champs de glace, ils devront rester emprisonnés comme nous, et il est à craindre que, pendant l'hiver, la plupart ne meurent de froid ou de faim.

— J'aime à croire, dit le sergent Long, que ces bêtes-là nous rendront le service de nous alimenter, et il est fort heureux pour la colonie qu'elles n'aient point eu l'instinct de s'enfuir avant la rupture de l'isthme.

— Mais les oiseaux nous abandonneront sans doute? demanda Mrs. Paulina Barnett.

— Oui, madame, répondit Jasper Hobson. Tous ces échantillons de l'espèce volatile fuiront avec les premiers froids. Ils peuvent traverser, eux, de larges espaces sans se fatiguer, et, plus heureux que nous, ils sauront bien regagner la terre ferme.

— Eh bien, pourquoi ne nous serviraient-ils pas de messagers ? répondit la voyageuse.

— C'est une idée, madame, et une excellente

idée, dit le lieutenant Hobson. Rien ne nous empêchera de prendre quelques centaines de ces oiseaux et de leur attacher au cou un papier sur lequel sera mentionné le secret de notre situation. Déjà John Ross, en 1848, essaya, par un moyen analogue, de faire connaître la présence de ses navires, l'*Entreprise* et l'*Investigator*, dans les mers polaires, aux survivants de l'expédition Franklin. Il prit dans des piéges quelques centaines de renards blancs, il leur riva au cou un collier de cuivre sur lequel étaient gravées les mentions nécessaires, puis il les lâcha en toutes directions.

— Peut-être quelques-uns de ces messagers sont-ils tombés entre les mains des naufragés ? dit Mrs. Paulina Barnett.

— Peut-être, répondit Jasper Hobson. En tout cas, je me rappelle qu'un de ces renards, vieux déjà, fut pris par le capitaine Hatteras pendant son voyage de découverte, et ce renard portait encore au cou un collier à demi usé et perdu au milieu de sa blanche fourrure. Quant à nous, ce que nous ne pouvons faire avec des quadrupèdes, nous le ferons avec des oiseaux ! »

Tout en causant ainsi, en formant des projets pour l'avenir, les deux explorateurs et leur compagne suivaient le littoral de l'île. Ils n'y remarquèrent aucun changement. C'étaient toujours ces mêmes rivages, très-accores, recouverts de terre et de sable, mais ces rivages ne présentaient aucune cassure nouvelle qui pût faire supposer que le périmètre de l'île se fût récemment modifié. Toutefois, il était à craindre que l'énorme glaçon, en traversant des courants plus chauds, ne s'usât par sa base et ne diminuât d'épaisseur, hypothèse qui inquiétait très-justement Jasper Hobson.

A onze heures du matin, les explorateurs avaient franchi les huit milles qui séparaient le cap Bathurst du cap Esquimau. Ils retrouvèrent sur ce point les traces du campement qu'avait occupé la famille de Kalumah. Des maisons de neige, il ne restait naturellement plus rien ; mais les cendres refroidies et les ossements de phoques attestaient encore le passage des Esquimaux.

Mrs. Paulina Barnett, Jasper Hobson et le sergent Long firent halte en cet endroit, leur intention étant de passer les courtes heures de nuit à la baie des Morses, qu'ils comptaient atteindre quelques heures plus tard. Ils déjeunèrent, assis sur une légère extumescence du sol, recouverte d'une herbe maigre et rare. Devant leurs yeux se développait un bel horizon de mer, tracé avec une grande netteté. Ni une voile, ni un iceberg n'animait cet immense désert d'eau.

« Est-ce que vous seriez très-surpris, monsieur Hobson, demanda Mrs. Paulina Barnett, si quelque bâtiment se montrait à nos yeux en ce moment ?

— Très-surpris, non, madame, répondit le lieutenant Hobson, mais je le serais agréablement, je l'avoue. Pendant la belle saison, il n'est pas rare que les baleiniers de Behring s'avancent jusqu'à cette latitude, surtout depuis que l'océan Arctique est devenu le vivier des cachalots et des baleines. Mais nous sommes au 23 juillet, et l'été est déjà bien avancé. Toute la flottille de pêche se trouve, sans doute, en ce moment dans le golfe Kotzebue, à l'entrée du détroit. Les baleiniers se défient, et avec raison, des surprises de la mer Arctique. Ils redoutent les glaces et ont souci de ne point se laisser enfermer par elles. Or, précisément, ces icebergs, ces icestreams, cette banquise qu'ils craignent tant, ces glaces enfin, ce sont elles que nous appelons de tous nos vœux !

— Elles viendront, mon lieutenant, répondit le sergent Long, ayons patience, et avant deux mois les lames du large ne battront plus le cap Esquimau.

— Le cap Esquimau ! dit en souriant Mrs. Paulina Barnett ; mais ce nom, cette dénomination, ainsi que toutes celles que nous avons données aux anses et aux pointes de la presqu'île, sont peut-être un peu bien aventurés ! Nous avons déjà perdu le port Barnett, la Paulina-river, qui sait si le cap Esquimau et la baie des Morses ne disparaîtront pas à leur tour ?

— Ils disparaîtront aussi, madame, répondit Jasper Hobson, et, après eux, l'île Victoria tout entière, puisque rien ne la rattache plus au continent et qu'elle est fatalement condamnée à périr! Ce résultat est inévitable, et nous nous serons inutilement mis en frais de nomenclature géographique! Mais, en tout cas, nos dénominations n'avaient pas encore été adoptées par la Société royale, et l'honorable Roderick Murchison[1] n'aura aucun nom à effacer de ses cartes.

— Si, un seul! dit le sergent.

— Lequel? demanda Jasper Hobson.

— Le cap Bathurst, répondit le sergent.

— En effet, vous avez raison, sergent, le cap Bathurst est maintenant à rayer de la cartographie polaire! »

Deux heures de repos avaient suffi aux explorateurs. A une heure après midi, ils se disposèrent à continuer leur voyage.

Au moment de partir, Jasper Hobson, du haut du cap Esquimau, porta un dernier regard sur la mer environnante. Puis, n'ayant rien vu qui pût solliciter son attention, il redescendit et rejoignit Mrs. Paulina Barnett, qui l'attendait près du sergent.

« Madame, lui demanda-t-il, vous n'avez point

---

[1]. Alors président de la Société.

oublié la famille d'indigènes que nous rencontrâmes ici même, quelque temps avant la fin de l'hiver ?

— Non, monsieur Hobson, répondit la voyageuse, et j'ai conservé de cette bonne petite Kalumah un excellent souvenir. Elle a même promis de venir nous revoir au Fort-Espérance, promesse qu'il lui sera maintenant impossible de remplir. Mais à quel propos me faites-vous cette question ?

— Parce que je me rappelle un fait, madame, un fait auquel je n'ai pas attaché assez d'importance alors, et qui me revient maintenant à l'esprit.

— Et lequel ?

— Vous souvenez-vous de cette sorte d'étonnement inquiet que ces Esquimaux manifestèrent en voyant que nous avions fondé une factorerie au pied du cap Bathurst ?

— Parfaitement, monsieur Hobson.

— Vous rappelez-vous aussi que j'ai insisté à cet égard pour comprendre, pour deviner la pensée de ces indigènes, mais que je n'ai pu y parvenir ?

— En effet.

— Eh bien, maintenant, dit le lieutenant Hobson, je m'explique leurs hochements de tête. Ces Esquimaux, par tradition, par expérience, enfin par une raison quelconque, connaissaient la nature et l'origine de la presqu'île Victoria. Ils savaient que nous n'avions pas bâti sur un terrain solide. Mais, sans doute, les choses étant ainsi depuis des siècles, ils n'ont pas cru le danger imminent, et c'est pourquoi ils ne se sont pas expliqués d'une façon plus catégorique.

— Cela doit être, monsieur Hobson, répondit Mrs. Paulina Barnett, mais très-certainement Kalumah ignorait ce que soupçonnaient ses compagnons, car, si elle l'avait su, la pauvre enfant n'aurait pas hésité à nous l'apprendre. »

Sur ce point, le lieutenant Hobson partagea l'opinion de Mrs. Paulina Barnett.

« Il faut avouer que c'est une bien grande fatalité, dit alors le sergent, que nous soyons venus nous installer sur cette presqu'île, précisément à l'époque où elle allait se détacher du continent pour courir les mers! Car enfin, mon lieutenant, il y avait longtemps, bien longtemps que les choses étaient en cet état! Des siècles peut-être!

— Vous pouvez dire des milliers et des milliers d'années, sergent Long, répondit Jasper Hobson. Songez donc que la terre végétale que nous foulons en ce moment a été apportée par les vents parcelle par parcelle, que ce sable a volé jusqu'ici grain à grain! Pensez au temps qu'il a fallu à ces semences de sapins, de bouleaux, d'arbousiers pour se multiplier, pour devenir des arbrisseaux et des arbres! Peut-être ce glaçon qui nous porte était-il formé et soudé au continent avant même l'apparition de l'homme sur la terre !

— Eh bien, s'écria le sergent Long, il aurait bien dû attendre encore quelques siècles avant de s'en aller à la dérive, ce glaçon capricieux ! Cela nous eût épargné bien des inquiétudes et, peut-être, bien des dangers ! »

Cette très-juste réflexion du sergent Long termina la conversation, et on se remit en route.

Depuis le cap Esquimau jusqu'à la baie des Morses, la côte courait à peu près nord et sud, suivant la projection du cent vingt-septième méridien. En arrière, on apercevait, à une distance de quatre à cinq milles, l'extrémité pointue du lagon, qui réverbérait les rayons du soleil, et un peu au delà, les dernières rampes boisées dont la verdure encadrait ses eaux. Quelques aigles-siffleurs passaient dans l'air avec de grands battements d'aile. De nombreux animaux à fourrures, des martres, des wisons, des hermines, tapis derrière quelques excroissances sablonneuses ou cachés entre les maigres buissons d'arbousiers et de saules, regardaient les voyageurs. Ils semblaient comprendre qu'ils n'avaient aucun coup de fusil à redouter. Jasper Hobson entrevit aussi quelques castors, errant à l'aventure et fort désorientés, sans doute, depuis la disparition de la petite rivière. Sans huttes pour s'abriter, sans cours d'eau pour y construire leur village, ils étaient destinés à périr par le froid, dès que les grandes gelées se feraient sentir. Le sergent Long reconnut également une bande de loups qui couraient à travers la plaine.

On pouvait donc croire que tous les animaux de la ménagerie polaire étaient emprisonnés sur l'île flottante, et les carnassiers, lorsque l'hiver les aurait affamés, — puisqu'il leur était interdit d'aller chercher leur nourriture sous un climat plus doux, — deviendraient évidemment redoutables pour les hôtes du Fort-Espérance.

Seuls, — et il ne fallait pas s'en plaindre,— les ours blancs semblaient manquer à la faune de l'île. Toutefois, le sergent crut apercevoir confusément, à travers un bouquet de bouleaux, une masse blanche, énorme, qui se mouvait lentement; mais, après un examen plus rigoureux, il fut porté à croire qu'il s'était trompé.

Cette partie du littoral, qui confinait à la baie des Morses, était généralement peu élevée au-dessus du niveau de la mer. Quelques portions même affleuraient la nappe liquide, et les dernières ondulations des lames couraient en écumant à leur surface, comme si elles se fussent développées sur une grève. Il était à craindre qu'en cette partie de l'île, le sol ne se fût abaissé depuis quelque temps seulement, mais les points de contrôle manquaient et ne permettaient pas de reconnaître cette modification et d'en déterminer l'importance. Jasper Hobson regretta de n'avoir pas, avant son départ, établi des repères aux environs du cap Bathurst, qui lui eussent permis de noter les divers abaissements et affaissements du littoral. Il se promit de prendre cette précaution à son retour.

Cette exploration, on le comprend, ne permettait, ni au lieutenant, ni au sergent, ni à la voyageuse, de marcher rapidement. Souvent on s'arrêtait, on examinait le sol, on recherchait si quelque fracture ne menaçait pas de se produire sur le littoral, et parfois les explorateurs durent se porter jusqu'à un demi-mille à l'intérieur de l'île. En de certains points, le sergent prit la précaution de planter des branches de saule ou de bouleau, qui devaient servir de jalons pour l'avenir, surtout en ces portions plus profondément affouillées, et dont la solidité semblait problématique. Il serait, dès lors, aisé de reconnaître les changements qui pourraient se produire.

Cependant on avançait, et, vers trois heures après midi, la baie des Morses ne se trouvait plus qu'à trois milles dans le sud. Jasper Hobson put déjà faire observer à Mrs. Paulina Barnett la modification apportée par la rupture de l'isthme, modification très-importante, en effet.

Autrefois, l'horizon, dans le sud-ouest, était barré par une très-longue ligne de côtes, légèrement arrondie, formant le littoral de la vaste baie Liverpool. Maintenant, c'était une ligne d'eau qui fermait cet horizon. Le continent avait disparu. L'île Victoria se terminait là par un angle brusque, à l'endroit même où la fracture avait dû se faire. On sentait que, cet angle tourné, l'immense mer apparaîtrait aux regards, baignant la partie méridionale de l'île sur toute cette ligne, solide autrefois, qui s'étendait de la baie des Morses à la baie Washburn.

Mrs. Paulina Barnett ne considéra pas ce nouvel aspect sans une certaine émotion. Elle s'attendait à cela, et pourtant son cœur battit fort. Elle cherchait des yeux ce continent qui manquait à l'horizon, ce continent qui maintenant restait à plus de deux cents milles en arrière, et elle sentit bien qu'elle ne foulait plus du pied la terre américaine. Pour tous ceux qui ont l'âme sensible, il est inutile d'insister sur ce point, et on doit dire que Jasper Hobson et le sergent lui-même partagèrent l'émotion de leur compagne.

Tous pressèrent le pas, afin d'atteindre l'angle brusque qui fermait encore le sud. Le sol remontait un peu sur cette portion de littoral. La couche de terre et de sable était plus épaisse, ce qui s'expliquait par la proximité de cette partie du vrai continent qui autrefois jouxtait l'île et ne faisait qu'un même territoire avec elle. L'épaisseur de la croûte glacée et de la couche de terre à cette jonction, probablement accrue à chaque siècle, démontrait pourquoi l'isthme avait dû résister, tant qu'un phénomène géologique n'en avait pas provoqué la rupture. Le tremblement de terre du 8 janvier n'avait agité que le continent américain, mais la secousse avait suffi à casser la presqu'île, livrée désormais à tous les caprices de l'Océan.

Enfin, à quatre heures, l'angle fut atteint. La baie des Morses, formée par une échancrure de la terre ferme, n'existait plus. Elle était restée attachée au continent.

« Par ma foi, madame, dit gravement le sergent Long à la voyageuse, il est heureux pour vous que nous ne lui ayons pas donné le nom de baie Paulina Barnett!

— En effet, répondit Mrs. Paulina Barnett, et je commence à croire que je suis une triste marraine en nomenclature géographique! »

CHAPITRE IV.

UN CAMPEMENT DE NUIT.

Ainsi, Jasper Hobson ne s'était pas trompé sur la question du point de rupture. C'était l'ithsme qui avait cédé aux secousses du tremblement de terre. Aucune trace du continent américain, plus de falaises, plus de volcans dans l'ouest de l'île. La mer partout.

L'angle formé au sud-ouest de l'île par le détachement du glaçon, dessinait maintenant un cap assez aigu qui, rongé par les eaux plus chaudes, exposé à tous les chocs, ne pouvait évidemment échapper à une destruction prochaine.

Les explorateurs reprirent donc leur marche, en prolongeant la ligne rompue qui, presque droite, courait à peu près ouest et est. La cassure était nette, comme si elle eût été produite par un instrument tranchant. On pouvait, en de certains endroits, observer la disposition du sol. Cette berge, mi-partie glace, mi-partie terre et sable, émergeait d'une dizaine de pieds. Elle était absolument accore, sans talus, et quelques portions, quelques tranches plus fraîches, attestaient des éboulements récents. Le sergent Long signala même deux ou trois petits glaçons détachés de la rive, qui achevaient de se dissoudre au large. On sentait que, dans ses mouvements de ressac, l'eau plus chaude rongeait plus facilement cette lisière nouvelle, que le temps n'avait pas encore revêtue, comme le reste du littoral, d'une sorte de mortier de neige et de sable. Aussi cet état de choses n'était-il rien moins que rassurant.

Mrs. Paulina Barnett, le lieutenant Hobson et le sergent Long, avant de prendre du repos, voulurent achever l'examen de cette arête méridionale de l'île. Le soleil, suivant un arc très-allongé, ne devait pas se coucher avant onze heures du soir, et, par conséquent, le jour ne manquait pas. Le disque brillant se traînait avec lenteur sur l'horizon de l'ouest, et ses obliques rayons projetaient démesurément devant leurs pas les ombres des explorateurs. A de certains instants, la conversation de ceux-ci s'animait, puis, pendant de longs intervalles, ils restaient silencieux, interrogeant la mer, songeant à l'avenir.

L'intention de Jasper Hobson était de camper, pendant la nuit, à la baie Washburn. Rendu à ce point, il aurait fait environ dix-huit milles, c'est-à-dire, si ses hypothèses étaient justes, la moitié de son voyage circulaire. Puis, après quelques heures de repos, quand sa compagne serait remise de ses fatigues, il comptait reprendre, par le rivage occidental, la route du Fort-Espérance.

Aucun accident ne marqua cette exploration du nouveau littoral, compris entre la baie des Morses et la baie Washburn. A sept heures du soir, Jasper Hobson était arrivé au lieu de campement dont il avait fait choix. De ce côté, même modification. De la baie Washburn, il ne restait plus que la courbe allongée, formée par la côte de l'île, et qui, autrefois, la délimitait au nord. Elle s'étendait sans altération jusqu'à ce cap qu'on avait nommé cap Michel, et sur une longueur de sept milles. Cette portion de l'île ne semblait avoir souffert aucunement de la rupture de l'isthme. Les taillis de pins et de bouleaux, qui se massaient un peu en arrière, étaient feuillus et verdoyants à cette époque de l'année. On voyait encore une assez grande quantité d'animaux à fourrures bondir à travers la plaine.

Mrs. Paulina Barnett et ses deux compagnons de route s'arrêtèrent en cet endroit. Si leurs regards étaient bornés au nord, du moins, dans le sud, pouvaient-ils embrasser une moitié de l'horizon. Le soleil traçait un arc tellement ouvert que ses rayons, arrêtés par le relief du sol plus accusé vers l'ouest, n'arrivaient plus jusqu'aux rivages de la baie Washburn. Mais ce n'était pas encore la nuit, pas même le crépuscule, puisque l'astre radieux n'avait pas disparu.

« Mon lieutenant, dit alors le sergent Long du ton le plus sérieux du monde, si, par miracle, une cloche venait à sonner en ce moment, que croyez-vous qu'elle sonnerait ?

— L'heure du souper, sergent, répondit Jasper Hobson. Je pense, madame, que vous êtes de mon avis ?

— Entièrement, répondit la voyageuse, et puisque nous n'avons qu'à nous asseoir pour être attablés, asseyons-nous. Voici un tapis de mousse, — un peu usé, il faut bien le dire, — mais que la Providence semble avoir étendu pour nous. »

Le sac aux provisions fut ouvert. De la viande sèche, un pâté de lièvres, tiré de l'officine de Mrs. Joliffe, quelque peu de biscuit, formèrent le menu du souper.

Ce repas terminé un quart d'heure après, Jasper Hobson retourna vers l'angle sud-est de l'île, pendant que Mrs. Paulina Barnett demeurait assise au pied d'un maigre sapin à demi ébranché, et que le sergent Long préparait le campement pour la nuit.

Le lieutenant Hobson voulait examiner la structure du glaçon qui formait l'île, et reconnaître, s'il était possible, son mode de formation. Une petite berge, produite par un éboulement, lui permit de descendre jusqu'au niveau de la mer, et, de là, il put observer la muraille accore qui formait le littoral.

En cet endroit, le sol s'élevait de trois pieds à

peine au-dessus de l'eau. Il se composait, à sa partie supérieure, d'une assez mince couche de terre et de sable, mélangée d'une poussière de coquillages. Sa partie inférieure consistait en une glace compacte, très-dure et comme métallisée, qui supportait ainsi l'humus de l'île.

Cette couche de glace ne dépassait que d'un pied seulement le niveau de la mer. On voyait nettement, sur cette coupure nouvellement faite, les stratifications qui divisaient uniformément l'icefield. Ces nappes horizontales semblaient indiquer que les gelées successives qui les avaient faites s'étaient produites dans des eaux relativement tranquilles.

On sait que la congélation s'opère par la partie supérieure des liquides; puis, si le froid persévère, l'épaisseur de la carapace solide s'accroît en allant de haut en bas. Du moins, il en est ainsi pour les eaux tranquilles. Au contraire, pour les eaux courantes, on a reconnu qu'il se formait des glaces de fond, lesquelles montaient ensuite à la surface.

Mais, pour ce glaçon, base de l'île Victoria, il n'était pas douteux que, sur le rivage du continent américain, il ne se fût constitué en eaux calmes. Sa congélation s'était évidemment faite par sa partie supérieure, et, en bonne logique, on devait nécessairement admettre que le dégel s'opérerait par sa surface inférieure. Le glaçon diminuerait d'épaisseur, quand il serait dissous par des eaux plus chaudes, et alors le niveau général de l'île s'abaisserait d'autant par rapport à la surface de la mer.

C'était là le grand danger.

Jasper Hobson, on vient de le dire, avait observé que la couche solidifiée de l'île, le glaçon proprement dit, ne s'élevait que d'un pied environ au-dessus de la mer. Or, on sait que tout au plus les quatre cinquièmes d'une glace flottante sont immergés. Un icefield, un iceberg, pour un pied qu'ils ont au-dessus de l'eau, en ont quatre au-dessous. Cependant, il faut dire que, suivant leur mode de formation ou leur origine, la densité, ou, si l'on veut, le poids spécifique des glaces flottantes est variable. Celles qui proviennent de l'eau de mer, poreuses, opaques, teintes de bleu ou de vert, suivant les rayons lumineux qui les traversent, sont plus légères que les glaces formées d'eau douce. Leur surface saillante s'élève donc un peu plus au-dessus du niveau océanique. Or, il était certain que la base de l'île Victoria était un glaçon d'eau de mer. Donc, tout considéré, Jasper Hobson fut amené à conclure, en tenant compte du poids de la couche minérale et végétale qui recouvrait le glaçon, que son épaisseur au-dessous du niveau de la mer devait être de quatre à cinq pieds environ. Quant aux divers reliefs de l'île, aux éminences, aux extumescences du sol, ils n'affectaient évidemment que sa surface terreuse et sableuse, et on devait admettre que d'une façon générale, l'île errante n'était pas immergée de plus de cinq pieds.

Cette observation rendit Jasper Hobson fort soucieux. Cinq pieds seulement! Mais, sans compter les causes de dissolution auxquelles cet icefield pouvait être soumis, le moindre choc n'amènerait-il pas une rupture à sa surface? Une violente agitation des eaux, provoquée par une tempête, par un coup de vent, ne pouvait-elle entraîner la dislocation du champ de glaces, sa rupture en glaçons et bientôt sa décomposition complète? Ah! l'hiver, le froid, la colonne mercurielle gelée dans sa cuvette de verre, voilà ce que le lieutenant Hobson appelait de tous ses vœux! Seul, le terrible froid des contrées polaires, le froid d'un hiver arctique, pourrait consolider, épaissir la base de l'île, en même temps qu'il établirait une voie de communication entre elle et le continent.

Le lieutenant Hobson revint au lieu de halte. Le sergent Long s'occupait d'organiser la couchée, car il n'avait pas l'intention de passer la nuit à la belle étoile, ce à quoi la voyageuse se fût pourtant résignée. Il fit connaître à Jasper Hobson son intention de creuser dans le sol une maison de glace, assez large pour contenir trois personnes, sorte de « snow-house », qui les préserverait fort bien du froid de la nuit.

« Dans le pays des Esquimaux, dit-il, rien de

plus sage que de se conduire en Esquimau. »

Jasper Hobson approuva, mais il recommanda à son sergent de ne pas trop profondément fouiller dans le sol de glace, qui ne devait pas mesurer plus de cinq pieds d'épaisseur.

Le sergent Long se mit à la besogne. Sa hachette et son couteau à neige aidant, il eut bientôt déblayé la terre et creusé une sorte de couloir en pente douce qui aboutissait directement à la carapace glacée. Puis il s'attaqua à cette masse friable, que le sable et la terre recouvraient depuis de longs siècles.

Il ne fallait pas plus d'une heure pour creuser cette retraite souterraine, ou plutôt ce terrier à parois de glace, très-propre à conserver la chaleur, et, par conséquent, d'une habitabilité suffisante pour quelques heures de nuit.

Tandis que le sergent Long travaillait comme un termite, le lieutenant Hobson, ayant rejoint sa compagne, lui communiquait le résultat de ses observations sur la constitution physique de l'île Victoria. Il ne lui cacha pas les craintes sérieuses que cet examen laissait dans son esprit. Le peu d'épaisseur du glaçon, suivant lui, devait provoquer avant peu des failles à sa surface, puis des ruptures impossibles à prévoir, et par conséquent impossibles à empêcher. L'île errante pouvait, à chaque instant, ou s'immerger peu à peu par changement de pesanteur spécifique, ou se diviser en îlots plus ou moins nombreux dont la durée serait nécessairement éphémère. Sa conclusion fut, qu'autant que possible, les hôtes du Fort-Espérance ne devaient pas s'éloigner de la factorerie et rester réunis sur le même point afin de partager ensemble les mêmes chances.

Jasper Hobson en était là de sa conversation, quand des cris se firent entendre.

Mrs. Paulina Barnett et lui se levèrent aussitôt. Ils regardèrent autour d'eux, vers le taillis, sur la plaine, en mer.

Personne.

Cependant les cris redoublaient.

« Le sergent ! le sergent ! » dit Jasper Hobson.

Et, suivi de Mrs. Paulina Barnett, il se précipita vers le campement.

A peine fut-il arrivé à l'ouverture béante de la maison de neige, qu'il aperçut le sergent Long, cramponné des deux mains à son couteau qu'il avait enfoncé dans la paroi de glace, et appelant, d'ailleurs, d'une voix forte, mais avec le plus grand sang-froid.

On ne voyait plus que la tête et les bras du sergent. Pendant qu'il creusait, le sol glacé avait soudain manqué sous lui, et il avait été plongé dans l'eau jusqu'à la ceinture.

Jasper Hobson se contenta de dire :

« Tenez bon ! »

Et, se couchant sur l'entaille, il arriva au bord du trou. Puis il tendit la main au sergent qui, sûr de ce point d'appui, parvint à sortir de l'excavation.

« Mon Dieu, sergent Long ! s'écria Mrs. Paulina Barnett, que vous est-il donc arrivé ?

— Il m'est arrivé, madame, répondit Long, en se secouant comme un barbet mouillé, que ce sol de glace a cédé sous moi et que j'ai pris un bain forcé.

— Mais, demanda Jasper Hobson, vous n'avez donc pas tenu compte de ma recommandation de ne pas creuser trop profondément au-dessous de la couche de terre ?

— Faites excuse, mon lieutenant. Vous pouvez voir que c'est à peine si j'ai entamé de quinze pouces le sol de glace. Seulement, il faut croire qu'il existait en dessous une boursouflure, qu'il y avait là comme une sorte de caverne. La glace ne reposait pas sur l'eau, et je suis passé comme au travers d'un plafond qui se fend. Si je n'avais pu m'accrocher à mon couteau, je m'en allais tout bêtement sous l'île, et c'eût été fâcheux, n'est-il pas vrai, madame ?

— Très-fâcheux, brave sergent ! » répondit la voyageuse, en tendant la main au digne homme.

L'explication donnée par le sergent Long était exacte. En cet endroit, par une raison quelconque, sans doute par suite d'un emmagasinage d'air, la glace avait formé voûte au-dessous de l'eau, et, par conséquent, sa paroi peu épaisse, amincie encore par le couteau à neige, n'avait pas tardé à se rompre sous le poids du sergent.

Cette disposition qui, sans doute, se reproduisait en mainte partie du champ de glace, n'était point rassurante. Où serait-on jamais certain de poser le pied sur un terrain solide ? Le sol ne pouvait-il à chaque pas céder à la pression ? Et quand on songeait que sous cette mince couche de terre et de glace se creusaient les gouffres de l'Océan, quel cœur ne se serait pas serré, si énergique qu'il fût !

Cependant le sergent Long, se préoccupant peu du bain qu'il venait de prendre, voulait reprendre en un autre endroit son travail de mineur. Mais, cette fois, Mrs. Paulina Barnett n'y voulut pas consentir. Une nuit à passer en plein air ne l'embarrassait pas. L'abri du taillis voisin lui suffirait aussi bien qu'à ses compagnons, et elle s'opposa absolument à ce que le sergent Long recommençât son opération. Celui-ci dut se résigner et obéir.

Le campement fut donc reporté à une centaine de pieds en arrière du littoral, sur une petite extumescence où poussaient quelques bouquets isolés de pins et de bouleaux, dont l'agglomération ne méritait certainement pas la qualification de taillis.

Un feu pétillant de branches mortes fut allumé vers dix heures du soir, au moment où le soleil rasait les bords de cet horizon au-dessous duquel il n'allait disparaître que pendant quelques heures.

Le sergent Long eut là une belle occasion de sécher ses jambes, et il ne la manqua pas. Jasper Hobson et lui causèrent jusqu'au moment où le crépuscule remplaça la lumière du jour. Mrs. Paulina Barnett prenait de temps en temps part à la conversation et cherchait à distraire le lieutenant de ses idées un peu sombres. Cette belle nuit, très-étoilée au zénith, comme toutes les nuits polaires, était propice d'ailleurs à un apaisement de l'esprit. Le vent murmurait à travers les sapins. La mer semblait dormir sur le littoral. Une houle très-allongée gonflait à peine sa surface et venait expirer sans bruit à la lisière de l'île. Pas un cri d'oiseau dans l'air, pas un vagissement sur la plaine. Quelques crépitements des souches de sapins s'épanouissant en flammes résineuses, puis, à de certains intervalles, le murmure des voix qui s'envolaient dans l'espace, troublaient seuls, en le faisant paraître sublime, ce silence de la nuit.

« Qui pourrait croire, dit Mrs. Paulina Barnett, que nous sommes ainsi emportés à la surface de l'Océan ! En vérité, monsieur Hobson, il me faut un certain effort pour me rendre à l'évidence, car cette mer nous paraît immobile, et, cependant, elle nous entraîne avec une irrésistible puissance !

— Oui, madame, répondit Jasper Hobson, et j'avouerai que si le plancher de notre véhicule était solide, si la carène ne devait pas tôt ou tard manquer au bâtiment, si sa coque ne devait pas s'entr'ouvrir un jour ou l'autre, et enfin si je savais où il me mène, j'aurais quelque plaisir à flotter sur cet Océan.

— En effet, monsieur Hobson, reprit la voyageuse, est-il un mode de locomotion plus agréable que le nôtre ? Nous ne nous sentons pas aller. Notre île a précisément la même vitesse que celle du courant qui l'emporte. N'est-ce pas le même phénomène que celui qui accompagne un ballon dans l'air ? Puis, quel charme ce serait de voyager ainsi avec sa maison, son jardin, son parc, son pays lui-même ! Une île errante, mais j'entends une véritable île, avec une base solide, insubmersible, ce serait véritablement le plus confortable et le plus merveilleux véhicule que l'on pût imaginer. On a fait des jardins suspendus, dit-on ? Pourquoi, un jour, ne ferait-on pas des parcs flottants qui nous transporteraient à tous les points du monde ? Leur grandeur les rendrait absolument insensibles à la houle. Ils n'auraient rien à craindre des tempêtes. Peut-être même, par les vents favorables, pourrait-on les diriger avec de grandes voiles tendues à la brise ? Et puis, quels miracles de végétation surprendraient les regards des passagers, quand des zones tempérées ils seraient passés sous les zones tropicales ! J'imagine même qu'avec d'habiles pilotes, bien instruits des courants, on saurait se maintenir sous des latitudes choisies et jouir à son gré d'un printemps éternel ! »

Jasper Hobson ne pouvait que sourire aux rêveries de l'enthousiaste Paulina Barnett. L'audacieuse femme se laissait entraîner avec tant de grâce, elle ressemblait si bien à cette île Victoria qui marchait sans aucunement trahir sa marche ! Certes, étant donnée la situation, on pouvait ne pas se plaindre de cette étrange façon de courir les mers, mais à la condition, toutefois, que l'île ne menaçât point à chaque instant de fondre et de s'effondrer dans l'abîme.

La nuit se passa. On dormit quelques heures. Au réveil, on déjeuna, et chacun trouva le déjeuner excellent. Des broussailles bien flambantes ranimèrent les jambes des dormeurs, un peu engourdies par le froid de la nuit.

A six heures du matin, Mrs. Paulina Barnett, Jasper Hobson et le sergent Long se remettaient en route.

La côte, depuis le cap Michel jusqu'à l'ancien port Barnett, se dirigeait presque en droite ligne du sud au nord, sur une longueur de onze milles environ. Elle n'offrait aucune particularité et ne semblait pas avoir souffert depuis la rupture de l'isthme. C'était une lisière généralement basse, peu ondulée. Le sergent Long, sur l'ordre du lieutenant, plaça quelques repères en arrière du littoral, qui permettraient plus tard d'en reconnaître les modifications.

Le lieutenant Hobson désirait, et pour cause, rallier le Fort-Espérance le soir même. De son côté, Mrs. Paulina Barnett avait hâte de revoir ses compagnons, ses amis, et, dans les conditions où ils se trouvaient, il ne fallait par prolonger l'absence du chef de la factorerie.

On marcha donc vite, en coupant par une ligne oblique, et, à midi, on tournait le petit promontoire qui défendait autrefois le port Barnett contre les vents de l'est.

De ce point au Fort-Espérance il ne fallait plus compter qu'une huitaine de milles. Avant quatre heures du soir, ces huit milles étaient franchis, et le retour des explorateurs était salué par les hurrahs du caporal Joliffe.

CHAPITRE V.

DU 25 JUILLET AU 20 AOUT.

Le premier soin de Jasper Hobson, en rentrant au fort, fut d'interroger Thomas Black sur l'état de la petite colonie. Aucun changement n'avait eu lieu depuis vingt-quatre heures. Mais l'île, ainsi que le démontra une observation subséquente, s'était abaissée d'un degré en latitude, c'est-à-dire qu'elle avait dérivé vers le sud, tout en gagnant dans l'ouest. Elle se trouvait alors à la hauteur du cap des Glaces, petite pointe de la Géorgie occidentale, et à deux cents milles de la côte américaine. La vitesse du courant, en ces parages, semblait être un peu moins forte que dans la partie orientale de la mer Arctique, mais l'île se déplaçait toujours, et, au grand ennui de Jasper Hobson, elle gagnait du côté du détroit de Behring. On n'était encore qu'au 24 juillet, et il suffisait d'un courant un peu rapide pour l'entraîner, en moins d'un mois, à travers le détroit et jusque dans les flots échauffés du Pacifique, où elle fondrait « comme un morceau de sucre dans un verre d'eau ».

Mrs. Paulina Barnett fit connaître à Madge le résultat de son exploration autour de l'île ; elle lui indiqua la disposition des couches stratifiées sur la partie rompue de l'isthme, l'épaisseur de l'icefield évaluée à cinq pieds au-dessous du niveau de la mer, l'incident du sergent Long et son bain involontaire, enfin toutes ces raisons qui pouvaient amener à chaque instant la rupture ou l'affaissement du glaçon.

Cependant, l'idée d'une sécurité complète régnait dans la factorerie. Jamais la pensée ne fût venue à ces braves gens que le Fort-Espérance flottait sur un abîme, et que la vie de ses habitants était à chaque minute en danger. Ils étaient tous bien portants. Le temps était beau, le climat sain et vivifiant. Hommes et femmes rivalisaient de bonne humeur et de belle santé. Le bébé Michel venait à ravir ; il commençait à faire de petits pas dans l'enceinte du fort, et le caporal Joliffe, qui en raffolait, voulait déjà lui apprendre le maniement du mousqueton et les premiers principes de l'école du soldat. Ah! si Mrs. Joliffe lui eût donné un pareil fils, quel guerrier il en eût fait! Mais l'intéressante famille Joliffe ne prospérait pas, et le ciel, jusqu'alors du moins, lui refusait une bénédiction qu'elle implorait chaque jour.

Quant aux soldats, ils ne manquaient pas de besogne. Mac Nap, le charpentier, et ses ouvriers,

Petersen, Belcher, Garry, Pond, Hope, travaillaient avec ardeur à la construction du bateau, opération longue et difficile, qui devait durer plusieurs mois. Mais, comme cette embarcation ne pourrait être utilisée qu'à l'été prochain, après la débâcle des glaces, on ne négligea pas pour elle les travaux plus spécialement relatifs à la factorerie. Jasper Hobson laissait faire, comme si la durée du fort eût été assurée pour un temps illimité. Il persistait à tenir ses hommes dans l'ignorance de leur situation. Plusieurs fois, cette question assez grave avait été traitée par ce qu'on pourrait appeler « l'état-major » du Fort-Espérance. Mrs. Paulina Barnett et Madge ne partageaient pas absolument les idées du lieutenant à ce sujet. Il leur semblait que leurs compagnons, énergiques et résolus, n'étaient pas gens à désespérer, et qu'en tout cas, le coup serait certainement plus rude, lorsque les dangers de la situation se seraient tellement accrus qu'on ne pourrait plus les leur cacher. Mais, malgré la valeur de cet argument, Jasper Hobson ne se rendit pas, et on doit dire que, sur cette question, il fut soutenu par le sergent Long. Peut-être, après tout, avaient-ils raison tous deux, ayant pour eux l'expérience des choses et des hommes.

Aussi les travaux d'appropriation et de défense du fort furent-ils continués. L'enceinte palissadée, renforcée de nouveaux pieux et surélevée en maint endroit, forma une circonvallation très-sérieusement défensive; maître Mac Nap exécuta même un des projets qui lui tenaient le plus au cœur, et que son chef approuva. Aux angles qui formaient saillant sur le lac, il éleva deux petites poivrières aiguës qui complétaient l'œuvre, et le caporal Joliffe soupirait après le moment où il irait y relever les sentinelles. Cela donnait à l'ensemble des constructions un aspect militaire qui le réjouissait.

La palissade entièrement achevée, Mac Nap, se rappelant les rigueurs du dernier hiver, construisit un nouveau hangar à bois sur le flanc même de la maison principale, à droite, de telle sorte qu'on pouvait communiquer avec ce hangar bien clos, par une porte intérieure, sans être obligé de s'aventurer au dehors. De cette façon, le combustible serait toujours sous la main des consommateurs. Sur le flanc gauche, le charpentier bâtit, en retour, une vaste salle destinée au logement des soldats, de façon à débarrasser du lit de camp la salle commune. Cette salle fut uniquement consacrée, désormais, aux repas, aux jeux, au travail. Le nouveau logement, depuis lors, servit exclusivement d'habitation aux trois ménages qui furent établis dans des chambres particulières, et aux autres soldats de la colonie. Un magasin spécial, destiné aux fourrures, fut également élevé en arrière de la maison, près de la poudrière, ce qui laissa libre tout le grenier, dont les chevrons et les fermes furent assujettis au moyen de crampons de fer, de manière à défier toute agression.

Mac Nap avait aussi l'intention de construire une petite chapelle en bois. Cet édifice était compris dans les plans primitifs de Jasper Hobson et devait compléter l'ensemble de la factorerie. Mais son érection fut remise à la prochaine saison d'été.

Avec quel soin, quel zèle, quelle activité le lieutenant Hobson aurait autrefois suivi tous ces détails de son établissement! S'il eût bâti sur un terrain solide, avec quel plaisir il aurait vu ces maisons, ces hangars, ces magasins, s'élever autour de lui! Et ce projet, désormais inutile, qu'il avait formé de couronner le cap Bathurst par un ouvrage qui eût assuré la sécurité du Fort-Espérance! Le Fort-Espérance! Ce nom, maintenant, lui serrait le cœur! Le cap Bathurst avait pour jamais quitté le continent américain, et le Fort-Espérance se fût plus justement appelé le Fort-Sans-Espoir.

Ces divers travaux occupèrent la saison tout entière, et les bras ne chômèrent pas. La construction du bateau marchait régulièrement. D'après les plans de Mac Nap, il devait jauger une trentaine de tonneaux, et cette capacité serait suffisante pour qu'il pût, dans la belle saison, transporter une vingtaine de passagers pendant quelques centaines de milles. Le charpentier avait heureusement trouvé quelques bois courbes qui lui avaient permis d'établir les premiers couples de l'embarcation, et bientôt l'étrave et l'étambot, fixés à la quille, se dressèrent sur le chantier disposé au pied du cap Bathurst.

Tandis que les charpentiers maniaient la hache, la scie, l'herminette, les chasseurs faisaient la chasse au gibier domestique, rennes et lièvres polaires, qui abondaient aux environs de la factorerie. Le lieutenant avait, d'ailleurs, enjoint à Sabine et à Marbre de ne point s'éloigner, leur donnant pour raison que tant que l'établissement ne serait pas achevé, il ne voulait pas laisser aux alentours des traces qui pussent attirer quelque parti ennemi. La vérité est que Jasper Hobson ne voulait pas laisser soupçonner les changements survenus à la presqu'île.

Il arriva même un jour que Marbre, ayant demandé si le moment n'était pas venu d'aller à la baie des Morses et de recommencer la chasse aux amphibies, dont la graisse fournissait un excellent combustible, Jasper Hobson répondit vivement :

« Non, c'est inutile, Marbre ! »

Le lieutenant Hobson savait bien que la baie des Morses était restée à plus de deux cents milles dans le sud et que les amphibies ne fréquentaient plus les rivages de l'île !

Il ne faudrait pas croire, on le répète, que Jas

per Hobson considérât la situation comme désespérée. Loin de là, et plus d'une fois il s'en était franchement expliqué, soit avec Mrs. Paulina Barnett, soit avec le sergent Long. Il affirmait, de la façon la plus catégorique, que l'île résisterait jusqu'au moment où les froids de l'hiver viendraient à la fois épaissir sa couche de glace et l'arrêter dans sa marche.

En effet, après son voyage d'exploration, Jasper Hobson avait exactement relevé le périmètre de son nouveau domaine. L'île mesurait plus de quarante milles de tour [1], ce qui lui attribuait une superficie de cent quarante milles carrés au moins. Pour donner un terme de comparaison, l'île Victoria était un peu plus grande encore que l'île Sainte-Hélène. Son périmètre égalait à peu près celui de Paris, à la ligne des fortifications. Au cas même où elle se fût divisée en fragments, les fragments pouvaient encore conserver une grande étendue qui les aurait rendus habitables pendant quelque temps.

A Mrs. Paulina Barnett, qui s'étonnait qu'un champ de glace eût une telle superficie, le lieutenant Hobson répondait par les observations mêmes des navigateurs arctiques. Il n'était pas rare que Parry, Penny, Franklin, dans les traversées des mers polaires, eussent rencontré des icefields,

---

1. Environ 52 kilomètres ou 13 lieues.

longs de cent milles et larges de cinquante. Le capitaine Kellet abandonna même son navire sur un champ de glace qui ne mesurait pas moins de trois cents milles carrés. Qu'était, en comparaison, l'île Victoria ?

Cependant, sa grandeur devait être suffisante pour qu'elle résistât jusqu'aux froids de l'hiver, avant que les courants d'eau plus chaude eussent dissous sa base. Jasper Hobson ne faisait aucun doute à cet égard, et, il faut le dire, il n'était désespéré que de voir tant de peines inutiles, tant d'efforts perdus, tant de plans détruits, et son rêve, si prêt à se réaliser, tout à vau-l'eau. On conçoit qu'il ne pût prendre aucun intérêt aux travaux actuels. Il laissait faire, voilà tout !

Mrs. Paulina Barnett, elle, faisait, suivant l'expression usitée, contre fortune bon cœur. Elle encourageait le travail de ses compagnes et y participait même, comme si l'avenir lui eût appartenu. Ainsi, voyant avec quel intérêt Mrs. Joliffe s'occupait de ses semailles, elle l'aidait journellement par ses conseils. L'oseille et les chochléarias avaient fourni une belle récolte, et cela grâce au caporal, qui, avec le sérieux et la ténacité d'un mannequin, défendait les terrains ensemencés contre des milliers d'oiseaux de toutes sortes.

La domestication des rennes avait parfaitement réussi. Plusieurs femelles avaient mis bas, et le petit Michel fut même en partie nourri avec du lait de renne. Le total du troupeau s'élevait alors à une trentaine de têtes. On menait paître ces animaux sur les parties gazonneuses du cap Bathurst, et on faisait provision de l'herbe courte et sèche, qui tapissait les talus, pour les besoins de l'hiver. Ces rennes, déjà très-familiarisés avec les gens du fort, très-faciles d'ailleurs à domestiquer, ne s'éloignaient pas de l'enceinte, et quelques-uns avaient été employés au tirage des traîneaux pour le transport du bois.

En outre, un certain nombre de leurs congénères, qui erraient aux alentours de la factorerie, se laissèrent prendre au traquenard creusé à mi-chemin du fort et du port Barnett. On se rappelle que, l'année précédente, ce traquenard avait servi à la capture d'un ours gigantesque. Pendant cette saison, ce furent des rennes qui tombèrent fréquemment dans ce piége. La chair de ceux-ci fut salée, séchée et conservée pour l'alimentation future. On prit au moins une vingtaine de ces ruminants, que l'hiver devait bientôt ramener vers des régions moins élevées en latitude.

Mais, un jour, par suite de la conformation du sol, le traquenard fut mis hors d'usage, et, le 5 août, le chasseur Marbre, revenant de le visiter, aborda Jasper Hobson, en lui disant d'un ton assez singulier :

« Je reviens de faire ma visite quotidienne au traquenard, mon lieutenant.

— Eh bien, Marbre, répondit Jasper Hobson, j'espère que vous aurez été aussi heureux aujourd'hui qu'hier, et qu'un couple de rennes aura donné dans votre piége?

— Non, mon lieutenant... non... répondit Marbre avec un certain embarras.

— Quoi! votre traquenard n'a pas fourni son contingent habituel?

— Non, et si quelque bête était tombée dans notre fosse, elle s'y serait certainement noyée.

— Noyée! s'écria le lieutenant, en regardant le chasseur d'un œil inquiet.

— Oui, mon lieutenant, répondit Marbre, qui observait attentivement son chef, la fosse est remplie d'eau.

— Bon, répondit Jasper Hobson, du ton d'un homme qui n'attachait aucune importance à ce fait, vous savez que cette fosse était en partie creusée dans la glace. Les parois auront fondu aux rayons du soleil, et alors...

— Je vous demande pardon de vous interrompre, mon lieutenant, répondit Marbre, mais cette eau ne peut aucunement provenir de la fusion de la glace.

— Pourquoi, Marbre?

— Parce que, si la glace l'avait produite, cette

eau serait douce, comme vous me l'avez expliqué dans le temps, et qu'au contraire, l'eau qui remplit notre fosse est salée ! »

Si maître de lui qu'il fût, Jasper Hobson pâlit légèrement et ne répondit rien.

« D'ailleurs, ajouta le chasseur, j'ai voulu sonder la fosse pour reconnaître la hauteur de l'eau, et, à ma grande surprise, je vous l'avoue, je n'ai point trouvé de fond.

— Eh bien, Marbre, que voulez-vous ! répondit vivement Jasper Hobson, il n'y a pas là de quoi s'étonner. Quelque fracture du sol aura établi une communication entre le traquenard et la mer ! Cela arrive quelquefois... même dans les terrains les plus solides ! Ainsi, ne vous inquiétez pas, mon brave chasseur. Renoncez, pour le moment, à employer le traquenard, et contentez-vous de tendre des trappes aux environs du fort. »

Marbre porta la main à son front, en guise de salut, et, tournant sur ses talons, il quitta le lieutenant, non sans avoir jeté sur son chef un singulier regard.

Jasper Hobson demeura pensif pendant quelques instants. C'était une grave nouvelle que venait de lui apprendre le chasseur Marbre. Il était évident que le fond de la fosse, successivement aminci par les eaux plus chaudes, avait crevé, et que la surface de la mer formait maintenant le fond du traquenard.

Jasper Hobson alla trouver le sergent Long et lui fit connaître cet incident. Tous deux, sans être aperçus de leurs compagnons, se rendirent sur le rivage, au pied du cap Bathurst, à cet endroit du littoral où ils avaient établi des marques et des repères.

Ils les consultèrent.

Depuis leur dernière observation, le niveau de l'île flottante s'était abaissé de six pouces!

« Nous nous enfonçons peu à peu! murmura le sergent Long. Le champ de glace s'use par-dessous!

— Oh! l'hiver! l'hiver! » s'écria Jasper Hobson en frappant du pied ce sol maudit.

Mais aucun symptôme n'annonçait encore l'approche de la saison froide. Le thermomètre se maintenait, en moyenne, à cinquante-neuf degrés Fahrenheit (15° centig. au-dessus de zéro), et, pendant les quelques heures que durait la nuit, la colonne mercurielle s'abaissait à peine de trois à quatre degrés.

Les préparatifs du prochain hivernage furent continués avec beaucoup de zèle. On ne manquait de rien, et véritablement, bien que le Fort-Espérance n'eût pas été ravitaillé par le détachement du capitaine Craventy, on pouvait attendre en toute sécurité les longues heures de la nuit arctique. Seules, les munitions durent être ménagées. Quant aux spiritueux, dont on faisait d'ailleurs une consommation peu importante, et au biscuit, qui ne pouvait être remplacé, il en restait encore une réserve assez considérable. Mais la venaison fraîche et la viande conservée se renouvelaient sans cesse, et cette alimentation abondante et saine, à laquelle se joignaient quelques plantes antiscorbutiques, maintenait en excellente santé tous les membres de la petite colonie.

D'importantes coupes de bois furent faites dans la futaie qui bornait la côte orientale du lac Barnett. Nombre de bouleaux, de pins et de sapins tombèrent sous la hache de Mac Nap, et ce furent les rennes domestiques qui charrièrent tout ce combustible au magasin. Le charpentier n'épargnait pas la forêt, tout en aménageant convenablement ses abatis. Il devait penser, d'ailleurs, que le bois ne manquerait pas sur cette île, qu'il regardait encore comme une presqu'île. En effet, toute la portion du territoire avoisinant le cap Michel était riche en essences diverses.

Aussi, maître Mac Nap s'extasiait-il souvent et félicitait-il son lieutenant d'avoir découvert ce territoire béni du ciel, sur lequel le nouvel établissement ne pouvait que prospérer. Du bois, du gibier, des animaux à fourrure qui s'empilaient d'eux-mêmes dans les magasins de la Compagnie! Un lagon pour pêcher, et dont les produits variaient agréablement l'ordinaire! De l'herbe pour les animaux, et « une double paye pour les gens », eût certainement ajouté le caporal Joliffe! N'était-il pas, ce cap Bathurst, un bout de terre privilégiée, dont on ne trouverait pas l'équivalent sur tout le domaine du continent arctique? Ah! certes, le lieutenant Hobson avait eu la main heureuse, et il fallait en remercier la Providence, car ce territoire devait être unique au monde !

Unique au monde! Honnête Mac Nap! Il ne savait pas si bien dire, ni quelles angoisses il éveillait dans le cœur de son lieutenant, quand il parlait ainsi!

On pense bien que, dans la petite colonie, la confection des vêtements d'hiver ne fut pas négligée. Mrs. Paulina Barnett et Madge, Mrss. Raë et Mac Nap, et Mrs. Joliffe, quand ses fourneaux lui laissaient quelque répit, travaillaient assidûment. La voyageuse savait qu'il faudrait avant peu quitter le fort, et, en prévision d'un long trajet sur les glaces, quand, en plein hiver, il s'agirait de regagner le continent américain, elle voulait que chacun fût solidement et chaudement vêtu. Ce serait un terrible froid à affronter pendant la longue nuit polaire, et à braver durant bien des jours, si l'île Victoria ne s'immobilisait qu'à une grande distance du littoral! Pour franchir ainsi des centaines de milles, dans ces conditions, il ne fallait négliger ni le vêtement ni la chaussure. Aussi Mrs. Paulina Barnett et

Madge donnèrent-elles tous leurs soins aux confections. Comme on le pense bien, les fourrures, qu'il serait vraisemblablement impossible de sauver, furent employées sous toutes les formes. On les ajustait en double, de manière que le vêtement présentât le poil à l'intérieur comme à l'extérieur. Et il était certain que, le moment venu, ces dignes femmes de soldats et les soldats eux-mêmes, aussi bien que leurs officiers, seraient vêtus de pelleteries du plus haut prix, que leur eussent enviées les plus riches ladies ou les plus opulentes princesses russes. Sans doute, Mrs. Raë, Mrs. Mac Nap et Mrs. Joliffe s'étonnèrent un peu de l'emploi qui était fait des richesses de la Compagnie. Mais l'ordre du lieutenant Hobson était formel. D'ailleurs, les martres, les wisons, les rats musqués, les castors, les renards même pullulaient sur le territoire, et les fourrures ainsi dépensées seraient remplacées facilement, quand on le voudrait, avec quelques coups de fusil ou de trappe. Au surplus, lorsque Mrs. Mac Nap vit le délicieux vêtement d'hermine que Madge avait confectionné pour son bébé, vraiment elle ne trouva plus la chose extraordinaire!

Ainsi s'écoulèrent les journées jusque dans la moitié du mois d'août. Le temps avait toujours été beau, le ciel quelquefois brumeux, mais le soleil avait vite fait de boire ces brumes.

Chaque jour, le lieutenant Jasper Hobson faisait le point, en ayant soin toutefois de s'éloigner du fort, afin de ne point éveiller les soupçons de ses compagnons par ces observations quotidiennes. Il visitait aussi les diverses parties de l'île, et, fort heureusement, il n'y remarqua aucune modification importante.

Au 16 août, l'île Victoria se trouvait, en longitude, par 167° 27', et, en latitude, par 70° 49'. Elle s'était donc un peu reportée au sud depuis quelque temps, mais sans, pour cela, s'être rapprochée de la côte, qui, se recourbant dans cette direction, lui restait encore à plus de deux cents milles dans le sud-est.

Quant au chemin parcouru par l'île depuis la rupture de l'isthme ou plutôt depuis la dernière débâcle des glaces, on pouvait l'estimer déjà à onze ou douze cents milles vers l'ouest.

Mais qu'était-ce que ce parcours comparé à l'étendue de la mer immense? N'avait-on pas vu déjà des bâtiments dériver, sous l'action des courants, pendant des milliers de milles, tels que le navire anglais *Resolute*, le brick américain *Advance*, et enfin le *Fox*, qui, sur un espace de plusieurs degrés, furent emportés avec leurs champs de glace, jusqu'au moment où l'hiver les arrêta dans leur marche!

CHAPITRE VI.

DIX JOURS DE TEMPÊTE.

Pendant les quatre jours du 17 au 20 août, le temps fut constamment beau, et la température assez élevée. Les brumes de l'horizon ne se changèrent point en nuages. Il était rare même que l'atmosphère se maintînt dans un tel état de pureté sous une zone si élevée en latitude. On le conçoit, ces conditions climatériques ne pouvaient satisfaire le lieutenant Hobson.

Mais, le 21 août, le baromètre annonça un changement prochain dans l'état atmosphérique. La colonne de mercure baissa subitement de quelques millièmes. Cependant elle remonta le lendemain, puis redescendit, et ce fut le 23 seulement que son abaissement se fit d'une manière continue.

Le 24 août, en effet, les vapeurs, accumulées peu à peu, au lieu de se dissiper, s'élevèrent dans l'atmosphère. Le soleil, au moment de sa culmination, fut entièrement voilé, et le lieutenant Hobson ne put faire son point. Le lendemain, le vent s'établit au nord-ouest, il souffla en grande brise, et, pendant certaines accalmies, la pluie tomba avec abondance. Cependant la température ne se modifia pas d'une façon très-sensible, et le thermomètre se tint à cinquante-quatre degrés Fahrenheit (12° centigr. au-dessus de zéro).

Très-heureusement, à cette époque, les travaux projetés étaient exécutés, et Mac Nap venait d'achever la carcasse de l'embarcation, qui était bordée et membrée. On pouvait même, sans inconvénient, suspendre la chasse aux animaux comestibles, les réserves étant suffisantes. D'ailleurs, le temps devint bientôt si mauvais, le vent si violent, la pluie si pénétrante, les brouillards si intenses, que l'on dut renoncer à quitter l'enceinte du fort.

« Que pensez-vous de ce changement de temps, monsieur Hobson? demanda Mrs. Paulina Barnett, dans la matinée du 27 août, en voyant la fureur de la tourmente s'accroître d'heure en heure. Ne peut-il nous être favorable?

— Je ne saurais l'affirmer, madame, répondit le lieutenant Hobson, mais je vous ferai observer que tout vaut mieux pour nous que ce temps magnifique, pendant lequel le soleil échauffe continuellement les eaux de la mer. En outre, je vois que le vent s'est fixé au nord-ouest, et comme il est très-violent, notre île, par sa masse même, ne peut échapper à son influence. Je ne serais donc pas étonné qu'elle se rapprochât du continent américain.

— Malheureusement, dit le sergent Long, nous ne pourrons pas relever chaque jour notre situation. Au milieu de cette atmosphère embrumée, il n'y a plus ni soleil, ni lune, ni étoiles! Allez donc prendre hauteur dans ces conditions!

— Bon, sergent Long, répondit Mrs. Paulina Barnett, si la terre nous apparaît, nous saurons bien la reconnaître, je vous le garantis. Quelle qu'elle soit, d'ailleurs, elle sera bien venue. Remarquez que ce sera nécessairement une portion quelconque de l'Amérique russe et probablement la Géorgie occidentale.

— Cela est présumable, en effet, ajouta Jasper Hobson, car, malheureusement pour nous, il n'y a, dans toute cette portion de la mer Arctique, ni un îlot, ni une île, ni même une roche à laquelle nous puissions nous raccrocher!

— Eh! dit Mrs. Paulina Barnett, pourquoi notre véhicule ne nous transporterait-il pas tout droit à la côte d'Asie? Ne peut-il, sous l'influence des courants, passer à l'ouvert du détroit de Behring et aller se souder au pays des Tchouktchis?

— Non, madame, non, répondit le lieutenant Hobson, notre glaçon rencontrerait bientôt le courant du Kamtchatka et il serait rapidement reporté dans le nord-est, ce qui serait fort regrettable. Non.

Il est plus probable que, sous la poussée du vent de nord-ouest, nous nous rapprocherons des rivages de l'Amérique russe !

— Il faudra veiller, monsieur Hobson, dit la voyageuse, et autant que possible reconnaître notre direction.

— Nous veillerons, madame, répondit Jasper Hobson, bien que ces épaisses brumes limitent singulièrement nos regards. Au surplus, si nous sommes jetés à la côte, le choc sera violent et nous le ressentirons nécessairement. Espérons qu'à ce moment l'île ne se brisera pas en morceaux ! C'est là un danger ! Mais enfin, s'il se produit, nous aviserons. Jusque-là, rien à faire. »

Il va sans dire que cette conversation ne se tenait pas dans la salle commune, où la plupart des soldats et des femmes étaient installés pendant les heures de travail. Mrs. Paulina Barnett causait de ces choses dans sa propre chambre, dont la fenêtre s'ouvrait sur la partie antérieure de l'enceinte. C'est à peine si l'insuffisante lumière du jour pénétrait à travers les opaques vitres. On entendait, au dehors, la bourrasque passer comme une avalanche. Heureusement, le cap Bathurst défendait la maison contre les rafales du nord-est. Cependant, le sable et la terre, enlevés au sommet du promontoire, tombaient sur la toiture et y crépitaient comme grêle. Mac Nap fut de nouveau fort inquiet pour ses cheminées et principalement pour celle de la cuisine, qui devait fonctionner toujours. Aux mugissements du vent se mêlait le bruit terrible que faisait la mer démontée en se brisant sur le littoral. La tempête tournait à l'ouragan.

Malgré les violences de la rafale, Jasper Hobson, dans la journée du 28 août, voulut absolument monter au cap Bathurst, afin d'observer, en même temps que l'horizon, l'état de la mer et du ciel. Il s'enveloppa donc de manière à ne donner dans ses vêtements aucune prise à l'air violemment chassé, puis il s'aventura au dehors.

Le lieutenant Hobson arriva sans grande peine, après avoir traversé la cour intérieure, au pied du cap. Le sable et la terre l'aveuglaient; mais du moins, abrité par l'épaisse falaise, il n'eut pas à lutter directement contre le vent.

Le plus difficile, pour Jasper Hobson, fut alors de s'élever sur les flancs du massif, qui étaient taillés presque à pic de ce côté. Il y parvint, cependant, en s'accrochant aux touffes d'herbes, et il arriva ainsi au sommet du cap. En cet endroit, la force de l'ouragan était telle, qu'il n'aurait pu se tenir ni debout ni assis. Il dut donc s'étendre sur le ventre, au revers même du talus, et se cramponner aux arbrisseaux, ne laissant ainsi que la partie supérieure de sa tête exposée aux rafales.

Jasper Hobson regarda à travers les embruns qui

passaient au-dessus de lui comme des nappes liquides. L'aspect de l'Océan et du ciel était vraiment terrible: Tous deux se confondaient dans les brumailles à un demi-mille du cap. Au-dessus de sa tête, Jasper Hobson voyait des nuages bas et échevelés courir avec une effrayante vitesse, tandis que de longues bandes de vapeurs s'immobilisaient vers le zénith. Par instants, il se faisait un grand calme dans l'air, et l'on n'entendait plus que les bruits déchirants du ressac et le choc des lames courroucées. Puis, la tempête atmosphérique reprenait avec une fureur sans égale, et le lieutenant Hobson sentait le promontoire trembler sur sa base. En de certains moments, la pluie était si violemment injectée, que ses raies, presque horizontales, formaient autant de milliers de jets d'eau que le vent cinglait comme une mitraille.

C'était bien là un ouragan, dont la source était placée dans la plus mauvaise partie du ciel. Ce vent de nord-est pouvait durer longtemps et longtemps bouleverser l'atmosphère. Mais Jasper Hobson ne s'en plaignait pas. Lui qui, en toute autre circonstance, eût déploré les désastreux effets d'une telle tempête, y applaudissait alors! Si l'île résistait, — et on pouvait l'espérer, — elle serait inévitablement rejetée dans le sud-ouest sous la poussée de ce vent supérieur aux courants de la mer, et là, dans le sud-ouest, était le continent, là le salut! Oui, pour lui, pour ses compagnons, pour tous, il fallait que la tempête durât jusqu'au moment où elle les aurait jetés à la côte, quelle qu'elle fût. Ce qui eût été la perte d'un navire était le salut de l'île errante.

Pendant un quart d'heure, Jasper Hobson demeura ainsi courbé sous le fouet de l'ouragan, trempé par les douches d'eau de mer et d'eau de pluie, se cramponnant au sol avec l'énergie d'un homme qui se noie, cherchant à surprendre enfin les chances que pouvait lui donner cette tempête. Puis il redescendit, se laissa glisser sur les flancs du cap, traversa la cour au milieu des tourbillons de sable et rentra dans la maison.

Le premier soin de Jasper Hobson fut d'annoncer à ses compagnons que l'ouragan ne semblait pas avoir encore atteint son maximum d'intensité et qu'on devait s'attendre à ce qu'il se prolongeât pendant plusieurs jours. Mais le lieutenant annonça cela d'un ton singulier, comme s'il eût apporté quelque bonne nouvelle, et les habitants de la factorerie ne purent s'empêcher de le regarder avec un certain sentiment de surprise. Leur chef avait vraiment l'air de faire bon accueil à cette lutte des éléments.

Pendant la journée du 30, Jasper Hobson, bravant encore une fois les rafales, retourna, sinon au sommet du cap Bathurst, du moins à la lisière du littoral. Là, sur ce rivage accore, à la limite des longues lames qui le frappaient de biais, il aperçut quelques longues herbes inconnues à la flore de l'île.

Ces herbes étaient encore fraîches. C'étaient de longs filaments de varechs qui, on n'en pouvait douter, avaient été récemment arrachés au continent américain. Ce continent n'était donc plus éloigné! Le vent de nord-est avait donc repoussé l'île en dehors du courant qui l'emportait jusqu'alors. Ah! Christophe Colomb ne se sentit pas plus de joie au cœur, quand il rencontra ces herbes flottantes qui lui annonçaient la proximité de la terre!

Jasper Hobson revint au fort. Il fit part de sa découverte à Mrs. Paulina Barnett et au sergent Long. En ce moment, il eut presque envie de tout avouer à ses compagnons, tant il se croyait assuré de leur salut. Mais un dernier pressentiment le retint. Il se tut.

Cependant, durant ces interminables journées de séquestration, les habitants du fort ne demeuraient point inactifs. Ils occupaient leur temps aux travaux de l'intérieur. Quelquefois aussi, ils pratiquaient des rigoles dans la cour afin de faire écouler les eaux qui s'amassaient entre la maison et les magasins. Mac Nap, un clou d'une main, un marteau de l'autre, avait toujours quelque rajustement à opérer dans un coin quelconque. On travaillait ainsi pendant toute la journée, sans trop se préoccuper des violences de la tempête. Mais, la nuit venue, il semblait que la violence de l'ouragan redoublât. Il était impossible de dormir. Les rafales s'abattaient sur la maison comme autant de coups de massue. Il s'établissait parfois une sorte de remous entre le promontoire et le fort. C'était comme une trombe, une tornade partielle qui enlaçait la maison. Les ais craquaient alors, les poutres menaçaient de se disjoindre, et l'on pouvait craindre que toute la construction ne s'en allât par morceaux. De là, pour le charpentier, des transes continuelles, et pour ses hommes l'obligation de demeurer constamment sur le qui-vive. Quant à Jasper Hobson, ce n'était pas la solidité de la maison qui le préoccupait, mais bien celle de ce sol sur lequel il l'avait bâtie. La tempête devenait décidément si violente, la mer se faisait si monstrueuse, qu'on pouvait justement redouter une dislocation de l'icefield. Il semblait impossible que l'énorme glaçon, diminué sur son épaisseur, rongé à sa base, soumis aux incessantes dénivellations de l'Océan, pût résister longtemps. Sans doute les habitants qu'il portait ne ressentaient pas les agitations de la houle, tant sa masse était considérable; mais il ne les en subissait pas moins. La question se réduisait donc à ceci : l'île durerait-elle jusqu'au moment où elle serait jetée à la côte? Ne serait-elle pas mise en pièces avant d'avoir heurté la terre ferme?

Quant à avoir résisté jusqu'alors, cela n'était pas douteux. Et c'est ce que Jasper Hobson expliqua catégoriquement à Mrs. Paulina Barnett. En effet, si la dislocation se fût déjà produite, si l'icefield eût été divisé en glaçons plus petits, si l'île se fût rompue en îlots nombreux, les habitants du Fort-Espérance s'en seraient aussitôt aperçus, car celui des morceaux de l'île qui les eût encore portés ne serait pas resté indifférent à l'état de la mer; il aurait subi l'action de la houle; des mouvements de tangage et de roulis l'auraient secoué avec ceux qui flottaient à sa surface, comme des passagers à bord d'un navire battu par la mer. Or cela n'était pas. Dans ses observations quotidiennes, le lieutenant Hobson n'avait jamais surpris ni un mouvement ni même un tremblement, un frémissement quelconque de l'île, qui paraissait aussi ferme, aussi immobile que si son isthme l'eût encore rattachée au continent américain.

Mais la rupture qui n'était pas arrivée pouvait évidemment se produire d'un instant à l'autre.

Une extrême préoccupation de Jasper Hobson, c'était de savoir si l'île Victoria, rejetée hors du courant et poussée par le vent du nord-est, s'était rapprochée de la côte, et, en effet, tout espoir était dans cette chance. Mais, on le conçoit, sans soleil, sans lune, sans étoiles, les instruments devenaient inutiles, et la position actuelle de l'île ne pouvait être relevée. Si donc on s'approchait de la terre, on ne le saurait que lorsque la terre serait en vue, et encore le lieutenant Hobson n'en aurait-il connaissance en temps utile, — à moins de ressentir un choc, — que s'il se transportait sur la portion sud de ce dangereux territoire. En effet, l'orientation de l'île Victoria n'avait pas changé d'une façon appréciable. Le cap Bathurst pointait encore vers le nord, comme au temps où il formait une pointe avancée de la terre américaine. Il était donc évident que l'île, si elle accostait, atterrirait par sa partie méridionale, comprise entre le cap Michel et l'angle qui s'appuyait autrefois à la baie des Morses. En un mot, c'est par l'ancien isthme que la jonction s'opérerait. Il devenait donc essentiel et opportun de reconnaître ce qui se passait de ce côté.

Le lieutenant Hobson résolut donc de se rendre au cap Michel, quelque effroyable que fût la tempête. Mais il résolut aussi d'entreprendre cette reconnaissance en cachant à ses compagnons le véritable motif de son exploration. Seul, le sergent Long devait l'accompagner pendant que l'ouragan faisait rage.

Ce jour-là, 31 août, vers les quatre heures du soir, afin d'être prêt à toute éventualité, Jasper Hobson fit demander le sergent, qui vint le trouver dans sa chambre.

« Sergent Long, lui dit-il, il est nécessaire que nous soyons fixés sans retard sur la position de l'île Victoria, ou, tout au moins, que nous sachions si ce coup de vent, comme je l'espère, l'a rapprochée du continent américain.

— Cela me paraît nécessaire, en effet, répondit le sergent, et le plus tôt sera le mieux.

— De là, reprit Jasper Hobson, obligation pour nous d'aller dans le sud de l'île.

— Je suis prêt, mon lieutenant.

— Je sais, sergent Long, que vous êtes toujours prêt à remplir un devoir. Mais vous n'irez pas seul. Il est bon que nous soyons deux pour le cas où, quelque terre étant en vue, il serait urgent de prévenir nos compagnons. Et puis il faut que je voie moi-même... Nous irons ensemble.

— Quand vous le voudrez, mon lieutenant, et à l'instant même si vous le jugez convenable.

— Nous partirons ce soir, à neuf heures, lorsque tous nos hommes seront endormis...

— En effet, la plupart voudraient nous accompagner, répondit le sergent Long, et il ne faut pas qu'ils sachent quel motif nous entraîne loin de la factorerie.

— Non, il ne faut pas qu'ils le sachent, répondit Jasper Hobson, et jusqu'au bout, si je le puis, je leur épargnerai les inquiétudes de cette terrible situation.

— Cela est convenu, mon lieutenant.

— Vous aurez un briquet et de l'amadou, afin que nous puissions faire un signal, si cela est nécessaire, dans le cas, par exemple, où une terre se montrerait dans le sud.

— Oui.

— Notre exploration sera rude, sergent.

— Elle sera rude, en effet, mais n'importe. — A propos, mon lieutenant, et notre voyageuse ?

— Je ne compte pas la prévenir, répondit Jasper Hobson, car elle voudrait nous accompagner.

— Et cela est impossible! dit le sergent. Une femme ne pourrait lutter contre cette rafale! Voyez combien la tempête redouble en ce moment! »

En effet, la maison tremblait alors sous l'ouragan à faire craindre qu'elle ne fût arrachée de ses pilotis.

« Non! dit Jasper Hobson, cette vaillante femme ne peut pas, ne doit pas nous accompagner. Mais, toute réflexion faite, mieux vaut lui faire part de notre projet. Il faut qu'elle soit instruite, afin que si quelque malheur nous arrivait en route...

— Oui, mon lieutenant, oui! répondit le sergent Long. Il ne faut rien lui cacher, — et au cas où nous ne reviendrions pas...

— Ainsi, à neuf heures, sergent.

— A neuf heures! »

Le sergent Long, après avoir salué militairement, se retira.

Quelques instants plus tard, Jasper Hobson, s'entretenant avec Mrs. Paulina Barnett, lui faisait connaître son projet d'exploration. Comme il s'y attendait, la courageuse femme insista pour l'accompagner, voulant braver avec lui la fureur de la tempête. Le lieutenant ne chercha point à l'en dissuader en lui parlant des dangers d'une expédition entreprise dans des conditions semblables, mais il se contenta de dire qu'en son absence, la présence de Mrs. Paulina Barnett était indispensable au fort, et qu'il dépendait d'elle, en restant, de lui laisser quelque tranquillité d'esprit. Si un malheur arrivait, il serait au moins assuré que sa vaillante compagne était là pour le remplacer auprès de ses compagnons.

Mrs. Paulina Barnett comprit et n'insista plus. Toutefois, elle supplia Jasper Hobson de ne pas s'aventurer au delà de toute raison, lui rappelant qu'il était le chef de la factorerie, que sa vie ne lui appartenait pas, qu'elle était nécessaire au salut de tous. Le lieutenant promit d'être aussi prudent que la situation le comportait, mais il fallait que cette observation de la portion méridionale de l'île fût faite sans retard, et il la ferait. Le lendemain, Mrs. Paulina Barnett se bornerait à dire à ses compagnons que le lieutenant et le sergent étaient partis dans l'intention d'opérer une dernière reconnaissance avant l'arrivée de l'hiver.

CHAPITRE VII.

UN FEU ET UN CRI.

Le lieutenant et le sergent Long passèrent la soirée dans la grande salle du Fort-Espérance, jusqu'à l'heure du coucher. Tous étaient rassemblés dans cette salle, à l'exception de l'astronome, qui restait, pour ainsi dire, continuellement et hermétiquement calfeutré dans sa cabine. Les hommes s'occupaient diversement, les uns nettoyant leurs armes, les autres réparant ou affûtant leurs outils. Mrss. Mac Nap, Raë et Joliffe travaillaient à l'aiguille avec la bonne Madge, pendant que Mrs. Paulina Barnett faisait la lecture à haute voix. Cette lecture était fréquemment interrompue, non-seulement par le choc de la rafale, qui frappait comme un bélier les murailles de la maison, mais aussi par les cris du bébé. Le caporal Joliffe, chargé de l'amuser, avait fort à faire. Ses genoux, changés en chevaux fougueux, n'y pouvaient suffire et étaient déjà fourbus. Il fallut que le caporal se décidât à déposer son infatigable cavalier sur la grande table, et là, l'enfant se roula à sa guise jusqu'au moment où le sommeil vint calmer son agitation.

A huit heures, suivant la coutume, la prière fut dite en commun, les lampes furent éteintes, et bientôt chacun eut regagné sa couche habituelle.

Dès que tous furent endormis, le lieutenant Hobson et le sergent Long traversèrent sans bruit la grande salle déserte, et gagnèrent le couloir. Là, ils trouvèrent Mrs. Paulina Barnett, qui voulait leur serrer une dernière fois la main.

« A demain, dit-elle au lieutenant.

— A demain, madame, répondit Jasper Hobson... oui... à demain... sans faute...

— Mais si vous tardez?...

— Il faudra nous attendre patiemment, répondit le lieutenant, car après avoir examiné l'horizon du sud par cette nuit noire, au milieu de laquelle un feu pourrait apparaître, — dans le cas, par exemple, où nous nous serions approchés des côtes de la Nouvelle-Géorgie, — j'ai ensuite intérêt à reconnaître notre position pendant le jour. Peut-être cette exploration durera-t-elle vingt-quatre heures. Mais si nous pouvons arriver au cap Michel avant minuit, nous serons de retour au fort demain soir. Ainsi, patientez, madame, et croyez que nous ne nous exposerons pas sans raison.

— Mais, demanda la voyageuse, si vous n'êtes pas revenus demain, après-demain, dans deux jours?...

— C'est que nous ne devrons plus revenir! » répondit simplement Jasper Hobson.

La porte s'ouvrit alors. Mrs. Paulina Barnett la referma sur le lieutenant Hobson et son compagnon. Puis, inquiète, pensive, elle regagna sa chambre, où l'attendait Madge.

Jasper Hobson et le sergent Long traversèrent la cour intérieure, au milieu d'un tourbillon qui faillit les renverser, mais ils se soutinrent l'un l'autre, et, appuyés sur leurs bâtons ferrés, ils franchirent la poterne et s'avancèrent entre les collines et la rive orientale du lagon.

Une vague lueur crépusculaire était répandue sur le territoire. La lune, nouvelle depuis la veille, ne devait pas paraître au-dessus de l'horizon, et laissait à la nuit toute sa sombre horreur, mais l'obscurité n'allait durer que quelques heures au plus. En ce moment même, on y voyait encore suffisamment à se conduire.

Quel vent et quelle pluie! Le lieutenant Hobson et son compagnon étaient chaussés de bottes imperméables et couverts de capotes cirées, bien serrées à la taille, dont le capuchon leur enveloppait entièrement la tête. Ainsi protégés, ils marchèrent rapidement, car le vent, les prenant de dos, les poussa avec une extrême violence, et, par certains redoublements de la rafale, on peut dire qu'ils allaient plus vite qu'ils ne le voulaient. Quant à se parler, ils n'essayèrent même pas, car, assourdis par les fracas de la tempête, époumonnés par l'ouragan, ils n'auraient pu s'entendre.

L'intention de Jasper Hobson n'était point de suivre le littoral, dont les irrégularités eussent inutilement allongé sa route, tout en l'exposant aux coups directs de l'ouragan, qu'aucun obstacle, par conséquent, n'arrêtait à la limite de la mer. Il comptait, autant que possible, couper en ligne droite depuis le cap Bathurst jusqu'au cap Michel, et il s'était, dans cette prévision, muni d'une boussole de poche qui lui permettrait de relever sa direction. De cette façon, il n'aurait pas plus de dix à onze milles à franchir pour atteindre son but, et il pensait arriver au terme de son voyage à peu près à l'heure où le crépuscule s'effacerait pour deux heures à peine, et laisserait à la nuit toute son obscurité.

Jasper Hobson et son sergent, courbés sous l'effort du vent, le dos arrondi, la tête dans les épaules, s'arc-boutant sur leurs bâtons, avançaient donc assez rapidement. Tant qu'ils prolongèrent la rive est du lac, ils ne reçurent point la rafale de plein fouet et n'eurent pas trop à souffrir. Les collines et les arbres dont elles étaient couronnées les garantissaient en partie. Le vent sifflait avec une violence sans égale à travers cette ramure, au risque de déraciner ou de briser quelque tronc mal assuré, mais il se « cassait » en passant. La pluie même n'arrivait que divisée en une impalpable poussière. Aussi, pendant l'espace de quatre milles environ, les deux explorateurs furent-ils moins rudement éprouvés qu'ils ne le craignaient.

Arrivés à l'extrémité méridionale de la futaie, là où venait mourir la base des collines, là où le sol plat, sans une intumescence quelconque, sans un rideau d'arbres, était balayé par le vent de la mer, ils s'arrêtèrent un instant. Ils avaient encore six milles à franchir avant d'atteindre le cap Michel.

« Cela va être un peu dur! cria le lieutenant Hobson à l'oreille du sergent Long.

— Oui, répondit le sergent, le vent et la pluie vont nous cingler de concert.

— Je crains même que, de temps en temps, il ne s'y joigne un peu de grêle! ajouta Jasper Hobson.

— Ce sera toujours moins meurtrier que de la mitraille! répliqua philosophiquement le sergent Long. Or, mon lieutenant, ça vous est arrivé, à vous comme à moi, de passer à travers la mitraille. Passons donc, et en avant!

— En avant, mon brave soldat! »

Il était dix heures alors. Les dernières lueurs crépusculaires commençaient à s'évanouir, et s'effaçaient comme si elles eussent été noyées dans la brume ou éteintes par le vent et la pluie. Cependant, une certaine lumière, très-diffuse, se sentait encore. Le lieutenant battit le briquet, consulta sa boussole, en promenant un morceau d'amadou à sa surface, puis, hermétiquement serré dans sa capote, son capuchon ne laissant passage qu'à ses rayons visuels, il s'élança, suivi du sergent, sur cet espace, largement découvert, qu'aucun obstacle ne protégeait plus.

Au premier moment, tous deux furent violemment jetés à terre, mais, se relevant aussitôt, se cramponnant l'un à l'autre, et courbés comme de vieux bonshommes, ils prirent un pas accéléré, moitié trot, moitié amble.

Cette tempête était magnifique dans son horreur! De grands lambeaux de brume tout déloquetés, de véritables haillons tissus d'air et d'eau, balayaient le sol. Le sable et la terre volaient comme une mitraille, et au sel qui s'attachait à leurs lèvres, le lieutenant Hobson et son compagnon reconnurent que l'eau de la mer, distante de deux à trois milles au moins, arrivait jusqu'à eux en nappes pulvérisées.

Pendant de certaines accalmies, bien courtes et rares, ils s'arrêtaient et respiraient. Le lieutenant vérifiait alors la direction du mieux qu'il pouvait en estimant la route parcourue, et ils reprenaient leur route.

Mais la tempête s'accroissait encore avec la nuit. Ces deux éléments, l'air et l'eau, semblaient être absolument confondus. Ils formaient dans les basses régions du ciel une de ces redoutables trombes qui renversent les édifices, déracinent les forêts, et que les bâtiments, pour s'en défendre, attaquent à coups de canon. On eût pu croire, en effet, que l'Océan, arraché de son lit, allait passer tout entier par-dessus l'île errante.

Vraiment, Jasper Hobson se demandait avec raison comment l'icefield qui la supportait, soumis à un tel cataclysme, pouvait résister, comment il ne s'était déjà pas fracturé en cent endroits sous l'action de la houle. Cette houle devait être formidable, et le lieutenant l'entendait rugir au loin. En ce moment, le sergent Long, qui le précédait de quelques pas, s'arrêta soudain; puis, revenant au lieutenant et lui faisant entendre quelques paroles entrecoupées :

« Pas par là! dit-il.

— Pourquoi?

— La mer!...

— Comment? la mer! Nous ne sommes pourtant pas arrivés au rivage du sud-ouest?

— Voyez, mon lieutenant. »

En effet, une large étendue d'eau apparaissait dans l'ombre, et des lames se brisaient avec violence aux pieds du lieutenant.

Jasper Hobson battit une seconde fois le briquet, et, au moyen d'un nouveau morceau d'amadou allumé, il consulta attentivement l'aiguille de sa boussole.

« Non, dit-il, la mer est plus à gauche. Nous n'avons pas encore passé la grande futaie qui nous sépare du cap Michel.

— Mais alors, c'est...

— C'est une fracture de l'île, répondit Jasper Hobson, qui, ainsi que son compagnon, avait dû se coucher sur le sol pour résister à la bourrasque. Ou bien une énorme portion de l'île, détachée, est partie en dérive, ou ce n'est qu'une simple entaille que nous pourrons tourner. En route! »

Jasper Hobson et le sergent Long se relevèrent et s'enfoncèrent sur leur droite, en suivant la lisière liquide qui écumait à leurs pieds. Ils allèrent ainsi pendant dix minutes environ, craignant, non sans raison, d'être coupés de toute communication avec la partie méridionale de l'île. Puis, le bruit du ressac, qui s'ajoutait aux autres bruits de la tempête, s'arrêta.

« Ce n'est qu'une entaille, dit le lieutenant Hobson à l'oreille du sergent. Tournons! »

Et ils reprirent leur direction vers le sud. Mais alors ces hommes courageux s'exposaient à un danger terrible, et ils le savaient bien tous les deux, sans s'être communiqué leur pensée. En effet, cette partie de l'île Victoria sur laquelle ils s'aventuraient en ce moment, déjà disloquée sur un long espace, pouvait s'en séparer d'un instant à l'autre. Si l'entaille se creusait plus avant sous la dent du ressac, elle les entraînerait immanquablement à la dérive ! Mais ils n'hésitèrent pas, et ils s'élancèrent dans l'ombre, sans même se demander si le chemin ne leur manquerait pas au retour !

Que de pensées inquiétantes assiégeaient alors le lieutenant Hobson ! Pouvait-il espérer désormais que l'île résistât jusqu'à l'hiver ? N'était-ce pas là le commencement de l'inévitable rupture ? Si le vent ne la jetait pas à la côte, n'était-elle pas condamnée à périr avant peu, à s'effondrer, à se dissoudre ? Quelle effroyable perspective, et quelle chance restait-il aux infortunés habitants de cet icefield ?

Cependant, battus, brisés par les coups de la rafale, ces deux hommes énergiques, que soutenait le sentiment d'un devoir à accomplir, allaient toujours. Ils arrivèrent ainsi à la lisière de cette vaste futaie, qui confinait au cap Michel. Il s'agissait alors de la traverser, afin d'atteindre au plus tôt le littoral. Jasper Hobson et le sergent Long s'engagèrent donc sous la futaie, au milieu de la plus profonde obscurité, au milieu de ce tonnerre que le vent faisait à travers les sapins et les bouleaux. Tout craquait autour d'eux. Les branches brisées les fouettaient au passage. A chaque instant, ils couraient le risque d'être écrasés par la chute d'un arbre, ou ils se heurtaient à des souches rompues qu'ils ne pouvaient apercevoir dans l'ombre. Mais alors ils n'allaient plus au hasard, et les mugissements de la mer guidaient leurs pas à travers le taillis. Ils entendaient ces énormes retombées des lames qui déferlaient avec un épouvantable bruit, et même, plus d'une fois, ils sentirent le sol, évidemment aminci, trembler à leur choc. Enfin, se tenant par la main pour ne point s'égarer, se soutenant, se relevant quand l'un d'eux buttait contre quelque obstacle, ils arrivèrent à la lisière opposée de la futaie.

Mais là, un tourbillon les arracha l'un à l'autre. Ils furent violemment séparés et, chacun de son côté, jetés à terre.

« Sergent! sergent! où êtes-vous? cria Jasper Hobson de toute la force de ses poumons.

— Présent, mon lieutenant! » hurla le sergent Long.

Puis, rampant tous deux sur le sol, ils essayèrent de se rejoindre. Mais il semblait qu'une main puissante les clouât sur place. Enfin, après des efforts inouïs, ils parvinrent à se rapprocher, et, pour prévenir toute séparation ultérieure, ils se lièrent l'un à l'autre par la ceinture; puis ils rampèrent sur le sable, de manière à gagner une légère intumescence que dominait un maigre bouquet de sapins. Ils y arrivèrent enfin, et là, un peu abrités, ils creusèrent un trou dans lequel ils se blottirent, exténués, rompus, brisés!

Il était onze heures et demie du soir.

Jasper Hobson et son compagnon demeurèrent ainsi pendant plusieurs minutes sans prononcer une parole. Les yeux à demi clos, ils ne pouvaient plus remuer, et une sorte de torpeur, d'irrésistible somnolence, les envahissait, pendant que la bourrasque secouait au-dessus d'eux les sapins qui craquaient comme les os d'un squelette. Toutefois, ils résistèrent au sommeil, et quelques gorgées de brandevin, puisées à la gourde du sergent, les ranimèrent à propos.

« Pourvu que ces arbres tiennent! dit le lieutenant Hobson.

— Et pourvu que notre trou ne s'en aille pas avec eux! ajouta le sergent en s'arc-boutant dans ce sable mobile.

— Enfin, puisque nous voilà ici, dit Jasper Hobson, à quelques pas seulement du cap Michel, et puisque nous sommes venus pour regarder, regardons! Voyez-vous, sergent Long, j'ai comme un pressentiment que nous ne sommes pas loin de la terre ferme; mais enfin ce n'est qu'un pressentiment! »

Dans la position qu'ils occupaient, les regards du lieutenant et de son compagnon auraient embrassé les deux tiers de l'horizon du sud, si cet horizon eût été visible. Mais, en ce moment, l'obscurité était absolue, et, à moins qu'un feu n'apparût, ils se voyaient obligés d'attendre le jour pour avoir connaissance d'une côte, dans le cas où l'ouragan les aurait suffisamment rejetés dans le sud.

Or, — le lieutenant l'avait dit à Mrs. Paulina Barnett, — les pêcheries ne sont pas rares sur cette partie de l'Amérique septentrionale qui s'appelle la Nouvelle-Géorgie. Cette côte compte aussi de nombreux établissements, dans lesquels les indigènes recueillent des dents de mammouths, car ces parages recèlent en grand nombre des squelettes de ces grands antédiluviens, réduits à l'état fossile. A quelques degrés plus bas s'élève New-Arkhangel, centre de l'administration qui s'étend sur tout l'archipel des îles Aléoutiennes, et chef-lieu de l'Amérique russe. Mais les chasseurs fréquentent plus assidûment les rivages de la mer polaire, depuis surtout que la Compagnie de la baie d'Hudson a pris à bail les territoires de chasse que la Russie exploitait autrefois. Jasper Hobson, sans connaître ce pays, connaissait les habitudes des agents qui le visitaient à cette époque de l'année, et il était fondé à croire qu'il y rencontrerait des compatriotes, des collègues même, ou, à leur défaut, quelque parti de ces Indiens nomades qui courent le littoral.

Mais Jasper Hobson avait-il raison d'espérer que l'île Victoria eût été repoussée vers la côte ?

« Oui, cent fois oui ! répéta-t-il au sergent. Voilà sept jours que ce vent du nord-est souffle en ouragan. Je sais bien que l'île, très-plate, lui donne peu de prise, mais, cependant, ses collines, ses futaies, tendues çà et là comme des voiles, doivent céder quelque peu à l'action du vent. En outre, la mer qui nous porte subit aussi cette influence, et il est bien certain que les grandes lames courent vers la côte. Il me paraît donc impossible que nous ne soyons pas sortis du courant qui nous entraînait dans l'ouest, impossible que nous n'ayons pas été rejetés au sud. Nous n'étions, à notre dernier relèvement, qu'à deux cents milles de la terre, et, depuis sept jours.....

— Tous vos raisonnements sont justes, mon lieutenant, répondit le sergent Long. D'ailleurs, si nous avons l'aide du vent, nous avons aussi l'aide de Dieu, qui ne voudra pas que tant d'infortunés périssent, et c'est en lui que je mets tout mon espoir ! »

Jasper Hobson et le sergent parlaient ainsi en phrases coupées par les bruits de la tempête. Leurs regards cherchaient à percer cette ombre épaisse, que des lambeaux d'un brouillard échevelés par l'ouragan rendaient encore plus opaque. Mais pas un point lumineux n'étincelait dans cette obscurité.

Vers une heure et demie du matin, l'ouragan éprouva une accalmie de quelques minutes. Seule, la mer, effroyablement démontée, n'avait pu modéror ses mugissements. Les lames déferlaient les unes sur les autres avec une violence extrême.

Tout d'un coup, Jasper Hobson, saisissant le bras de son compagnon, s'écria :

« Sergent, entendez-vous?...
— Quoi?
— Le bruit de la mer?
— Oui, mon lieutenant, répondit le sergent Long, en prêtant plus attentivement l'oreille, et, depuis quelques instants, il me semble que ce fracas des vagues...
— N'est plus le même..... n'est-ce pas, sergent?..... Écoutez..... écoutez..... c'est comme le bruit d'un ressac..... on dirait que les lames se brisent sur des roches!... »

Jasper Hobson et le sergent Long écoutèrent avec une extrême attention. Ce n'était évidemment plus ce bruit monotone et sourd des vagues qui s'entre-choquent au large, mais le roulement retentissant des nappes liquides lancées contre un corps dur et que répercute l'écho des roches. Or il ne se trouvait pas un seul rocher sur le littoral de l'île, qui n'offrait qu'une lisière peu sonore, faite de terre et de sable.

Jasper Hobson et son compagnon ne s'étaient-ils point trompés? Le sergent essaya de se lever afin de mieux entendre, mais il fut aussitôt renversé par la bourrasque, qui venait de reprendre avec une nouvelle violence. L'accalmie avait cessé, et les sifflements de la rafale éteignaient alors les mugissements de la mer, et avec eux cette sonorité particulière qui avait frappé l'oreille du lieutenant.

Que l'on juge de l'anxiété des deux observateurs. Ils s'étaient blottis de nouveau dans leur trou, se demandant s'il ne leur faudrait pas, par prudence, quitter cet abri, car ils sentaient le sable s'ébouler sous eux et le bouquet de sapins crouler jusque dans ses racines. Mais ils ne cessaient de regarder vers le sud. Toute leur vie se concentrait alors dans leur regard, et leurs yeux fouillaient incessamment cette ombre épaisse, que les premières lueurs de l'aube ne tarderaient pas à dissiper.

Soudain, un peu avant deux heures et demie du matin, le sergent Long s'écria :

« J'ai vu !

— Quoi ?

— Un feu !

— Un feu ?

— Oui !... là... dans cette direction ! »

Et du doigt le sergent indiquait le sud-ouest. S'était-il trompé ? Non, car Jasper Hobson, regardant aussi, surprit une lueur indécise dans la direction indiquée.

« Oui ! s'écria-t-il, oui ! sergent ! un feu ! la terre est là !

— A moins que ce feu ne soit un feu de navire! répondit le sergent Long.

— Un navire à la mer par un pareil temps! s'écria Jasper Hobson, c'est impossible! Non! non! la terre est là, vous dis-je, à quelques milles de nous!

— Eh bien, faisons un signal!

— Oui, sergent, répondons à ce feu du continent par un feu de notre île! »

Ni le lieutenant Hobson ni le sergent n'avaient de torche qu'ils pussent enflammer. Mais au-dessus d'eux se dressaient ces sapins résineux que l'ouragan tordait.

« Votre briquet, sergent? » dit Jasper Hobson.

Le sergent Long battit son briquet et enflamma l'amadou; puis, rampant sur le sable, il s'éleva jusqu'au pied du bouquet d'arbres. Le lieutenant le rejoignit. Le bois mort ne manquait pas. Ils l'entassèrent à la racine même des pins, ils l'allumèrent, et, le vent aidant, la flamme se communiqua au bouquet tout entier.

« Ah! s'écria Jasper Hobson, puisque nous avons vu, on doit nous voir aussi! »

Les sapins brûlaient avec un éclat livide et projetaient une grande flamme fuligineuse, comme eût fait une énorme torche. La résine crépitait dans ces vieux troncs, qui furent rapidement consumés. Bientôt les derniers petillements se firent entendre, et tout s'éteignit.

Jasper Hobson et le sergent Long regardaient si quelque nouveau feu répondrait au leur...

Mais rien. Pendant dix minutes environ, ils observèrent, espérant retrouver ce point lumineux qui avait brillé un instant, et ils désespéraient de revoir un signal quelconque, — quand, soudain, un cri se fit entendre, un cri distinct, un appel désespéré qui venait de la mer.

Jasper Hobson et le sergent Long, dans une effroyable anxiété, se laissèrent glisser jusqu'au rivage...

Le cri ne se renouvela plus.

Cependant, depuis quelques minutes, l'aube se faisait peu à peu. Il semblait même que la violence de la tempête diminuât avec la réapparition du soleil. Bientôt la clarté fut assez forte pour permettre au regard de parcourir l'horizon...

Il n'y avait pas une terre en vue, et le ciel et la mer se confondaient toujours sur une même ligne d'horizon.

CHAPITRE VIII.

UNE EXCURSION DE MRS. PAULINA BARNETT.

Pendant toute la matinée, Jasper Hobson et le sergent Long errèrent sur cette partie du littoral. Le temps s'était considérablement modifié. La pluie avait presque entièrement cessé, mais le vent, avec une brusquerie extraordinaire, venait de sauter au sud-est, sans que sa violence eût diminué. Circonstance extrêmement fâcheuse. Ce fut un surcroît d'inquiétude pour le lieutenant Hobson, qui dut renoncer, dès lors, à tout espoir d'atteindre la terre ferme.

En effet, ce coup de vent de sud-est ne pouvait plus qu'éloigner l'île errante du continent américain, et la rejeter dans les courants si dangereux qui portaient au nord de l'océan Arctique.

Mais pouvait-on affirmer que l'île se fût jamais rapprochée de la côte pendant cette nuit terrible? N'était-ce qu'un pressentiment du lieutenant Hobson, et qui ne s'était pas réalisé? L'atmosphère était assez nette alors, la portée du regard pouvait s'étendre sur un rayon de plusieurs milles, et, cependant, il n'y avait pas même l'apparence d'une terre. Ne devait-on pas en revenir à l'hypothèse du sergent, et supposer qu'un bâtiment avait passé la nuit en vue de l'île, qu'un feu de bord avait apparu un instant, qu'un cri avait été jeté par quelque marin en détresse? Et ce bâtiment ne devait-il pas avoir sombré dans la tourmente?

En tout cas, quelle que fût la cause, on ne voyait pas une épave en mer, pas un débris sur le rivage. L'Océan, contrarié maintenant par ce vent de terre, se soulevait en lames énormes auxquelles un navire eût difficilement résisté.

« Eh bien, mon lieutenant, dit le sergent Long, il faut bien en prendre son parti!

— Il le faut, sergent, répondit Jasper Hobson en passant la main sur son front, il faut rester sur notre île, il faut attendre l'hiver! Lui seul peut nous sauver! »

Il était midi alors. Jasper Hobson, voulant arriver avant le soir au Fort-Espérance, reprit aussitôt le chemin du cap Bathurst. Son compagnon et lui furent encore aidés au retour par le vent qui les prenait encore de dos. Ils étaient très-inquiets, et se demandaient, non sans raison, si l'île n'avait pas achevé de se séparer en deux parties pendant cette lutte des éléments. L'entaille observée la veille ne s'était-elle pas prolongée sur toute sa largeur?

N'étaient-ils pas maintenant séparés de leurs amis? Tout cela, ils pouvaient le craindre.

Ils arrivèrent bientôt à la futaie qu'ils avaient traversée la veille. Des arbres, en grand nombre, gisaient sur le sol, les uns brisés par le tronc, les autres déracinés, arrachés de cette terre végétale dont la mince couche ne leur prêtait pas un point d'appui suffisant. Les feuilles envolées ne laissaient plus apercevoir que de grimaçantes silhouettes, qui cliquetaient bruyamment au vent du sud-est.

Deux milles après avoir dépassé ce taillis dévasté, le lieutenant Hobson et le sergent Long arrivèrent au bord de l'entaille, dont ils n'avaient pu reconnaître les dimensions dans l'obscurité. Ils l'examinèrent avec soin. C'était une fracture large de cinquante pieds environ, coupant le littoral à mi-chemin à peu près du cap Michel et de l'ancien port Barnett, et formant une sorte d'estuaire qui s'étendait à plus d'un mille et demi dans l'intérieur. Qu'une nouvelle tempête provoquât l'agitation de la mer, et l'entaille s'ouvrirait de plus en plus.

Le lieutenant Hobson, s'étant rapproché du littoral, vit, en ce moment, un énorme glaçon qui se détachait de l'île et s'en allait à la dérive.

« Oui, murmura le sergent Long, c'est là le danger! »

Tous deux revinrent alors d'un pas rapide dans l'ouest, afin de tourner l'énorme entaille, et, à partir de ce point, ils se dirigèrent directement vers le Fort-Espérance.

Ils n'observèrent aucun autre changement sur leur route. A quatre heures, ils franchissaient la poterne de l'enceinte et trouvaient tous leurs compagnons vaquant à leurs occupations habituelles.

Jasper Hobson dit à ses hommes qu'il avait voulu une dernière fois, avant l'hiver, chercher quelque trace du convoi promis par le capitaine Craventy, mais que ses recherches avaient été vaines.

« Allons, mon lieutenant, dit Marbre, je crois qu'il faut renoncer définitivement, pour cette année du moins, à voir nos camarades du Fort-Reliance?

— Je le crois aussi, Marbre, » répondit simplement Jasper Hobson, et il rentra dans la salle commune.

Mrs. Paulina Barnett et Madge furent mises au courant des deux faits qui avaient marqué l'exploration du lieutenant : l'apparition du feu, l'audition du cri. Jasper Hobson affirma que ni son sergent ni lui n'avaient pu être le jouet d'une illusion. Le feu avait été réellement vu, le cri réellement entendu. Puis, après mûres réflexions, tous furent d'accord sur ce point, qu'un navire en détresse avait passé pendant la nuit en vue de l'île, mais que l'île ne s'était point approchée du continent américain.

Cependant, avec le vent du sud-est, le ciel se nettoyait rapidement et l'atmosphère se dégageait des vapeurs qui l'obscurcissaient. Jasper Hobson put espérer, non sans raison, que le lendemain il serait à même de faire son point.

En effet, la nuit fut plus froide, et une neige fine tomba, qui couvrit tout le territoire de l'île. Le lendemain, en se levant, Jasper Hobson put saluer ce premier symptôme de l'hiver.

On était au 2 septembre. Le ciel se dégagea peu à peu des vapeurs qui l'embrumaient. Le soleil parut. Le lieutenant l'attendait. A midi, il fit une bonne observation de latitude, et, vers deux heures, un calcul d'angle horaire qui lui donna sa longitude.

Le résultat de ses observations fut :

Latitude : 70° 57' ;
Longitude : 170° 30'.

Ainsi donc, malgré la violence de l'ouragan, l'île errante s'était à peu près maintenue sur le même parallèle. Seulement, le courant l'avait encore reportée dans l'ouest. En ce moment, elle se trouvait par le travers du détroit de Behring, mais à quatre cents milles, au moins, dans le nord du cap Oriental et du cap du Prince-de-Galles, qui marquent la partie la plus resserrée du détroit.

Cette nouvelle situation était plus grave. L'île se rapprochait chaque jour de ce grand courant du Kamtchatka qui, s'il la saisissait dans ses eaux rapides, pouvait l'entraîner loin vers le nord. Évidemment, avant peu, son destin serait décidé :

ou elle s'immobiliserait entre les deux courants contraires, en attendant que la mer se solidifiât autour d'elle, ou elle irait se perdre dans les solitudes des régions hyperboréennes.

Jasper Hobson, très-péniblement affecté, mais voulant cacher ses inquiétudes, rentra seul dans sa chambre et ne parut plus de la journée. Ses cartes sous les yeux, il employa tout ce qu'il possédait d'invention, d'ingéniosité pratique, à imaginer quelque solution.

La température, pendant cette journée, s'abaissa de quelques degrés encore, et les brumes, qui s'étaient levées le soir au-dessus de l'horizon du sudest, retombèrent en neige pendant la nuit suivante. Le lendemain, la couche blanche s'étendait sur une hauteur de deux pouces. L'hiver approchait enfin.

Ce jour-là, 3 septembre, Mrs. Paulina Barnett résolut de visiter sur une distance de quelques milles cette portion du littoral qui s'étendait entre le cap Bathurst et le cap Esquimau. Elle voulait reconnaître les changements que la tempête avait pu produire pendant les jours précédents. Très-certainement, si elle eût proposé au lieutenant Hobson de l'accompagner dans cette exploration, celui-ci l'eût fait sans hésiter. Mais ne voulant pas l'arracher à ses préoccupations, elle se décida à partir sans lui, en emmenant Madge avec elle. Il n'y avait, d'ailleurs, aucun danger à craindre. Les seuls animaux réellement redoutables, les ours, semblaient avoir tous abandonné l'île à l'époque du tremblement de terre. Deux femmes pouvaient donc, sans imprudence, se hasarder aux environs du cap pour une excursion qui ne devait durer que quelques heures.

Madge accepta sans faire aucune réflexion la proposition de Mrs. Paulina Barnett, et toutes deux, sans avoir prévenu personne, dès huit heures du matin, armées du simple couteau à neige, la gourde et le bissac au côté, se dirigèrent vers l'ouest, après avoir descendu les rampes du cap Bathurst.

Déjà le soleil se traînait languissamment au-dessus de l'horizon, car il ne s'élevait dans sa culmination que de quelques degrés à peine. Mais ses obliques rayons étaient clairs, pénétrants, et ils fondaient encore la légère couche de neige en de certains endroits, directement exposés à leur action dissolvante.

Des oiseaux nombreux, ptarmigans, guillemots, puffins, des oies sauvages, des canards de toute espèce, voletaient par bandes et animaient le littoral. L'air était rempli du cri de ces volatiles, qui couraient incessamment du lagon à la mer, suivant que les eaux douces ou les eaux salées les attiraient.

Mrs. Paulina Barnett put observer alors combien les animaux à fourrure, martres, hermines, rats musqués, renards, étaient nombreux aux environs du Fort-Espérance. La factorerie eût pu sans peine remplir ses magasins. Mais à quoi bon, maintenant! Ces animaux inoffensifs, comprenant qu'on ne les chasserait pas, allaient, venaient sans crainte jusqu'au pied même de la palissade et se familiarisaient de plus en plus. Sans doute, leur instinct leur avait appris qu'ils étaient prisonniers dans cette île, prisonniers comme ses habitants, et un sort commun les rapprochait. Mais chose assez singulière et que Mrs. Paulina avait parfaitement remarquée, c'est que Marbre et Sabine, ces deux enragés chasseurs, obéissaient sans aucune contrainte aux ordres du lieutenant, qui leur avait prescrit d'épargner absolument les animaux à fourrure, et ils ne semblaient pas éprouver le moindre désir de saluer d'un coup de fusil ce précieux gibier. Renards et autres n'avaient pas encore, il est vrai, leur robe hivernale, ce qui en diminuait notablement la valeur, mais ce motif ne suffisait pas à expliquer l'extraordinaire indifférence des deux chasseurs à leur endroit.

Cependant, tout en marchant d'un bon pas, Mrs. Paulina Barnett et Madge, causant de leur étrange situation, observaient attentivement la lisière de sable qui formait le rivage. Les dégâts que la mer y avait causés récemment étaient très-visibles. Des éboulis nouvellement faits laissaient voir çà et là des cassures neuves, parfaitement reconnaissables. La grève, rongée en certaines places, s'était même abaissée dans une inquiétante proportion, et, maintenant, les longues lames s'étendaient là où le rivage accore leur opposait autrefois une insurmontable barrière. Il était évident que quelques portions de l'île s'étaient enfoncées et ne faisaient plus qu'affleurer le niveau moyen de l'Océan.

« Ma bonne Madge, dit Mrs. Paulina Barnett, en montrant à sa compagne de vastes étendues du sol sur lesquelles les vagues couraient en déferlant, notre situation a empiré pendant cette funeste tempête ! Il est certain que le niveau général de l'île s'abaisse peu à peu ! Notre salut n'est plus, désormais, qu'une question de temps ! L'hiver arrivera-t-il assez vite ? Tout est là !

— L'hiver arrivera, ma fille, répondit Madge avec son inébranlable confiance. Voici déjà deux nuits que la neige tombe. Le froid commence à se faire là-haut, dans le ciel, et j'imagine volontiers que c'est Dieu qui nous l'envoie.

— Tu as raison, Madge, reprit la voyageuse, il faut avoir confiance. Nous autres femmes, qui ne cherchons pas la raison physique des choses, nous devons ne pas désespérer là où des hommes instruits désespéreraient peut-être. C'est une grâce d'état. Malheureusement, notre lieutenant ne peut raisonner comme nous. Il sait le pourquoi des faits, il réfléchit, il calcule, il mesure le temps qui nous reste, et je le vois bien près de perdre tout espoir !

— C'est pourtant un homme énergique, un cœur courageux, répondit Madge.

— Oui, ajouta Mrs Paulina Barnett, et il nous sauvera, si notre salut est encore dans les mains de l'homme ! »

A neuf heures, Mrs. Paulina Barnett et Madge avaient franchi une distance de quatre milles. Plusieurs fois, il leur fallut abandonner la ligne du rivage et remonter à l'intérieur de l'île, afin de tourner des portions basses du sol déjà envahies par les lames. En de certains endroits, les dernières traces de la mer étaient portées à une distance d'un demi-mille, et, là, l'épaisseur de l'icefield devait être singulièrement réduite. Il était donc à craindre qu'il ne cédât sur plusieurs points, et que, par suite de cette fracture, il ne formât des anses ou des baies nouvelles sur le littoral.

A mesure qu'elle s'éloignait du Fort-Espérance, Mrs. Paulina Barnett remarqua que le nombre des animaux à fourrure diminuait singulièrement. Ces pauvres bêtes se sentaient évidemment plus rassurées par la présence de l'homme, dont jusqu'ici elles redoutaient l'approche, et elles se massaient plus volontiers aux environs de la factorerie. Quant aux fauves que leur instinct n'avait point entraînés en temps utile hors de cette île dangereuse, ils devaient être rares. Cependant, Mrs. Paulina Barnett et Madge aperçurent quelques loups errant au loin dans la plaine, sauvages carnassiers que le danger commun ne semblait pas avoir encore apprivoisés. Ces loups, d'ailleurs, ne s'approchèrent pas et disparurent bientôt derrière les collines méridionales du lagon.

« Que deviendront, demanda Madge, ces animaux emprisonnés comme nous dans l'île, et que feront-ils, lorsque toute nourriture leur manquera et que l'hiver les aura affamés?

— Affamés! ma bonne Madge, répondit Mrs. Paulina Barnett. Va, crois-moi, nous n'avons rien à craindre d'eux! La nourriture ne leur fera pas défaut, et toutes ces martres, ces hermines, ces lièvres polaires que nous respectons, seront pour eux une proie assurée. Nous n'avons donc point à redouter leurs agressions! Non! Le danger n'est pas là! Il est dans ce sol fragile qui s'effondrera, qui peut s'effondrer à tout instant sous nos pieds! Vois, Madge, vois comme en cet endroit la mer s'avance à l'intérieur de l'île! Elle couvre déjà toute une partie de cette plaine, que ses eaux, relativement chaudes encore, rongeront à la fois et en dessus et en dessous. Avant peu, si le froid ne l'arrête, cette mer aura rejoint le lagon, et nous perdrons notre lac, après avoir perdu notre port et notre rivière.

— Mais si cela arrivait, dit Madge, ce serait véritablement un irréparable malheur!

— Et pourquoi cela, Madge? demanda Mrs. Paulina Barnett, en regardant sa compagne.

— Mais parce que nous serions absolument privés d'eau douce! répondit Madge.

— Oh! l'eau douce ne nous manquera pas, ma bonne Madge. La pluie, la neige, la glace, les icebergs de l'Océan, le sol même de l'île qui nous emporte, tout cela, c'est de l'eau douce! Non! je te le répète! non! le danger n'est pas là! »

Vers dix heures, Mrs. Paulina Barnett et Madge se trouvaient à la hauteur du cap Esquimau, mais à deux milles au moins à l'intérieur de l'île, car il avait été impossible de suivre le littoral, profondément rongé par la mer. Les deux femmes, un peu fatiguées d'une promenade allongée par tant de détours, résolurent de se reposer pendant quelques instants avant de reprendre la route du Fort-Espérance. En cet endroit s'élevait un petit taillis de bouleaux et d'arbousiers qui couronnait une colline peu élevée. Un monticule, garni d'une mousse jaunâtre, et que son exposition directe aux rayons du soleil avait dégagé de neige, leur offrait un endroit propice pour une halte.

Mrs. Paulina Barnett et Madge s'assirent l'une à côté de l'autre, au pied d'un bouquet d'arbres; le bissac fut ouvert, et elles partagèrent en sœurs leur frugal repas.

Une demi-heure plus tard, Mrs. Paulina Barnett,

avant de reprendre vers l'est le chemin de la factorerie, proposa à sa compagne de remonter jusqu'au littoral, afin de reconnaître l'état actuel du cap Esquimau. Elle désirait savoir si cette pointe avancée avait résisté ou non aux assauts de la tempête. Madge se déclara prête à accompagner sa fille partout où il lui plairait d'aller, lui rappelant toutefois qu'une distance de huit à neuf milles les séparait alors du cap Bathurst, et qu'il ne fallait pas inquiéter le lieutenant Hobson par une trop longue absence.

Cependant, Mrs. Paulina Barnett, mue par quelque pressentiment sans doute, persista dans son idée, et elle fit bien, comme on le verra par la suite. Ce détour, au surplus, ne devait guère accroître que d'une demi-heure la durée totale de l'exploration.

Mrs. Paulina Barnett et Madge se levèrent donc et se dirigèrent vers le cap Esquimau.

Mais les deux femmes n'avaient pas fait un quart de mille, que la voyageuse, s'arrêtant soudain, montra à Madge des traces régulières, très-nettement imprimées sur la neige. Or ces empreintes avaient été faites récemment et ne dataient pas de plus de neuf à dix heures, sans quoi la dernière tombée de neige qui s'était opérée dans la nuit les eût évidemment recouvertes.

« Quel est l'animal qui a passé là ? demanda Madge.

— Ce n'est point un animal, répondit Mrs. Paulina Barnett en se baissant afin de mieux observer les empreintes. Un animal quelconque, marchant sur ses pattes, laisse des traces différentes de celles-ci. Vois, Madge, ces empreintes sont identiques, et il est aisé de voir qu'elles ont été faites par un pied humain!

— Mais qui pourrait être venu ici? répondit Madge. Pas un soldat, pas une femme n'a quitté le fort, et puisque nous sommes dans une île... Tu dois te tromper, ma fille. Au surplus, suivons ces traces et voyons où elles nous conduiront. »

Mrs. Paulina Barnett et Madge reprirent leur marche, observant attentivement les empreintes.

Cinquante pas plus loin, elles s'arrêtèrent encore.

« Tiens... vois, Madge, dit la voyageuse, en retenant sa compagne, et dis si je me suis trompée! »

Auprès des traces de pas et sur un endroit où la neige avait été récemment foulée par un corps pesant, on voyait très-visiblement l'empreinte d'une main.

« Une main de femme ou d'enfant! s'écria Madge.

— Oui! répondit Mrs. Paulina Barnett, un enfant ou une femme, épuisé, souffrant, à bout de forces, est tombé... Puis, ce pauvre être s'est relevé, a repris sa marche... Vois! les traces continuent... plus loin il y a encore eu des chutes!...

— Mais qui? qui? demanda Madge.

— Que sais-je? répondit Mrs. Paulina Barnett. Peut-être quelque infortuné, emprisonné comme nous depuis trois ou quatre mois sur cette île? Peut-être aussi quelque naufragé, jeté sur le rivage pendant cette tempête... Rappelle-toi ce feu, ce cri, dont nous ont parlé le sergent Long et le lieutenant Hobson!... Viens, viens, Madge, nous avons peut-être quelque malheureux à sauver!... »

Et Mrs. Paulina Barnett, entraînant sa compagne, suivit en courant cette voie douloureuse, imprimée sur la neige, et sur laquelle elle trouva bientôt des gouttes de sang.

« Quelque malheureux à sauver! » avait dit la compatissante et courageuse femme. Avait-elle donc oublié que sur cette île, à demi rongée par les eaux, destinée à s'abîmer tôt ou tard dans l'Océan, il n'y avait de salut ni pour autrui, ni pour elle!

Les empreintes laissées sur le sol se dirigeaient vers le cap Esquimau. Mrs. Paulina Barnett et Madge les suivaient attentivement, mais bientôt les taches de sang se multiplièrent et les traces de pas disparurent. Il n'y avait plus qu'un sentier irrégulier, tracé sur la neige. A partir de ce point, le malheureux être n'avait plus eu la force de se porter. Il s'était avancé en rampant, se traînant, se poussant des mains et des jambes. Des morceaux de vêtements déchirés se voyaient çà et là. C'étaient des fragments de peau de phoque et de fourrure.

« Allons! allons!» répétait Paulina Barnett, dont le cœur battait à se rompre.

Madge la suivait. Le cap Esquimau n'était plus qu'à cinq cents pas. On le voyait qui se dessinait un peu au-dessus de la mer sur le fond du ciel. Il était désert.

Évidemment, les traces, suivies par les deux femmes, se dirigeaient droit sur le cap. Mrs. Paulina Barnett et Madge, toujours courant, les remontèrent jusqu'au bout. Rien encore, rien. Mais ces empreintes, au pied même du cap, à la base du monticule qui le formait, tournaient sur la droite et traçaient un sentier vers la mer.

Mrs. Paulina Barnett s'élança vers la droite, mais au moment où elle débouchait sur le rivage, Madge, qui la suivait et portait un regard inquiet autour d'elle, la retint de la main.

« Arrête! lui dit-elle.

— Non, Madge, non! s'écria Mrs. Paulina Barnett, qu'une sorte d'instinct entraînait malgré elle.

— Arrête, ma fille, et regarde! » répondit Madge, en retenant plus énergiquement sa compagne.

A cinquante pas du cap Esquimau, sur la lisière même du rivage, une masse blanche s'agitait en poussant des grognements formidables.

C'était un ours polaire, d'une taille gigantesque. Les deux femmes, immobiles, le considérèrent avec effroi. Le gigantesque animal tournait autour d'une sorte de paquet de fourrures étendu sur la neige ; puis il le souleva, il le laissa retomber, il le flaira. On eût pris ce paquet pour le corps inanimé d'un morse.

Mrs. Paulina Barnett et Madge ne savaient que penser, ni si elles devaient marcher en avant, quand, dans un mouvement imprimé à ce corps, une espèce de capuchon se rabattit de sa tête, et de longs cheveux bruns se déroulèrent.

« Une femme ! s'écria Mrs. Paulina Barnett, qui voulut s'élancer vers cette infortunée, anxieuse de reconnaître si elle était vivante ou morte !

— Arrête ! dit encore Madge, en la retenant. Arrête ! Il ne lui fera pas de mal ! »

L'ours, en effet, regardait attentivement ce corps, se contentant de le retourner, et ne songeant aucunement à le déchirer de ses formidables griffes. Puis il s'en éloignait et s'en rapprochait de nouveau. Il paraissait hésiter sur ce qu'il devait faire. Il n'avait point aperçu les deux femmes qui l'observaient avec une anxiété terrible.

Soudain, un craquement se produisit. Le sol éprouva comme une sorte de tremblement. On eût pu croire que le cap Esquimau s'abîmait tout entier dans la mer.

C'était un énorme morceau de l'île qui se détachait du rivage, un vaste glaçon dont le centre de gravité s'était déplacé par un changement de pesanteur spécifique, et qui s'en allait à la dérive, emportant l'ours et le corps de la femme!

Mrs. Paulina Barnett jeta un cri et voulut s'élancer vers ce glaçon avant qu'il n'eût été entraîné au large.

« Arrête, arrête encore, ma fille, » répéta froidement Madge, qui la serrait d'une main convulsive.

Au bruit produit par la rupture du glaçon, l'ours avait reculé soudain; poussant alors un grognement formidable, il abandonna le corps et se précipita vers le côté du rivage dont il était déjà séparé par une quarantaine de pieds; comme une bête effarée, il fit en courant le tour de l'îlot, laboura le sol de ses griffes, fit voler autour de lui la neige et le sable, et revint près du corps inanimé.

Puis, à l'extrême stupéfaction des deux femmes, l'animal, saisissant ce corps par ses vêtements, le souleva de sa gueule, gagna le bord du glaçon qui faisait face au rivage de l'île, et se précipita à la mer.

En quelques brasses, l'ours, robuste nageur comme le sont tous ses congénères des régions arctiques, eut atteint le rivage de l'île. Un vigoureux effort lui permit de prendre pied sur le sol, et là, il déposa le corps qu'il avait emporté.

En ce moment, Mrs. Paulina Barnett ne put se contenir, et, sans songer au danger de se trouver face à face avec le redoutable carnassier, elle échappa à la main de Madge et s'élança vers le rivage.

L'ours, la voyant, se redressa sur ses pattes de derrière et vint droit à elle. Toutefois, à dix pas, il s'arrêta, il secoua son énorme tête, puis, comme s'il eût perdu sa férocité naturelle sous l'influence de cette terreur qui semblait avoir métamorphosé toute la faune de l'île, il se retourna, poussa un grognement sourd, et s'en alla tranquillement vers l'intérieur, sans même regarder derrière lui.

Mrs. Paulina Barnett avait aussitôt couru vers ce corps étendu sur la neige.

Un cri s'échappa de sa poitrine.

« Madge! Madge! » s'écria-t-elle.

Madge s'approcha et considéra ce corps inanimé.

C'était le corps de la jeune Esquimaude Kalumah!

CHAPITRE IX.

AVENTURES DE KALUMAH.

Kalumah sur l'île flottante, à deux cents milles du continent américain ! C'était à peine croyable !

Mais avant tout, l'infortunée respirait-elle encore ? Pourrait-on la rappeler à la vie ? Mrs. Paulina Barnett avait défait les vêtements de la jeune Esquimaude, dont le corps ne lui parut pas entièrement refroidi. Elle lui écouta le cœur. Le cœur battait faiblement, mais il battait. Le sang perdu par la pauvre fille ne provenait que d'une blessure faite à sa main, mais peu grave. Madge comprima cette blessure avec son mouchoir, et arrêta ainsi l'hémorrhagie.

En même temps, Mrs. Paulina Barnett, agenouillée près de Kalumah, et l'appuyant sur elle, avait relevé la tête de la jeune indigène, et, à travers ses lèvres desserrées, elle parvint à introduire quelques gouttes de brandevin ; puis, elle lui baigna le front et les tempes avec un peu d'eau froide.

Quelques minutes s'écoulèrent. Ni Mrs. Paulina Barnett, ni Madge n'osaient prononcer une parole.

Elles attendaient toutes deux dans une anxiété extrême, car le peu de vie qui restait à l'Esquimaude pouvait à chaque instant s'évanouir !

Mais un léger soupir s'échappa de la poitrine de Kalumah. Ses mains s'agitèrent faiblement, et, avant même que ses yeux se fussent ouverts et qu'elle eût pu reconnaître celle qui lui donnait ses soins, elle murmura ces mots :

« Madame Paulina ! madame Paulina ! »

La voyageuse demeura stupéfaite d'entendre son nom ainsi prononcé dans de telles circonstances. Kalumah était-elle donc venue volontairement sur l'île errante, et savait-elle qu'elle y rencontrerait l'Européenne dont elle n'avait point oublié les bontés? Mais comment aurait-elle pu le savoir, et comment, à cette distance de toute terre, avait-elle pu atteindre l'île Victoria? Comment enfin aurait-elle deviné que ce glaçon emportait loin du continent Mrs. Paulina Barnett et tous ses compagnons du Fort-Espérance? C'étaient là des choses véritablement inexplicables.

« Elle vit ! elle vivra ! dit Madge, qui, sous sa main, sentait la chaleur et le mouvement revenir à ce pauvre corps meurtri.

— La malheureuse enfant ! murmurait Mrs. Paulina Barnett, le cœur ému. Et mon nom, mon nom ! au moment de mourir, elle l'avait encore sur ses lèvres ! »

Mais alors les yeux de Kalumah s'entr'ouvrirent. Son regard, encore effaré, vague, indécis, apparut entre ses paupières. Soudain, il s'anima, car il s'était reposé sur la voyageuse. Un instant, rien qu'un instant, Kalumah avait vu Mrs. Paulina Barnett, mais cet instant avait suffi. La jeune indigène avait reconnu « sa bonne dame », dont le nom s'échappa encore une fois de ses lèvres, tandis que sa main, qui s'était peu à peu soulevée, retombait dans la main de Mrs. Paulina Barnett!

Les soins des deux femmes ne tardèrent pas à ranimer entièrement la jeune Esquimaude, dont l'extrême épuisement provenait non-seulement de la fatigue, mais aussi de la faim. Ainsi que Mrs. Paulina l'allait apprendre, Kalumah n'avait rien mangé depuis quarante-huit heures. Quelques morceaux de venaison froide et un peu de brandevin lui rendirent ses forces, et une heure après, Kalumah se sentait capable de prendre avec ses deux amies le chemin du fort.

Mais pendant cette heure, assise sur le sable entre Madge et Mrs. Paulina Barnett, Kalumah avait pu leur prodiguer ses remerciments et les témoignages de son affection. Puis elle avait raconté son histoire. Non! la jeune Esquimaude n'avait point oublié les Européens du Fort-Espérance, et l'image de Mrs. Paulina Barnett était toujours restée présente à son souvenir. Non! ce n'était point le hasard, ainsi qu'on va le voir, qui l'avait jetée à demi morte sur le rivage de l'île Victoria!

En peu de mots, voici ce que Kalumah apprit à Mrs. Paulina Barnett.

On se souvient de la promesse qu'avait faite la jeune Esquimaude, à sa première visite, de retourner l'année suivante, pendant la belle saison, vers ses amis du Fort-Espérance. La longue nuit polaire se passa, et, le mois de mai venu, Kalumah se mit en devoir d'accomplir sa promesse. Elle quitta donc les établissements de la Nouvelle-Géorgie, dans lesquels elle avait hiverné, et, en compagnie d'un de ses beaux-frères, elle se dirigea vers la presqu'île Victoria.

Six semaines plus tard, vers la mi-juin, elle arrivait sur les territoires de la Nouvelle-Bretagne, qui avoisinent le cap Bathurst. Elle reconnut parfaitement les montagnes volcaniques dont les hauteurs couvrent la baie Liverpool, et, vingt milles plus loin, elle arriva à cette baie des Morses dans laquelle elle et les siens avaient si souvent fait la chasse aux amphibies.

Mais, au delà de cette baie, au nord, rien! La côte, par une ligne droite, se rabaissait vers le sud-est. Plus de cap Esquimau, plus de cap Bathurst!

Kalumah comprit ce qui s'était passé. Ou tout ce territoire, devenu depuis l'île Victoria, s'était abîmé dans les flots, ou il s'en allait errant par les mers!

Kalumah pleura en ne retrouvant plus ceux qu'elle venait chercher si loin.

Mais l'Esquimau, son beau-frère, n'avait point paru autrement surpris de cette catastrophe. Une sorte de légende, une tradition répandue parmi les tribus nomades de l'Amérique septentrionale, disait que ce territoire du cap Bathurst s'était rattaché au continent depuis des milliers de siècles, mais qu'il n'en faisait pas partie, et qu'un jour il s'en détacherait par un effort de la nature. De là cette surprise que les Esquimaux avaient manifestée en voyant la factorerie fondée par le lieutenant Hobson au pied même du cap Bathurst. Mais, avec cette déplorable réserve particulière à leur race, peut-être aussi poussés par ce sentiment qu'éprouve tout indigène pour l'étranger qui fait prise de possession en leur pays, les Esquimaux ne dirent rien au lieutenant Hobson, dont l'établissement était alors achevé. Kalumah ignorait cette tradition, qui, d'ailleurs, ne reposant sur aucun document sérieux, n'était sans doute qu'une de ces nombreuses légendes de la cosmogonie hyperboréenne, et c'est pourquoi les hôtes du Fort-Espérance ne furent pas prévenus du danger qu'ils couraient à s'établir sur ce territoire.

Et certainement Jasper Hobson, averti par les Esquimaux et suspectant déjà ce sol, qui présentait des particularités si étranges, aurait cherché plus loin un terrain nouveau, — inébranlable cette fois, — pour y poser les fondements de sa factorerie.

Lorsque Kalumah eut constaté la disparition du cap Bathurst, elle continua son exploration jusqu'au delà de la baie Washburn, mais sans rencontrer aucune trace de ceux qu'elle venait visiter, et alors elle n'eut plus qu'à revenir dans l'ouest aux pêcheries de l'Amérique russe.

Son beau-frère et elle quittèrent donc la baie des Morses dans les derniers jours du mois de juin. Ils reprirent la route du littoral, et, à la fin de juillet, après cet inutile voyage, ils retrouvaient les établissements de la Nouvelle-Géorgie.

Kalumah n'espérait plus jamais revoir ni Mrs. Paulina Barnett, ni ses compagnons du Fort-Espérance. Elle les croyait engloutis dans les abîmes de la mer Arctique.

A ce point de son récit, la jeune Esquimaude tourna ses yeux humides vers Mrs. Paulina Barnett et lui serra plus affectueusement la main. Puis, murmurant une prière, elle remercia Dieu de l'avoir sauvée par la main même de son amie.

Kalumah, revenue à sa demeure, au milieu de sa famille, avait repris son existence accoutumée. Elle travaillait avec les siens à la pêcherie du cap des Glaces, qui est située à peu près sur le soixante-dixième parallèle, à plus de six cents milles du cap Bathurst.

Pendant toute la première partie du mois d'août, aucun incident ne se produisit. Vers la fin du mois se déclara cette violente tempête dont s'inquiéta si vivement Jasper Hobson, et qui, paraît-il, étendit ses ravages sur toute la mer polaire et même jusqu'au delà du détroit de Behring. Au cap des Glaces, elle fut effroyable aussi et se déchaîna avec la même violence que sur l'île Victoria. A cette époque, l'île errante ne se trouvait pas à plus de deux cents milles de la côte, ainsi que l'avait déterminé par ses relèvements le lieutenant Jasper Hobson.

En écoutant parler Kalumah, Mrs. Paulina Barnett, fort au courant de la situation, on le sait, faisait rapidement dans son esprit des rapprochements qui allaient enfin lui donner la clef de ces singuliers événements et surtout lui expliquer l'arrivée dans l'île de la jeune indigène.

Pendant ces premiers jours de la tempête, les Esquimaux du cap des Glaces furent confinés dans leurs huttes. Ils ne pouvaient sortir et encore moins pêcher. Cependant, dans la nuit du 31 août au 1ᵉʳ septembre, mue par une sorte de pressentiment, Kalumah voulut s'aventurer sur le rivage. Elle alla ainsi, bravant le vent et la pluie qui faisaient rage autour d'elle, observant d'un œil inquiet la mer irritée dont les lames se levaient dans l'ombre comme une chaîne de montagnes.

Soudain, quelque temps après minuit, il lui sembla

voir une masse qui dérivait sous la poussée de l'ouragan et parallèlement à la côte. Ses yeux, doués d'une extrême puissance de vision, comme tous ceux de ces indigènes, habitués aux ténèbres des longues nuits de l'hiver arctique, ne pouvaient la tromper. Une chose énorme passait à deux milles du littoral, et cette chose ne pouvait être ni un cétacé, ni un navire, ni un iceberg à cette époque de l'année.

D'ailleurs, Kalumah ne raisonna même pas. Il se fit dans son esprit comme une révélation. Devant son cerveau surexcité apparut l'image de ses amis. Elle les revit tous, Mrs. Paulina Barnett, Madge, le lieutenant Hobson, le petit enfant qu'elle avait couvert de ses caresses au Fort-Espérance. Oui, c'étaient eux qui passaient, emportés dans la tempête sur ce glaçon flottant.

Kalumah n'eut pas un instant de doute, pas un moment d'hésitation. Elle se dit qu'il fallait apprendre à ces naufragés, qui ne s'en doutaient peut-être pas, que la terre était proche. Elle courut à sa hutte, elle prit une de ces torches faites d'étoupe et de résine dont les Esquimaux se servent pour leurs pêches de nuit, elle l'enflamma et vint l'agiter sur le rivage au sommet du cap des Glaces.

C'était le feu que Jasper Hobson et le sergent Long, blottis alors au cap Michel, avaient aperçu au milieu des sombres brumes pendant la nuit du 31 août.

Quelle fut la joie, l'émotion de la jeune Esquimaude, quand elle vit un signal répondre au sien, lorsqu'elle aperçut ce bouquet de sapins, enflammé par Jasper Hobson, qui jeta ses fauves lueurs jusqu'au littoral américain, dont le lieutenant ne se savait pas si près!

Mais tout s'éteignit bientôt. L'accalmie dura à peine quelques minutes, et l'effroyable bourrasque, sautant au sud-est, reprit avec une nouvelle violence.

Kalumah comprit que « sa proie », — c'est ainsi qu'elle l'appelait, — que sa proie allait lui échapper, que l'île n'atterrirait pas! Elle la voyait, cette île, elle la sentait s'éloigner dans la nuit et reprendre le chemin de la haute mer.

Ce fut un moment terrible pour la jeune indigène. Elle se dit qu'il fallait que ses amis fussent, à tout prix, prévenus de leur situation, que, pour eux, il serait peut-être encore temps d'agir, que chaque heure perdue les éloignait de ce continent...

Elle n'hésita pas. Son kayak était là, cette frêle embarcation sur laquelle elle avait plus d'une fois bravé les tempêtes de la mer Arctique. Elle poussa son kayak à la mer, laça autour de sa ceinture la veste de peau de phoque qui s'y rattachait, et, la pagaie à la main, elle s'aventura dans les ténèbres.

A ce moment de son récit, Mrs. Paulina Barnett

pressa affectueusement sur son cœur la jeune Kalumah, la courageuse enfant. Madge pleurait en l'écoutant.

Kalumah, lancée sur ces flots irrités, se trouva alors plutôt aidée que contrariée par la saute du vent qui portait au large. Elle se dirigea vers la masse qu'elle apercevait encore confusément dans l'ombre.

Les coups de mer couvraient en grand son kayak, mais elles ne pouvaient rien contre l'insubmersible embarcation, qui flottait comme une paille à la crête des lames. Plusieurs fois elle chavira, mais un coup de pagaie la retourna toujours.

Enfin, après une heure d'efforts, Kalumah découvrit plus distinctement l'île errante. Elle ne doutait plus d'arriver à son but, car elle en était à moins d'un quart de mille!

C'est alors qu'elle jeta dans la nuit ce cri que Jasper Hobson et le sergent Long entendirent tous deux!

Mais alors, Kalumah se sentit, malgré elle, emportée dans l'ouest par un irrésistible courant, auquel elle offrait plus de prise que l'île Victoria! En vain voulut-elle lutter avec sa pagaie! Sa légère embarcation filait comme une flèche. Elle poussa de nouveaux cris qui ne furent point entendus, car elle était déjà loin, et, quand l'aube vint jeter quelque clarté dans l'espace, les terres de la Nouvelle-

Géorgie qu'elle avait quittées et celles de l'île errante qu'elle poursuivait, ne formaient plus que deux masses confuses à l'horizon.

Désespéra-t-elle alors, la jeune indigène? Non. Revenir au continent américain était désormais impossible, car elle avait vent debout, un vent terrible, ce même vent qui, repoussant l'île, allait en trente-six heures la reporter de deux cents milles au large, aidé d'ailleurs par le courant du littoral.

Kalumah n'avait qu'une ressource : gagner l'île en se maintenant dans le même courant qu'elle et dans ces mêmes eaux qui l'entraînaient irrésistiblement!

Mais, hélas! les forces trahirent le courage de la pauvre enfant! La faim la tortura bientôt. L'épuisement, la fatigue, rendirent sa pagaie inerte entre ses mains.

Pendant plusieurs heures, elle lutta, et il lui sembla qu'elle se rapprochait de l'île, d'où l'on ne pouvait l'apercevoir, car elle n'était qu'un point sur cette immense mer. Elle lutta, même lorsque ses bras rompus, ses mains ensanglantées lui refusèrent tout service! Elle lutta jusqu'au bout de ses forces et perdit enfin connaissance, tandis que son frêle kayak devenait le jouet du vent et des flots!

Que se passa-t-il alors? Elle n'aurait pu le dire. Combien de temps erra-t-elle ainsi, à l'aventure, comme une épave? Elle ne le savait pas, et ne revint au sentiment que lorsque son kayak, brusquement choqué, s'ouvrit sous elle.

Kalumah fut plongée dans l'eau froide dont la fraîcheur la ranima, et, quelques instants plus tard, une lame la jetait mourante sur une grève de sable.

Cela s'était fait dans la nuit précédente, à peu près au moment où l'aube apparaissait, c'est-à-dire de deux à trois heures du matin.

Depuis le moment où Kalumah s'était précipitée dans son embarcation jusqu'au moment où cette embarcation fut submergée, il s'était donc écoulé plus de soixante-dix heures!

Cependant, la jeune indigène, sauvée des flots, ne savait sur quelle côte l'ouragan l'avait portée. L'avait-il ramenée au continent? L'avait-il dirigée, au contraire, sur cette île qu'elle poursuivait avec tant d'audace? Elle l'espérait! Oui, elle l'espérait! D'ailleurs, le vent et le courant avaient dû l'entraîner au large et non la repousser à la côte!

Cette pensée la ranima. Elle se releva et, toute brisée, se mit à suivre le rivage.

Sans s'en douter, la jeune indigène avait été providentiellement jetée sur cette portion de l'île Victoria qui formait autrefois l'angle supérieur de la baie des Morses. Mais, dans ces conditions, elle ne pouvait reconnaître ce littoral, corrodé par les eaux, après les changements qui s'y étaient produits depuis la rupture de l'isthme.

Kalumah marcha, puis, n'en pouvant plus, s'arrêta, et reprit enfin avec un nouveau courage. La route s'allongeait devant ses pas. A chaque mille, il lui fallait tourner les parties du rivage déjà envahies par la mer. C'est ainsi que, se traînant, tombant, se relevant, elle arriva non loin du petit taillis qui, le matin même, avait servi de lieu de halte à Mrs. Paulina Barnett et à Magde. On sait que les deux femmes, se dirigeant vers le cap Esquimau, avaient rencontré non loin de ce taillis la trace de ses pas empreints sur la neige. Puis, à quelque distance, la pauvre Kalumah était tombée une dernière fois!

A partir de ce point, épuisée par la fatigue et la faim, elle ne s'avança plus qu'en rampant.

Mais un immense espoir était entré dans le cœur de la jeune indigène. A quelques pas du littoral, elle avait enfin reconnu ce cap Esquimau au pied duquel avaient campé les siens et elle l'année précédente. Elle savait qu'elle n'était plus qu'à huit milles de la factorerie, qu'il ne lui faudrait plus que suivre ce chemin qu'elle avait si souvent parcouru, quand elle allait visiter ses amis du Fort-Espérance.

Oui! cette pensée la soutint. Mais, enfin, arrivée au rivage, n'ayant plus aucune force, elle tomba sur la neige et perdit une dernière fois connaissance. Sans Mrs. Paulina Barnett, elle mourait là !

« Mais, dit-elle, ma bonne dame, je savais bien que

vous viendriez à mon secours, et que mon Dieu me sauverait par vos mains ! »

On sait le reste ! On sait quel pressentiment entraîna ce jour même Mrs. Paulina Barnett et Magde à explorer cette partie du littoral, et quel dernier instinct les porta à visiter le cap Esquimau, après leur halte et avant leur retour à la factorerie. On sait aussi, — ce que Mrs. Paulina Barnett apprit à la jeune indigène, — comment eut lieu cette rupture du glaçon et ce que fit l'ours en cette circonstance.

Et même, Mrs. Paulina Barnett ajouta en souriant :

« Ce n'est pas moi qui t'ai sauvée, mon enfant, c'est cet honnête animal ! Sans lui, tu étais perdue, et si jamais il revient vers nous, on le respectera comme ton sauveur ! »

Pendant ce récit, Kalumah, bien restaurée et bien caressée, avait repris ses forces. Mrs. Paulina Barnett proposa de retourner au fort immédiatement, afin de ne pas prolonger son absence. La jeune Esquimaude se leva aussitôt, prête à partir.

Mrs. Paulina Barnett avait en effet hâte d'informer Jasper Hobson des incidents de cette matinée, et de lui apprendre ce qui s'était passé pendant la nuit de la tempête, lorsque l'île s'était rapprochée du littoral américain.

Mais avant tout, la voyageuse recommanda à

Kalumah de garder un secret absolu sur ces événements, aussi bien que sur la situation de l'île. Elle serait censée être venue tout naturellement par le littoral, afin d'accomplir la promesse qu'elle avait faite de visiter ses amis pendant la belle saison. Son arrivée même serait de nature à confirmer les habitants de la factorerie dans la pensée qu'aucun changement ne s'était produit au territoire du cap Bathurst, pour le cas où quelques-uns auraient eu des soupçons à cet égard.

Il était trois heures environ, quand Mrs. Paulina Barnett, la jeune indigène appuyée à son bras, et la fidèle Magde reprirent la route de l'est, et, avant cinq heures du soir, toutes trois arrivaient à la poterne du Fort-Espérance.

CHAPITRE X.

LE COURANT DU KAMTCHATKA.

On peut facilement imaginer l'accueil qui fut fait à la jeune Kalumah par les habitants du fort. Pour eux, c'était comme si le lien rompu avec le reste du monde se renouait. Mrs. Mac Nap, Mrs. Raë et Mrs. Joliffe lui prodiguèrent leurs caresses. Kalumah, ayant tout d'abord aperçu le petit enfant, courut à lui et le couvrit de baisers.

La jeune Esquimaude fut vraiment touchée des hospitalières façons de ses amis d'Europe. Ce fut à qui lui ferait fête. On fut enchanté de savoir qu'elle passerait tout l'hiver à la factorerie, car l'année, trop avancée déjà, ne lui permettait pas de retourner aux établissements de la Nouvelle-Géorgie.

Mais si les habitants du Fort-Espérance se montrèrent très-agréablement surpris par l'arrivée de la jeune indigène, que dut penser Jasper Hobson, quand il vit apparaître Kalumah au bras de Mrs. Paulina Barnett? Il ne put en croire ses yeux. Une pensée subite, qui ne dura que le temps d'un éclair, traversa son esprit, — la pensée que l'île Victoria, sans qu'on s'en fût aperçu, et en dépit des relèvements quotidiens, avait atterri sur un point du continent.

Mrs. Paulina Barnett lut dans les yeux du lieutenant Hobson cette invraisemblable hypothèse, et elle secoua négativement la tête.

Jasper Hobson comprit que la situation n'avait aucunement changé, et il attendit que Mrs Paulina Barnett lui donnât l'explication de la présence de Kalumah.

Quelques instants plus tard, Jasper Hobson et la voyageuse se promenaient au pied du cap Bathurst, et le lieutenant écoutait avidement le récit des aventures de Kalumah.

Ainsi donc, toutes les suppositions de Jasper Hobson s'étaient réalisées! Pendant la tempête, cet ouragan, qui chassait du nord-est, avait rejeté l'île errante hors du courant! Dans cette horrible nuit du 30 au 31 août, l'icefield s'était rapproché à moins d'un mille du continent américain! Ce n'était point le feu d'un navire, ce n'était point le cri d'un naufragé qui frappèrent à la fois les yeux et les oreilles de Jasper Hobson! La terre était là, tout près, et, si le vent eût soufflé une heure de plus dans cette direction, l'île Victoria aurait heurté le littoral de l'Amérique russe!

Et, à ce moment, une saute de vent, fatale, funeste, avait repoussé l'île au large de la côte! L'irrésistible courant l'avait reprise dans ses eaux, et, depuis lors, avec une vitesse excessive que rien ne pouvait enrayer, poussée par ces violentes brises du sud-est, elle avait dérivé jusqu'à ce point dangereux, situé entre deux attractions contraires, qui toutes deux pouvaient amener sa perte et celle des infortunés qu'elle entraînait avec elle!

Pour la centième fois, le lieutenant et Mrs. Paulina Barnett s'entretinrent de ces choses. Puis, Jasper Hobson demanda si des modifications importantes du territoire s'étaient produites entre le cap Bathurst et la baie des Morses.

Mrs. Paulina Barnett répondit qu'en certaines parties le niveau du littoral semblait s'être abaissé et que les lames couraient là où naguère le sol était au-dessus de leur atteinte. Elle raconta aussi l'incident du cap Esquimau, et fit connaître la rupture importante qui s'était produite en cette portion du rivage.

Rien n'était moins rassurant. Il était évident que l'icefield, base de l'île, se dissolvait peu à peu, que les eaux relativement plus chaudes en rongeaient la surface inférieure. Ce qui s'était passé au cap Esquimau pouvait à chaque instant se produire au cap Bathurst. Les maisons de la factorerie pouvaient à chaque heure de la nuit ou du jour s'engouffrer dans un abîme, et le seul remède à cette situation, c'était l'hiver, cet hiver avec toutes ses rigueurs, cet hiver qui tardait tant à venir!

Le lendemain, 4 septembre, une observation faite par le lieutenant Hobson démontra que la position de l'île Victoria ne s'était pas sensiblement modifiée depuis la veille. Elle demeurait immobile entre les deux courants contraires, et, en somme, c'était maintenant la circonstance la plus heureuse qui pût se présenter.

« Que le froid nous saisisse ainsi, que la banquise nous arrête, dit Jasper Hobson, que la mer se solidifie autour de nous, et je regarderai notre salut comme assuré! Nous ne sommes pas à deux cents milles de la côte en ce moment, et, en s'aventurant sur les icefields durcis, il sera possible d'atteindre soit l'Amérique russe, soit les rivages de l'Asie. Mais l'hiver, l'hiver à tout prix et en toute hâte ! »

Cependant, et d'après les ordres du lieutenant, les derniers préparatifs de l'hivernage s'achevaient. On s'occupait de pourvoir à la nourriture des animaux domestiques pour tout le temps que durerait la longue nuit polaire. Les chiens étaient en bonne santé et s'engraissaient à ne rien faire, mais on ne pouvait trop en prendre soin, car les pauvres bêtes auraient à travailler durement lorsqu'on abandonnerait le Fort-Espérance pour gagner le continent à travers le champ de glace. Il importait donc de les maintenir dans un parfait état de vigueur. Aussi la viande saignante, et principalement la chair de ces rennes qui se laissaient tuer aux environs de la factorerie, ne leur fut-elle point ménagée.

Quant aux rennes domestiques, ils prospéraient. Leur étable était convenablement installée, et une récolte considérable de mousses avait été emménagée à leur intention dans les magasins du fort. Les femelles fournissaient un lait abondant à Mrs. Joliffe, qui l'employait journellement dans ses préparations culinaires.

Le caporal et sa petite femme avaient aussi refait leurs semailles, qui avaient si bien réussi pendant la saison chaude. Le terrain avait été préparé avant les neiges pour les plants d'oseille, de cochléarias et du thé du Labrador. Ces précieux antiscorbutiques ne devaient pas manquer à la colonie.

Quant au bois, il remplissait les hangars jusqu'au faîtage. L'hiver rude et glacial pouvait maintenant venir et la colonne de mercure geler dans la cuvette du thermomètre, sans qu'on fût réduit, comme à l'époque des derniers grands froids, à brûler le mobilier de la maison. Le charpentier Mac Nap et ses hommes avaient pris leurs mesures en conséquence, et les débris provenant du bateau en construction fournirent même un notable surcroît de combustible.

Vers cette époque, on prit déjà quelques animaux qui avaient revêtu leur fourrure hivernale, des martres, des wisons, des renards bleus, des hermines. Marbre et Sabine avaient obtenu du lieutenant l'autorisation d'établir quelques trappes aux abords de l'enceinte. Jasper Hobson n'avait pas cru devoir leur refuser cette permission, dans la crainte d'exciter la défiance de ses hommes, car il n'avait aucun prétexte sérieux à faire valoir pour arrêter l'approvisionnement des pelleteries. Il savait pourtant bien que c'était une besogne inutile, et que cette destruction d'animaux précieux et inoffensifs ne profiterait à personne. Toutefois, la chair de ces rongeurs fut employée à nourrir les chiens et on économisa ainsi une grande quantité de viande de rennes.

Tout se préparait donc pour l'hivernage, comme si le Fort-Espérance eût été établi sur un terrain solide, et les soldats travaillaient avec un zèle qu'ils n'auraient pas eu, sans doute, s'ils avaient été mis dans le secret de la situation.

Pendant les jours suivants, les observations, faites avec le plus grand soin, n'indiquèrent aucun changement appréciable dans la position de l'île Victoria. Jasper Hobson, la voyant ainsi immobile, se reprenait à espérer. Si les symptômes de l'hiver ne s'étaient encore pas montrés dans la nature inorganique, si la température se maintenait toujours à quarante-neuf degrés Fahrenheit, en moyenne (9° centigr. au-dessus de zéro), on avait signalé quelques cygnes qui, s'enfuyant vers le sud, allaient chercher des climats plus doux. D'autres oiseaux, grands volateurs, que les longues traversées au-dessus des mers n'effrayaient pas, abandonnaient peu à peu les rivages de l'île. Ils savaient bien que le continent américain ou le continent asiatique, avec leur température moins âpre, leurs territoires plus hospitaliers, leurs ressources de toutes sortes, n'étaient pas loin, et que leurs ailes étaient assez puissantes pour les y porter. Plusieurs de ces oiseaux furent pris, et, suivant le conseil de Mrs. Paulina Barnett, le lieutenant leur attacha au cou un billet en toile gommée, sur lequel étaient inscrits la position de l'île errante et les noms de ses habitants. Puis on les laissa prendre leur vol, et ce ne fut pas sans envie qu'on les vit se diriger vers le sud.

Il va sans dire que cette opération se fit en secret et n'eut d'autres témoins que Mrs. Paulina Barnett, Madge, Kalumah, Jasper Hobson et le sergent Long.

Quant aux quadrupèdes emprisonnés dans l'île, ils ne pouvaient plus aller chercher dans les régions méridionales leurs retraites accoutumées de l'hiver. Déjà, à cette époque de l'année, après que les premiers jours de septembre s'étaient écoulés, les rennes, les lièvres polaires, les loups eux-mêmes, auraient dû abandonner les environs du cap Bathurst, et se réfugier du côté du lac du Grand-Ours ou du lac de l'Esclave, bien au-dessous du Cercle polaire. Mais cette fois la mer leur opposait une infranchissable barrière, et ils devaient attendre qu'elle se fût solidifiée par le froid, afin d'aller retrouver des régions plus habitables. Sans doute, ces animaux, poussés par leur instinct, avaient essayé de reprendre les routes du sud, mais, arrêtés au littoral de l'île, ils étaient, par instinct aussi, revenus aux approches du Fort-Espérance, près de ces hommes, prisonniers comme eux, près de ces chasseurs, leurs plus redoutables ennemis d'autrefois.

Le 5, le 6, le 7, le 8 et le 9 septembre, après

observation, on ne constata aucune modification dans la position de l'île Victoria. Ce vaste remous, situé entre les deux courants, dont elle n'avait point abandonné les eaux, la tenait stationnaire. Encore quinze jours, trois semaines au plus de ce *statu quo*, et le lieutenant Hobson pourrait se croire sauvé.

Mais la mauvaise chance ne s'était pas encore lassée, et bien d'autres épreuves surhumaines, on peut le dire, attendaient encore les habitants du Fort-Espérance !

En effet, le 10 septembre, le point constata un déplacement de l'île Victoria. Ce déplacement, peu rapide jusqu'alors, s'opérait dans le sens du nord.

Jasper Hobson fut atterré ! L'île était définitivement prise par le courant du Kamtchatka ! Elle dérivait du côté de ces parages inconnus où se forment les banquises ! Elle s'en allait vers ces solitudes de la mer polaire, interdites aux investigations de l'homme, vers les régions dont on ne revient pas !

Le lieutenant Hobson ne cacha point ce nouveau danger à ceux qui étaient dans le secret de la situation. Mrs. Paulina Barnett, Madge, Kalumah, aussi bien que le sergent Long, reçurent ce nouveau coup avec résignation.

« Peut-être, dit la voyageuse, l'île s'arrêtera-t-elle encore ! Peut-être son mouvement sera-t-il lent ! Espérons toujours... et attendons ! L'hiver n'est pas loin, et, d'ailleurs, nous allons au-devant de lui.

En tout cas, que la volonté de Dieu s'accomplisse!

— Mes amis, demanda le lieutenant Hobson, pensez-vous que je doive prévenir nos compagnons? Vous voyez dans quelle situation nous sommes, et ce qui peut nous arriver! N'est-ce pas assumer une responsabilité trop grande que de leur cacher les périls dont ils sont menacés?

— J'attendrais encore, répondit sans hésiter Mrs Paulina Barnett. Tant que nous n'avons pas épuisé toutes les chances, il ne faut pas livrer nos compagnons au désespoir.

— C'est aussi mon avis, » ajouta simplement le sergent Long.

Jasper Hobson pensait ainsi, et il fut heureux de voir son opinion confirmée dans ce sens.

Le 11 et le 12 septembre, le déplacement vers le nord fut encore plus accusé. L'île Victoria dérivait avec une vitesse de douze à treize milles par jour. C'était donc de douze à treize milles qu'elle s'éloignait de toute terre, en s'élevant dans le nord, c'est-à-dire en suivant la courbure très-sensiblement accusée du courant du Kamtchatka sur cette haute latitude. Elle n'allait pas tarder à dépasser ce soixante-dixième parallèle qui traversait autrefois la pointe extrême du cap Bathurst, et au delà duquel aucune terre, continentale ou autre, ne se prolongeait dans cette portion des contrées arctiques.

Jasper Hobson, chaque jour, reportait le point

sur sa carte, et il pouvait voir vers quels abîmes infinis courait l'île errante. La seule chance, la moins mauvaise, c'était qu'on allait au-devant de l'hiver, ainsi que l'avait dit Mrs. Paulina Barnett. A dériver ainsi vers le nord, on rencontrerait plus vite, avec le froid, les eaux glacées qui devaient peu à peu accroître et consolider l'icefield. Mais si les habitants du Fort-Espérance pouvaient alors espérer de ne plus s'engloutir en mer, quel chemin interminable, impraticable peut-être, ils auraient à faire pour revenir de ces profondeurs hyperboréennes! Ah! si l'embarcation, tout imparfaite qu'elle était, eût été prête, le lieutenant Hobson n'eût pas hésité à s'y embarquer avec tout le personnel de la colonie; mais, malgré toute la diligence du charpentier, elle n'était point achevée et ne pouvait l'être avant longtemps, car Mac Nap était forcé d'apporter tous ses soins à cette construction d'un bateau auquel devait être confiée la vie de vingt personnes, et cela dans des mers très-dangereuses.

Au 16 septembre, l'île Victoria se trouvait de soixante-quinze à quatre-vingts milles au nord, depuis le point où elle s'était immobilisée pendant quelques jours entre les deux courants du Kamtchatka et de la mer de Behring. Mais alors des symptômes plus fréquents de l'approche de l'hiver se produisirent. La neige tomba souvent, et parfois en flocons pressés. La colonne mercurielle s'abaissa peu à peu. La moyenne de la température, pendant le jour, était encore de quarante-quatre dégrés Fahrenheit (6 à 7° centigr. au-dessus de zéro), mais pendant la nuit elle tombait à trente-deux degrés (zéro du thermomètre centigrade). Le soleil traçait une courbe excessivement allongée au-dessus de l'horizon. A midi, il ne s'élevait plus que de quelques degrés, et il disparaissait déjà pendant onze heures sur vingt-quatre.

Enfin, dans la nuit du 16 au 17 septembre, les premiers indices de glace apparurent sur la mer. C'étaient de petits cristaux isolés, semblables à une sorte de neige, qui faisaient tache à la surface de l'eau limpide. On pouvait remarquer, suivant une observation déjà reproduite par le célèbre navigateur Scoresby, que cette neige avait pour effet immédiat de calmer la houle, ainsi que fait l'huile que les marins « filent » pour apaiser momentanément les agitations de la mer. Ces petits glaçons avaient une tendance à se souder, et ils l'eussent fait certainement en eau calme; mais les ondulations des lames les brisaient et les séparaient, dès qu'ils formaient une surface un peu considérable.

Jasper Hobson observa avec une extrême attention la première apparition de ces jeunes glaces. Il savait que vingt-quatre heures suffisaient pour que la croûte glacée, accrue par sa partie inférieure, atteignit une épaisseur de deux à trois pouces, épaisseur qui suffit déjà à supporter le poids d'un homme. Il comptait donc que l'île Victoria serait avant peu arrêtée dans son mouvement vers le nord.

Mais jusqu'alors, le jour défaisait le travail de la nuit, et si la course de l'île était ralentie pendant les ténèbres par quelques pièces plus résistantes qui lui faisaient obstacle, pendant le jour, ces glaces, fondues ou brisées, n'enrayaient plus sa marche, qu'un courant, remarquablement fort, rendait très-rapide.

Aussi le déplacement vers les régions septentrionales s'accroissait-il sans que l'on pût rien faire pour l'arrêter.

Au 21 septembre, au moment de l'équinoxe, le jour fut précisément égal à la nuit, et, à partir de cet instant, les heures de nuit s'accrurent successivement aux dépens des heures du jour. L'hiver arrivait visiblement, mais il n'était ni prompt, ni rigoureux. A cette date, l'île Victoria avait déjà dépassé de près d'un degré le soixante-dixième parallèle, et pour la première fois elle éprouva un mouvement de rotation sur elle-même que Jasper Hobson évalua environ à un quart de circonférence.

On conçoit alors quels furent les soucis du lieutenant Hobson. Cette situation, qu'il avait essayé de cacher jusqu'alors, la nature menaçait d'en dévoiler le secret, même aux moins clairvoyants. En effet, par suite de ce mouvement de rotation, les points cardinaux de l'île étaient changés. Le cap Bathurst ne pointait plus vers le nord, mais vers l'est. Le soleil, la lune, les étoiles, ne se levaient plus et ne se couchaient plus sur l'horizon habituel, et il était impossible que des gens observateurs, tels que Mac Nap, Raë, Marbre et d'autres, ne remarquassent pas ce changement qui leur eût tout appris.

Mais, à la grande satisfaction de Jasper Hobson, ces braves soldats ne parurent s'apercevoir de rien. Le déplacement, par rapport aux points cardinaux, n'avait pas été considérable, et l'atmosphère, très-souvent embrumée, ne permettait pas de relever exactement le lever et le coucher des astres.

Toutefois, ce mouvement de rotation parut coïncider avec un mouvement de translation plus rapide encore. Depuis ce jour, l'île Victoria dériva avec une vitesse de près d'un mille à l'heure. Elle remontait toujours vers les latitudes élevées, s'éloignant de toute terre. Jasper Hobson ne se laissait pas aller au désespoir, car il n'était pas dans son caractère de désespérer, mais il se sentait perdu, et il demandait l'hiver, c'est-à-dire le froid à tout prix.

Cependant, la température s'abaissa encore. Une neige abondante tomba pendant les journées des 23 et 24 septembre, et, s'ajoutant à la surface des glaçons que le froid cimentait déjà, elle accrut leur épaisseur. L'immense plaine de glace se formait peu à peu. L'île, en marchant, la brisait bien encore, mais sa résistance augmentait d'heure en heure. La mer se prenait tout autour et jusqu'au delà des limites du regard.

Enfin, l'observation du 27 septembre prouva que l'île Victoria, emprisonnée dans un immense icefield, était immobile depuis la veille ! Immobile par 177°22' de longitude et 77°57' de latitude, — à plus de six cents milles de tout continent !

CHAPITRE XI.

UNE COMMUNICATION DE JASPER HOBSON.

Telle était la situation. L'île avait « jeté l'ancre », suivant l'expression du sergent Long, elle s'était arrêtée, elle était stationnaire, comme au temps où l'isthme la rattachait encore au continent américain. Mais six cents milles la séparaient alors des terres habitées, et ces six cents milles, il faudrait les franchir avec les traîneaux, en suivant la surface solidifiée de la mer, au milieu des montagnes de glace que le froid allait accumuler, et cela, pendant les plus rudes mois de l'hiver arctique.

C'était une terrible entreprise, et, cependant, il n'y avait pas à hésiter. Cet hiver que le lieutenant Hobson avait appelé de tous ses vœux, il arrivait enfin, il avait enrayé la funeste marche de l'île vers le nord, il allait jeter un pont de six cents milles entre elle et les continents voisins! Il fallait donc profiter de ces nouvelles chances et rapatrier toute cette colonie perdue dans les régions hyperboréennes.

En effet, — ainsi que le lieutenant Hobson l'expliqua à ses amis, — on ne pouvait attendre que le printemps prochain eût amené la débâcle des glaces, c'est-à-dire s'abandonner encore une fois aux caprices des courants de la mer de Behring. Il s'agissait donc uniquement d'attendre que la mer fût suffisamment prise, c'est-à-dire pendant un laps de temps qu'on pouvait évaluer à trois ou quatre semaines. D'ici là, le lieutenant Hobson comptait opérer des reconnaissances fréquentes sur l'icefield qui enserrait l'île, afin de déterminer son état de solidification, les facilités qu'il offrirait au glissage des traîneaux, et la meilleure route qu'il présenterait, soit vers les rivages asiatiques, soit vers le continent américain.

« Il va sans dire, ajouta Jasper Hobson, qui s'entretenait alors de ces choses avec Mrs. Paulina Barnett et le sergent Long, il va sans dire que les terres de la Nouvelle-Géorgie, et non les côtes d'Asie, auront toutes nos préférences, et qu'à chances égales, c'est vers l'Amérique russe que nous dirigerons nos pas.

— Kalumah nous sera très-utile alors, répondit Mrs. Paulina Barnett, car, en sa qualité d'indigène, elle connaît parfaitement ces territoires de la Nouvelle-Géorgie.

— Très-utile en effet, dit le lieutenant Hobson, et son arrivée jusqu'à nous a véritablement été providentielle. Grâce à elle, il nous sera aisé d'atteindre les établissements du Fort-Michel dans le golfe de Norton, soit même, beaucoup plus au sud, la ville de New-Arkhangel, où nous achèverons de passer l'hiver.

— Pauvre Fort-Espérance! dit Mrs. Paulina Barnett. Construit au prix de tant de fatigues, et si heureusement créé par vous, monsieur Jasper! Cela me brisera le cœur de l'abandonner sur cette île, au milieu de ces champs de glace, de le laisser peut-être au delà de l'infranchissable banquise! Oui! quand nous partirons, mon cœur saignera en lui donnant le dernier adieu!

— Je n'en souffrirai pas moins que vous, madame, répondit le lieutenant Hobson, et peut-être plus encore! C'était l'œuvre la plus importante de ma vie! J'avais mis toute mon intelligence, toute mon énergie à établir ce Fort-Espérance, si malheureusement nommé, et je ne me consolerai jamais d'avoir été forcé de l'abandonner! Puis, que dira la

Compagnie, qui m'avait confié cette tâche, et dont je ne suis que l'humble agent, après tout!

— Elle dira, monsieur Jasper, s'écria Mrs. Paulina Barnett avec une généreuse animation, elle dira que vous avez fait votre devoir, que vous ne pouvez pas être responsable des caprices de la nature, plus puissante partout et toujours que la main et l'esprit de l'homme! Elle comprendra que vous ne pouviez prévoir ce qui est arrivé, car cela était en dehors des prévisions humaines! Elle saura enfin que, grâce à votre prudence et à votre énergie morale, elle n'aura pas eu à regretter la perte d'un seul des compagnons qu'elle vous avait confiés.

— Merci, madame, répondit le lieutenant en serrant la main de Mrs. Paulina Barnett, je vous remercie de ces paroles que vous inspire votre cœur, mais je connais un peu les hommes, et, croyez-moi, mieux vaut réussir qu'échouer. Enfin, à la grâce du ciel! »

Le sergent Long, voulant couper court aux idées tristes de son lieutenant, ramena la conversation sur les circonstances présentes; il parla des préparatifs à commencer pour un prochain départ, et il lui demanda s'il comptait enfin apprendre à ses compagnons la situation réelle de l'île Victoria.

« Attendons encore, répondit Jasper Hobson, nous avons par notre silence épargné jusqu'ici bien des inquiétudes à ces pauvres gens, attendons que le jour de notre départ soit définitivement fixé, et nous leur ferons connaître alors la vérité tout entière! »

Ce point arrêté, les travaux habituels de la factorerie continuèrent pendant les semaines suivantes.

Quelle était, il y a un an, la situation des habitants, alors heureux et contents, du Fort-Espérance?

Il y a un an, les premiers symptômes de la saison froide apparaissaient tels qu'ils étaient alors. Les jeunes glaces se formaient peu à peu sur le littoral. Le lagon, dont les eaux étaient plus tranquilles que celles de la mer, se prenaient d'abord. La température se tenait pendant le jour à un ou deux degrés au-dessus de la glace fondante et s'abaissait de trois ou quatre degrés au-dessous pendant la nuit. Jasper Hobson commençait à faire revêtir à ses hommes les habits d'hiver, les fourrures, les vêtements de laine. On installait les condenseurs à l'intérieur de la maison. On nettoyait le réservoir à air et les pompes d'aération. On tendait des trappes autour de l'enceinte palissadée, aux environs du cap Bathurst, et Sabine et Marbre s'applaudissaient de leurs succès de chasseurs. Enfin, on terminait les derniers travaux d'appropriation de la maison principale.

Cette année, ces braves gens procédèrent de la même façon. Bien que, par le fait, le Fort-Espérance fût en latitude environ de deux degrés plus haut qu'au commencement du dernier hiver, cette différence ne devait pas amener une modification sensible dans l'état moyen de la température. En effet, entre le soixante-dixième et le soixante-douzième parallèle, l'écart n'est pas assez considérable pour que la moyenne thermométrique en soit sérieusement influencée. On eût plutôt constaté que le froid était maintenant moins rigoureux qu'il ne l'avait été au commencement du dernier hivernage. Mais très-probablement il semblait plus supportable parce que les hiverneurs se sentaient déjà faits à ce rude climat.

Il faut remarquer, cependant, que la mauvaise saison ne s'annonça pas avec sa rigueur accoutumée. Le temps était humide, et l'atmosphère se chargeait journellement de vapeurs qui se résolvaient tantôt en pluie, tantôt en neige. Il ne faisait certainement pas assez froid au gré du lieutenant Hobson.

Quant à la mer, elle se prenait autour de l'île, mais non d'une manière régulière et continue. De larges taches noirâtres, disséminées à la surface du nouvel icefield, indiquaient que les glaçons étaient encore mal cimentés entre eux. On entendait presque incessamment des fracas retentissants, dus à la rupture du banc, qui se composait d'un nombre infini de morceaux insuffisamment soudés, dont la pluie dissolvait les arêtes supérieures. On ne sentait pas cette énorme pression qui se produit d'ordinaire, quand les glaces naissent rapidement sous un froid vif et s'accumulent les unes sur les autres. Les icebergs, les hummocks même étaient rares, et la banquise ne se levait pas encore à l'horizon.

« Voilà une saison, répétait souvent le sergent Long, qui n'eût point déplu aux chercheurs du passage du nord-ouest ou aux découvreurs du pôle Nord, mais elle est singulièrement défavorable à nos projets et nuisible à notre rapatriement ! »

Ce fut ainsi pendant tout le mois d'octobre, et Jasper Hobson constata que la moyenne de la température ne dépassa guère trente-deux degrés Fahrenheit (zéro du thermomètre centigrade). Or on sait qu'il faut sept à huit degrés au-dessous de glace d'un froid qui persiste pendant plusieurs jours, pour que la mer se solidifie.

D'ailleurs, une circonstance qui n'échappa pas plus à Mrs. Paulina Barnett qu'au lieutenant Hobson, prouvait bien que l'icefield n'était en aucune façon praticable.

Les animaux emprisonnés dans l'île, animaux à fourrure, rennes, loups, etc., se seraient évidemment enfuis vers de plus basses latitudes, si la fuite eût été possible, c'est-à-dire si la mer solidifiée leur eût offert un passage assuré. Or ils abondaient toujours autour de la factorerie, et recherchaient de plus en plus le voisinage de l'homme. Les loups eux-mêmes venaient jusqu'à portée de fusil de l'enceinte dévorer les martres ou les lièvres polaires qui formaient leur unique nourriture. Les rennes affamés, n'ayant plus ni herbes ni mousse à brouter, rôdaient par bandes aux environs du cap Bathurst. Un ours, — celui sans doute envers lequel Mrs. Paulina Barnett et Kalumah avaient contracté une dette de reconnaissance, — passait fréquemment entre les arbres de la futaie, sur les bords du lagon. Or, si ces divers animaux étaient là, et principalement les ruminants, auxquels il faut une nourriture exclusivement végétale, s'ils étaient encore sur l'île Victoria pendant ce mois d'octobre, c'est qu'ils n'avaient pu, c'est qu'ils ne pouvaient fuir.

On a dit que la moyenne de la température se maintenait au degré de la glace fondante. Or, quand Jasper Hobson consulta son journal, il vit que l'hiver précédent, dans ce même mois d'octobre, le thermomètre marquait vingt degrés au-dessous de zéro (10° centigr. au-dessous de glace). Quelle différence, et comme la température se distribue capricieusement dans ces régions polaires!

Les hiverneurs ne souffraient donc aucunement du froid, et ils ne furent point obligés de se confiner dans leur maison. Cependant l'humidité était grande, car des pluies, mêlées de neige, tombaient fréquemment, et le baromètre, par son abaissement, indiquait que l'atmosphère était saturée de vapeurs.

Pendant ce mois d'octobre, Jasper Hobson et le sergent Long entreprirent plusieurs excursions afin de reconnaître l'état de l'icefield au large de l'île. Un jour, ils allèrent au cap Michel, un autre à l'angle de l'ancienne baie des Morses, désireux de savoir si le passage était praticable, soit pour le continent américain, soit pour le continent asiatique, et si le départ pouvait être arrêté.

Or la surface du champ de glace était couverte de flaques d'eau et, en de certains endroits, criblée de crevasses qui eussent immanquablement arrêté la marche des traîneaux. Il ne semblait même pas qu'un voyageur pût se hasarder à pied dans ce désert, presque aussi liquide que solide. Ce qui prouvait bien qu'un froid insuffisant et mal réglé, une température intermittente, avaient produit cette solidification incomplète, c'était la multitude de pointes, de cristaux, de prismes, de polyèdres de toutes sortes qui hérissaient la surface de l'icefield, comme une concrétion de stalactites. Il ressemblait plutôt à un glacier qu'à un champ, ce qui eût rendu la marche excessivement pénible, au cas où elle aurait été praticable.

Le lieutenant Hobson et le sergent Long, s'aventurant sur l'icefield, firent ainsi un mille ou deux dans la direction du sud, mais au prix de peines infinies et en y employant un temps considérable. Ils reconnurent donc qu'il fallait encore attendre, et ils revinrent très-désappointés au Fort-Espérance.

Les premiers jours de novembre arrivèrent. La température s'abaissa un peu, mais de quelques degrés seulement. Ce n'était pas suffisant. De grands brouillards humides enveloppaient l'île Victoria. Il fallait pendant toute la journée tenir les lampes allumées dans les salles. Or cette dépense de luminaire aurait dû être précisément très-modérée. En effet, la provision d'huile était fort restreinte, car la factorerie n'avait point été ravitaillée par le convoi du capitaine Craventy, et, d'autre part, la chasse aux morses était devenue impossible, puisque ces amphibies ne fréquentaient plus l'île errante. Si donc l'hivernage se prolongeait dans ces conditions, les hiverneurs en seraient bientôt réduits à employer la graisse des animaux, ou même la résine des sapins, afin de se procurer un peu de lumière. Déjà, à cette époque, les jours étaient excessivement courts, et le soleil, qui ne présentait plus au regard qu'un disque pâle, sans chaleur et sans éclat, ne se promenait que pendant quelques heures au-dessus de l'horizon. Oui! c'était bien l'hiver, avec ses brumes, ses pluies, ses neiges, l'hiver, — moins le froid!

Le 11 novembre, ce fut fête au Fort-Espérance,

et ce qui le prouva, c'est que Mrs. Joliffe servit quelques « extra » au dîner de midi. En effet, c'était l'anniversaire de la naissance du petit Michel Mac Nap. L'enfant avait juste un an ce jour-là. Il était bien portant et charmant avec ses cheveux blonds bouclés et ses yeux bleus. Il ressemblait à son père, le maître charpentier, ressemblance dont le brave homme se montrait extrêmement fier. On pesa solennellement le bébé au dessert. Il fallait le voir s'agiter dans la balance, et quels petits cris il poussa! Il pesait, ma foi, trente-quatre livres! Quel succès, et quels hurrahs accueillirent ce poids superbe, et quels compliments on adressa à l'excellente Mrs. Mac Nap, comme nourrice et comme mère! On ne sait pas trop pourquoi le caporal Joliffe prit pour lui-même une forte part de ces congratulations! Comme père nourricier, sans doute, ou comme bonne du bébé! Le digne caporal avait tant porté, dorloté, bercé l'enfant, qu'il se croyait pour quelque chose dans sa pesanteur spécifique!

Le lendemain, 12 novembre, le soleil ne parut pas au-dessus de l'horizon. La longue nuit polaire commençait, et elle commençait neuf jours plus tôt que l'hiver précédent sur le continent américain, ce qui tenait à la différence des latitudes entre ce continent et l'île Victoria.

Cependant cette disparition du soleil n'amena

aucun changement dans l'état de l'atmosphère. La température resta ce qu'elle avait été jusqu'alors, capricieuse, indécise. Le thermomètre baissait un jour, remontait l'autre. La pluie et la neige alternaient. Le vent était mou et ne se fixait à aucun point de l'horizon, passant quelquefois dans la même journée par tous les rhumbs du compas. L'humidité constante de ce climat était à redouter et pouvait déterminer des affections scorbutiques parmi les hiverneurs. Très-heureusement, si, par le défaut du ravitaillement convenu, le jus de citron, le « lime-juice » et les pastilles de chaux commençaient à manquer, du moins, les récoltes d'oseille et de cochléaria avaient été abondantes, et, suivant les recommandations du lieutenant Hobson, on en faisait un quotidien usage.

Cependant, il fallait tout tenter pour quitter le Fort-Espérance. Dans les conditions où l'on se trouvait, trois mois suffiraient à peine, peut-être, pour atteindre le continent le plus proche. Or on ne pouvait exposer l'expédition, une fois aventurée sur le champ de glace, à être prise par la débâcle avant d'avoir gagné la terre ferme. Il était donc nécessaire de partir dès la fin de novembre, — si l'on devait partir.

Or, sur la question de départ, il n'y avait pas de doute. Mais si, par un hiver rigoureux, qui aurait bien cimenté toutes les parties de l'icefield, le voyage eût été déjà difficile, avec cette saison indécise, il devenait chose grave.

Le 13 novembre, Jasper Hobson, Mrs. Paulina Barnett et le sergent Long se réunirent pour fixer le jour du départ. L'opinion du sergent était qu'il fallait quitter l'île au plus tôt.

« Car, disait-il, nous devons compter avec tous les retards possibles pendant une traversée de six cents milles. Or il faut qu'avant le mois de mars nous ayons mis le pied sur le continent, ou nous risquerons, la débâcle s'opérant, de nous retrouver dans une situation plus mauvaise encore que sur notre île.

— Mais, répondit Mrs. Paulina Barnett, la mer est-elle assez uniformément prise pour nous livrer passage?

— Oui, répliqua le sergent Long, et chaque jour la glace tend à s'épaissir. De plus, le baromètre remonte peu à peu. C'est un indice d'abaissement dans la température. Or, d'ici le moment où nos préparatifs seront achevés, — et il faut bien une semaine, je pense, — j'espère que le temps se sera mis décidément au froid.

— N'importe! dit le lieutenant Hobson, l'hiver s'annonce mal, et, véritablement, tout se met contre nous! On a vu quelquefois d'étranges saisons dans ces mers, et des baleiniers ont pu naviguer là où, même pendant l'été, ils n'eussent pas trouvé, en d'autres années, un pouce d'eau sous leur quille. Quoi qu'il en soit, je conviens qu'il n'y a pas un jour à perdre. Je regrette seulement que la température habituelle à ces climats ne nous soit pas venue en aide.

— Elle viendra, dit Mrs. Paulina Barnett. En tout cas, il faut être prêt à profiter des circonstances. A quelle époque extrême songeriez-vous à fixer le départ, monsieur Jasper?

— A la fin de novembre, comme terme le plus reculé, répondit le lieutenant Hobson; mais si, dans huit jours, vers le 20 de ce mois, nos préparatifs étaient achevés et que le passage fût praticable, je regarderais cette circonstance comme très-heureuse, et nous partirions.

— Bien, dit le sergent Long. Nous devons donc nous préparer sans perdre un instant.

— Alors, monsieur Jasper, demanda Mrs. Paulina Barnett, vous allez faire connaître à nos compagnons la situation dans laquelle ils se trouvent?

— Oui, madame. Le moment de parler est venu, puisque c'est le moment d'agir.

— Et quand comptez-vous leur apprendre ce qu'ils ignorent?

— A l'instant. — Sergent Long, ajouta Jasper Hobson, en se tournant vers le sous-officier, qui prit aussitôt une attitude militaire, faites rassembler tous vos hommes dans la grande salle pour recevoir une communication. »

Le sergent Long tourna automatiquement sur ses talons et sortit d'un pas méthodique, après avoir porté la main à son chapeau.

Pendant quelques minutes, Mrs. Paulina Barnett et le lieutenant Hobson restèrent seuls, sans prononcer une parole.

Le sergent rentra bientôt et prévint Jasper Hobson que ses ordres étaient exécutés.

Aussitôt Jasper Hobson et la voyageuse entrèrent dans la grande salle. Tous les habitants de la factorerie, hommes et femmes, s'y trouvaient rassemblés, vaguement éclairés par la lumière des lampes.

Jasper Hobson s'avança au milieu de ses compagnons, et là, d'un ton grave :

« Mes amis, dit-il, jusqu'ici j'avais cru devoir, pour vous épargner des inquiétudes inutiles, vous cacher la situation dans laquelle se trouve notre établissement du Fort-Espérance... Un tremblement de terre nous a séparés du continent... Ce cap Bathurst a été détaché de la côte américaine... Notre presqu'île n'est plus qu'une île de glace, une île errante... »

En ce moment, Marbre s'avança vers Jasper Hobson, et d'une voix assurée :

« Nous le savions, mon lieutenant! » dit-il.

CHAPITRE XII.

UNE CHANCE A TENTER.

Ils le savaient, ces braves gens! Et, pour ne point ajouter aux peines de leur chef, ils avaient feint de ne rien savoir, et ils s'étaient adonnés avec la même ardeur aux travaux de l'hivernage!

Des larmes d'attendrissement vinrent aux yeux de Jasper Hobson. Il ne chercha point à cacher son émotion, il prit la main que lui tendait le chasseur Marbre et la serra sympathiquement.

Oui, ces honnêtes soldats, ils savaient tout, car Marbre avait tout deviné, et depuis longtemps! Ce piége à rennes rempli d'eau salée, ce détachement attendu du Fort-Reliance et qui n'avait pas paru, les observations de latitude et de longitude faites chaque jour et qui eussent été inutiles en terre ferme, et les précautions que le lieutenant Hobson prenait pour n'être point vu en faisant son point, ces animaux qui n'avaient pas fui avant l'hiver, enfin le changement d'orientation survenu pendant les derniers jours, dont ils s'étaient très-bien aperçus, tous ces indices réunis avaient fait comprendre la situation aux habitants du Fort-Espérance. Seule, l'arrivée de Kalumah leur avait semblé inexplicable, et ils avaient dû supposer — ce qui était vrai, d'ailleurs — que les hasards de la tempête avaient jeté la jeune Esquimaude sur le rivage de l'île.

Marbre, dans l'esprit duquel la révélation de ces choses s'était accomplie tout d'abord, avait fait part de ses idées au charpentier Mac Nap et au forgeron Raë. Tous trois envisagèrent froidement la situation et furent d'accord sur ce point qu'ils devaient prévenir non-seulement leurs camarades, mais aussi leurs femmes. Puis, tous s'étaient engagés à paraître ne rien savoir vis-à-vis de leur chef et à lui obéir aveuglément comme par le passé.

« Vous êtes de braves gens, mes amis, dit alors Mrs. Paulina Barnett, que cette délicatesse émut profondément, quand le chasseur Marbre eut donné ses explications, vous êtes d'honnêtes et courageux soldats !

— Et notre lieutenant, répondit Mac Nap, peut compter sur nous. Il a fait son devoir, nous ferons le nôtre.

— Oui, mes chers compagnons, dit Jasper Hobson, le ciel ne nous abandonnera pas, et nous l'aiderons à nous sauver ! »

Puis, Jasper Hobson raconta tout ce qui s'était passé depuis cette époque où le tremblement de terre avait rompu l'isthme et fait une île des territoires continentaux du cap Bathurst. Il dit comment, sur la mer dégagée de glaces, au milieu du printemps, la nouvelle île avait été entraînée par un courant inconnu à plus de deux cents milles de la côte; comment l'ouragan l'avait ramenée en vue de terre, puis éloignée de nouveau dans la nuit du 31 août; comment enfin la courageuse Kalumah avait risqué sa vie pour venir au secours de ses amis d'Europe. Puis il fit connaître les changements survenus à l'île, qui se dissolvait peu à peu dans les eaux plus chaudes, et la crainte qu'on avait éprouvée, soit d'être entraînés jusque dans le Pacifique, soit d'être pris par le courant du Kamtchatka. Enfin il apprit à ses compagnons que l'île errante s'était définitivement immobilisée à la date du 27 septembre dernier.

Enfin la carte des mers arctiques ayant été apportée, Jasper Hobson montra la position même que l'île occupait à plus de six cents milles de toute terre.

Il termina en disant que la situation était extrêmement dangereuse, que l'île serait nécessairement broyée quand s'opérerait la débâcle, et qu'avant de recourir à l'embarcation, qui ne pourrait être utilisée que dans le prochain été, il fallait profiter de l'hiver pour rallier le continent américain, en se dirigeant à travers le champ de glace.

« Nous aurons six cents milles à faire, par le froid et dans la nuit. Ce sera dur, mes amis, mais vous comprenez comme moi qu'il n'y a pas à reculer.

— Quand vous donnerez le signal du départ, mon lieutenant, répondit Mac Nap, nous vous suivrons ! »

Tout étant ainsi convenu, à dater de ce jour les préparatifs de la périlleuse expédition furent menés rapidement. Les hommes avaient bravement pris leur parti d'avoir six cents milles à faire dans ces conditions. Le sergent Long dirigeait les travaux, tandis que Jasper Hobson, les deux chasseurs et Mrs. Paulina Barnett allaient fréquemment reconnaître l'état de l'icefield. Kalumah les accompagnait le plus souvent, et ses avis, basés sur l'expérience, pouvaient être fort utiles au lieutenant. Le départ, sauf empêchement, ayant été fixé au 20 novembre, il n'y avait pas un instant à perdre.

Ainsi que l'avait prévu Jasper Hobson, le vent étant remonté, la température s'abaissa un peu, et la colonne de mercure marqua vingt-quatre degrés Fahrenheit (4°,44 centigr. au-dessous de zéro). La neige remplaçait la pluie des jours précédents et se durcissait sur le sol. Quelques jours de ce froid, et le glissage des traîneaux deviendrait possible. L'entaille creusée en avant du cap Michel était en partie comblée par la glace et par la neige, mais il ne fallait pas oublier que ses eaux plus calmes avaient dû se prendre plus vite. Ce qui le prouvait bien, c'est que les eaux de la mer ne présentaient pas un état aussi satisfaisant.

En effet, le vent soufflait presque incessamment et avec une certaine violence. La houle s'opposait à la formation régulière de la glace, et la cimentation ne se faisait pas suffisamment. De larges flaques d'eau séparaient les glaçons en maint endroit, et il était impossible de tenter un passage à travers l'icefield.

« Le temps se met décidément au froid, dit un jour Mrs. Paulina Barnett au lieutenant Hobson, — c'était le 15 novembre, pendant une reconnaissance qui avait été poussée jusqu'au sud de l'île; — la température s'abaisse d'une manière sensible, et ces espaces liquides ne tarderont pas à se prendre.

— Je le crois comme vous, madame, répondit Jasper Hobson, mais, malheureusement, la manière dont la congélation se fait est peu favorable à nos projets. Les glaçons sont de petite dimension, leurs bords forment autant de bourrelets qui hérissent toute la surface, et sur cet icefield raboteux, nos traîneaux, s'ils peuvent glisser, ne glisseront qu'avec la plus extrême difficulté.

— Mais, reprit la voyageuse, si je ne me trompe, il ne faudrait que quelques jours, ou même quelques heures d'une neige épaisse pour niveler toute cette surface !

— Sans doute, madame, répondit le lieutenant, mais si la neige tombe, c'est que la température aura remonté, et si elle remonte, le champ de glace se disloquera encore. C'est là un dilemme dont les deux conséquences sont contre nous!

— Voyons, monsieur Jasper, dit Mrs. Paulina Barnett, il faut avouer que ce serait singulièrement jouer de malheur si nous subissions, dans l'endroit où nous sommes, en plein océan polaire, un hiver tempéré au lieu d'un hiver arctique.

— Cela s'est vu, madame, cela s'est vu. Je vous rappellerai, d'ailleurs, combien la saison froide que nous avons passée sur le continent américain a été rude. Or, on l'a souvent observé, il est rare que deux hivers, identiques en rigueur et en durée, succèdent l'un à l'autre, et les baleiniers des mers boréales le savent bien. Certainement, madame, ce serait jouer de malheur. Un hiver froid, quand nous nous serions si bien contentés d'un hiver modéré, et un hiver modéré quand il nous faudrait un hiver froid! Il faut avouer que nous n'avons pas été heureux jusqu'ici! Et quand je songe que c'est une distance de six cents milles qu'il faudra franchir avec des femmes, un enfant!... »

Et Jasper Hobson, étendant la main vers le sud, montrait l'espace infini qui s'étendait devant ses yeux, vaste plaine blanche, capricieusement découpée comme une guipure. Triste aspect que celui de cette mer, imparfaitement solidifiée, dont la surface craquait avec un sinistre bruit! Une lune trouble, à demi noyée dans la brume humide, s'élevant à peine de quelques degrés au-dessus du sombre horizon, jetait une lueur blafarde sur tout cet ensemble. La demi-obscurité, aidée par certains phénomènes de réfraction, doublait la grandeur des objets. Quelques icebergs de médiocre altitude prenaient des dimensions colossales, et affectaient parfois des formes de monstres apocalyptiques. Des oiseaux passaient à grand bruit d'ailes, et le moindre d'entre eux, par suite de cette illusion d'optique, paraissait plus grand qu'un condor ou un gypaète. En de certaines directions, au milieu des montagnes de glace, semblaient s'ouvrir d'immenses tunnels noirs, dans lesquels l'homme le plus audacieux eût hésité à s'engouffrer. Puis des mouvements subits se produisaient, grâce aux culbutes des icebergs, rongés à leur base, qui cherchaient un nouvel équilibre, et d'éclatants fracas retentissaient, que répercutait l'écho sonore. La scène changeait ainsi à vue comme le décor d'une féerie! Avec quel sentiment d'effroi devaient considérer ces terribles phénomènes de malheureux hiverneurs qui allaient s'aventurer à travers ce champ de glace!

Malgré son courage, malgré son énergie morale, la voyageuse se sentait pénétrée d'involontaires terreurs. Son âme se glaçait comme son corps.

Elle était tentée de fermer ses yeux et ses oreilles pour ne pas voir, pour ne pas entendre. Lorsque la lune se voilait un instant sous une brume plus épaisse, le sinistre aspect de ce paysage polaire s'accentuait encore, et Mrs. Paulina Barnett se figurait alors la caravane d'hommes et de femmes, cheminant à travers ces solitudes, au milieu des bourrasques, des neiges, sous les avalanches, dans la profonde obscurité d'une nuit arctique!

Cependant Mrs. Paulina Barnett se forçait à regarder. Elle voulait habituer ses yeux à ces aspects, endurcir son âme contre la terreur. Elle regardait donc, et tout d'un coup un cri s'échappa de sa poitrine, sa main serra la main du lieutenant Hobson, et elle lui montra du doigt un objet énorme, aux formes indécises, qui se mouvait dans la pénombre à cent pas d'eux à peine.

C'était un monstre d'une blancheur éclatante, d'une taille gigantesque, dont la hauteur dépassait cinquante pieds. Il allait lentement sur les glaçons épars, sautant de l'un à l'autre par des bonds formidables, agitant ses pattes démesurées qui eussent pu embrasser dix gros chênes à la fois. Il semblait vouloir chercher, lui aussi, un passage praticable à travers l'icefield et fuir cette île funeste. On voyait les glaçons s'enfoncer sous son poids, et il ne parvenait à reprendre son équilibre qu'après des mouvements désordonnés.

Le monstre s'avança ainsi pendant un quart de mille sur le champ de glace. Puis, sans doute, ne trouvant aucun passage, il revint sur ses pas et se dirigea vers cette partie du littoral que le lieutenant Hobson et Mrs. Paulina Barnett occupaient.

En ce moment, Jasper Hobson saisit le fusil qu'il portait en bandoulière et se tint prêt à tirer.

Mais aussitôt après avoir couché en joue l'animal, il laissa retomber son arme, et à mi-voix :

« Un ours, madame, dit-il, ce n'est qu'un ours dont les dimensions ont été démesurément grandies par la réfraction ! »

C'était un ours polaire, en effet, et Mrs. Paulina Barnett reconnut aussitôt l'illusion d'optique dont elle venait d'être le jouet. Elle respira longuement. Puis une idée lui vint :

« C'est mon ours ! s'écria-t-elle, un ours de Terre-Neuve pour le dévouement ! Et très-probablement le seul qui reste dans l'île ! — Mais que fait-il là ?

— Il essaye de s'échapper, madame, répondit le lieutenant Hobson en secouant la tête. Il essaye de fuir cette île maudite ! Et il ne le peut pas encore, et il nous montre que le chemin, fermé pour lui, l'est aussi pour nous ! »

Jasper Hobson ne se trompait pas. La bête prisonnière avait tenté de quitter l'île pour atteindre quelque point du continent, et, n'ayant pu réussir, elle regagnait le littoral. L'ours, remuant sa tête et grognant sourdement, passa à vingt pas à peine du lieutenant et de sa compagne. Ou il ne les vit pas, ou il dédaigna de les voir, car il continua sa marche d'un pas pesant, se dirigea vers le cap Michel, et disparut bientôt derrière un monticule.

Ce jour-là, le lieutenant Hobson et Mrs. Paulina Barnett revinrent tristement et silencieusement au fort.

Cependant, comme si la traversée des champs de glace eût été praticable, les préparatifs du départ se continuaient activement à la factorerie. Il ne fallait rien négliger pour la sécurité de l'expédition, il fallait tout prévoir et compter non-seulement avec les difficultés et les fatigues, mais aussi avec les caprices de cette nature polaire, qui se défend si énergiquement contre les investigations humaines.

Les attelages de chiens avaient été l'objet de soins particuliers. On les laissa courir aux environs du fort, afin que l'exercice refît leurs forces un peu engourdies par un long repos. En somme, ces animaux se trouvaient tous dans un état satisfaisant et pouvaient, si on ne les surmenait pas, fournir une longue marche.

Les traîneaux furent inspectés avec soin. La surface raboteuse de l'icefield devait nécessairement les exposer à de violents chocs. Aussi durent-ils être renforcés dans leurs parties principales, leur châssis inférieur, leurs semelles recourbées à l'avant, etc. Cet ouvrage revenait de droit au charpentier Mac Nap et à ses hommes, qui rendirent ces véhicules aussi solides que possible.

On construisit en plus deux traîneaux-chariots, de grandes dimensions, destinés, l'un au transport des provisions, l'autre au transport des pelleteries. Ces traîneaux devaient être traînés par les rennes domestiques, et ils furent parfaitement appropriés à cet usage. Les pelleteries, c'était, on en conviendra, un bagage de luxe dont il n'était peut-être pas prudent de s'embarrasser. Mais Jasper Hobson voulait, autant que possible, sauvegarder les intérêts de la Compagnie de la baie d'Hudson, bien décidé, d'ailleurs, à abandonner ces fourrures en route, si elles compromettaient ou gênaient la marche de la caravane. On ne risquait rien, d'ailleurs, puisque ces précieuses fourrures, si on les laissait dans les magasins de la factorerie, seraient inévitablement perdues.

Quant aux provisions, c'était autre chose. Les vivres devaient être abondants et facilement transportables. On ne pouvait en aucune façon compter sur les produits de la chasse. Le gibier comestible, dès que le passage serait praticable, prendrait les devants et aurait bientôt rallié les régions du sud. Donc, viandes conservées, corn-beef, pâtés de lièvre, poissons secs, biscuits, dont l'approvisionnement était malheureusement fort réduit, etc., ample réserve d'oseille et de cochléarias, brandevin, esprit-de-vin pour la confection des boissons chaudes, etc., furent déposés dans un chariot spécial. Jasper Hobson aurait bien voulu emporter du combustible, car, pendant six cents milles, il ne trouverait ni un arbre, ni un arbuste, ni une mousse, et on ne pouvait compter ni sur les épaves, ni sur les bois charriés par la mer. Mais une telle surcharge ne pouvait être admise, et il fallut y renoncer. Très-heureusement, les vêtements chauds ne devaient pas manquer; ils seraient nombreux, confortables, et, au besoin, on puiserait au chariot des fourrures.

Quant à Thomas Black, qui depuis sa mésaventure s'était absolument retiré du monde, fuyant ses compagnons, se confinant dans sa chambre, ne prenant jamais part aux conseils du lieutenant, du sergent et de la voyageuse, il reparut enfin dès que le jour du départ fut définitivement fixé. Mais alors il s'occupa uniquement du traîneau qui devait transporter sa personne, ses instruments et ses registres. Toujours muet, on ne pouvait lui arracher une parole. Il avait tout oublié, même qu'il fût un savant, et depuis qu'il avait été déçu dans l'observation de «son» éclipse, depuis que la solution des protubérances lunaires lui avait échappé, il n'avait plus apporté aucune attention à l'examen des phénomènes particuliers aux hautes latitudes, tels qu'aurores boréales, halos, paraselènes, etc.

Enfin, pendant les derniers jours, chacun avait fait une telle diligence et travaillé avec tant de zèle, que, dans la matinée du 18 novembre, on eût été prêt à partir.

Malheureusement, le champ n'était pas encore praticable. Si la température s'était un peu abaissée, le froid n'avait pas été assez vif pour solidifier uniformément la surface de la mer. La neige, très-fine d'ailleurs, ne tombait pas d'une manière égale et continue. Jasper Hobson, Marbre et Sabine avaient chaque jour parcouru le littoral de l'île depuis le cap Michel jusqu'à l'angle de l'ancienne baie des Morses. Ils s'étaient même aventurés sur l'icefield dans un rayon d'un mille et demi à peu près, et ils avaient bien été forcés de reconnaître que des crevasses, des entailles, des fissures le fêlaient de toutes parts. Non-seulement des traîneaux, mais des piétons eux-mêmes, libres de leurs mouvements, n'auraient pu s'y hasarder. Les fatigues du lieutenant Hobson et de ses deux hommes pendant ces courtes expéditions avaient été extrêmes, et plus d'une fois ils crurent que, sur ce chemin changeant et au milieu des glaçons mobiles encore, ils ne pourraient regagner l'île Victoria.

Il semblait vraiment que la nature s'acharnât contre ces infortunés hiverneurs. Pendant les journées du 18 et du 19 novembre, le thermomètre remonta, tandis que le baromètre baissait de son côté. Cette modification dans l'état atmosphérique devait amener un résultat funeste. En même temps que le froid diminuait, le ciel s'emplissait de vapeurs. Avec trente-quatre degrés Fahrenheit (1°,11 centigr. au-dessus de zéro), ce fut de la pluie, non de la neige, qui tomba en grande abondance. Ces averses, relativement chaudes, fondaient la couche blanche en maint endroit. On se figure aisément l'effet de ces eaux du ciel sur l'icefield, qu'elles achevaient de désagréger. On aurait vraiment pu croire à une débâcle prochaine. Il y avait sur les glaçons des traces de dissolution comme au moment du dégel. Le lieutenant Hobson, qui, malgré cet horrible temps, allait souvent au sud de l'île, revint un jour désespéré.

Le 20, une nouvelle tempête, à peu près semblable par son extrême violence à celle qui avait assailli l'île un mois auparavant, se déchaîna sur ces funestes parages de la mer polaire. Les hiverneurs durent renoncer à mettre le pied au dehors, et, pendant cinq jours, ils furent confinés dans le Fort-Espérance.

CHAPITRE XIII.

A TRAVERS LE CHAMP DE GLACE.

Enfin, le 22 novembre, le temps commença à se remettre un peu. En quelques heures, la tempête s'était subitement calmée. Le vent venait de sauter dans le nord, et le thermomètre baissa de plusieurs degrés. Quelques oiseaux de long vol disparurent. Peut-être pouvait-on enfin espérer que la température allait franchement devenir ce qu'elle devait être à cette époque de l'année, sous une si haute latitude. Les hiverneurs en étaient à regretter vraiment que le froid ne fût pas ce qu'il avait été pendant la dernière saison hivernale, quand la colonne de mercure tomba à soixante-douze degrés Fahrenheit (55° au-dessous de glace).

Jasper Hobson résolut de ne pas tarder plus longtemps à abandonner l'île Victoria, et, dans la matinée du 22, toute la petite colonie fut prête à quitter le Fort-Espérance et l'île, maintenant confondue avec tout l'icefield, cimentée à lui, et par cela même rattachée par un champ de six cents milles au continent américain.

A onze heures et demie du matin, au milieu d'une atmosphère grisâtre, mais tranquille, qu'une magnifique aurore boréale illuminait de l'horizon au zénith, le lieutenant Hobson donna le signal du départ. Les chiens étaient attelés aux traîneaux. Trois couples de rennes domestiques avaient été attachés aux traîneaux-chariots, et l'on partit silencieusement dans la direction du cap Michel, — point où l'île proprement dite devrait être quittée pour l'icefield.

La caravane suivit d'abord la lisière de la colline boisée, à l'est du lac Barnett; mais au moment d'en dépasser la pointe, chacun se retourna pour apercevoir une dernière fois ce cap Bathurst que l'on abandonnait sans retour. Sous la clarté de l'aurore boréale se dessinaient quelques arêtes engoncées de neige, et deux ou trois lignes blanches délimitaient l'enceinte de la factorerie. Un empâtement blanchâtre dominant çà et là l'ensemble, une fumée qui s'échappait encore, dernière haleine d'un feu prêt à s'éteindre pour jamais : tel était le Fort-Espérance, tel était cet établissement qui avait coûté tant de travaux, tant de peines, maintenant inutiles!

« Adieu! adieu, notre pauvre maison polaire! » dit Mrs. Paulina Barnett, en agitant une dernière fois la main.

Et tous, avec ce suprême souvenir, reprirent tristement et silencieusement la route du retour.

A une heure, le détachement était arrivé au cap Michel, après avoir tourné l'entaille que le froid insuffisant de l'hiver n'avait pu refermer. Jusqu'alors, les difficultés du voyage n'avaient pas été grandes, car le sol de l'île Victoria présentait une surface relativement unie. Mais il en serait tout autrement sur le champ de glace. En effet, l'ice-field, soumis à la pression énorme des banquises du nord, s'était sans doute hérissé d'icebergs, d'hummocks, de montagnes glacées, entre lesquelles il faudrait, et au prix des plus grands efforts, des plus extrêmes fatigues, chercher incessamment des passes praticables.

Vers le soir de cette journée, on s'était avancé de quelques milles sur le champ de glace. Il s'agit alors d'organiser la couchée. A cet effet, on procéda suivant la manière des Esquimaux et des Indiens du nord de l'Amérique, en creusant des « snow-houses » dans les blocs de glace. Les couteaux à neige fonctionnèrent utilement et habilement, et à huit heures, après un souper composé de viandes sèches, tout le personnel de la factorerie s'était glissé dans ces trous, qui sont plus chauds qu'on ne serait tenté de le croire.

Mais avant de s'endormir, Mrs. Paulina Barnett avait demandé au lieutenant s'il pouvait estimer la route parcourue depuis le Fort-Espérance jusqu'à ce campement.

« Je pense que nous n'avons pas fait plus de dix milles, répondit Jasper Hobson.

— Dix sur six cents! répondit la voyageuse. A ce compte, nous mettrons trois mois à franchir la distance qui nous sépare du continent américain!

— Trois mois et peut-être davantage, madame répondit Jasper Hobson, mais nous ne pouvons aller plus vite. Nous ne voyageons plus en ce moment, comme nous le faisions, l'an dernier, sur ces plaines glacées qui séparent le Fort-Reliance du cap Bathurst, mais bien sur un icefield déformé, écrasé par la pression, et qui ne peut nous offrir aucune route facile! Je m'attends à rencontrer de grandes difficultés pendant cette tentative. Puissions-nous les surmonter! En tout cas, l'important n'est pas d'arriver vite, mais d'arriver en bonne santé, et je m'estimerai heureux si pas un de mes compagnons ne manque à l'appel quand nous rentrerons au Fort-Reliance. Fasse le ciel que, dans trois mois, nous ayons pu atterrir sur un point quelconque de la côte américaine, madame, et nous n'aurons que des actions de grâces à lui rendre! »

La nuit se passa sans accident, mais Jasper Hobson, pendant sa longue insomnie, avait cru surprendre dans ce sol sur lequel il avait organisé son campement, quelques frémissements de mauvais augure, qui indiquaient un manque de cohésion dans toutes les parties de l'icefield. Il lui parut évidont que l'immense champ de glace n'était pas cimenté dans toutes ses portions, d'où cette conséquence que d'énormes entailles devaient le couper en maint endroit, et c'était là une circonstance extrêmement fâcheuse, puisque cet état de choses rendait incertaine toute communication avec la terre ferme. D'ailleurs, avant son départ, le lieutenant Hobson avait fort bien observé que ni les animaux à fourrure, ni les carnassiers de l'île Victoria n'avaient abandonné les environs de la factorerie, et si ces animaux n'étaient pas allés chercher pour l'hiver de moins rudes climats dans les régions méridionales, c'est qu'ils savaient rencontrer sur leur route certains obstacles dont leur instinct leur indiquait l'existence. Cependant, Jasper Hobson, en faisant cette tentative de rapatrier la petite colonie, en se lançant à travers le champ de glace, avait agi sagement. C'était une tentative à essayer, avant la future débâcle, quitte à échouer, quitte à revenir sur ses pas, et, en abandonnant le fort, Jasper Hobson n'avait fait que son devoir.

Le lendemain, 23 novembre, le détachement ne put pas même s'avancer de dix milles dans l'est, car les difficultés de la route devinrent extrêmes. L'icefield était horriblement convulsionné, et l'on pouvait même observer, d'après certaines strates très-reconnaissables, que plusieurs bancs de glace s'étaient superposés, poussés sans doute par l'irrésistible banquise dans ce vaste entonnoir de la mer Arctique. De là, des collisions de glaçons, des entassements d'icebergs, quelque chose comme une jonchée de montagnes qu'une main impuissante aurait laissé choir sur cet espace, et qui s'y seraient éparpillées en tombant.

Il était évident qu'une caravane, composée de traîneaux et d'attelages, ne pouvait passer par-dessus ces blocs, et non moins évident qu'elle ne pouvait se frayer un chemin à la hache ou au couteau à neige à travers cet encombrement. Quelques-uns de ces icebergs affectaient les formes les plus diverses, et leur entassement figurait celui d'une ville qui se serait écroulée tout entière. Bon nombre mesuraient une altitude de trois ou quatre cents pieds au-dessus du niveau de l'icefield, et à leur sommet s'étageaient d'énormes masses mal équilibrées, qui n'attendaient qu'une secousse, un choc, rien qu'une vibration de l'air, pour se précipiter en avalanches.

Aussi, en tournant ces montagnes de glaces, fallait-il prendre les plus grandes précautions. Ordre avait été donné, dans ces passes dangereuses, de ne point élever la voix, de ne point exciter les attelages par les claquements du fouet. Ces soins n'étaient point exagérés; la moindre imprudence aurait pu entraîner de graves catastrophes.

Mais, à tourner ces obstacles, à rechercher les

passages praticables, on perdait un temps infini, on s'épuisait en fatigues et en efforts, on n'avançait guère dans la direction voulue, on faisait en détours dix milles pour n'en gagner qu'un vers l'est. Toutefois, le sol ferme ne manquait pas encore sous les pieds.

Mais le 24, ce furent d'autres obstacles, que Jasper Hobson dut justement craindre de ne pouvoir surmonter.

En effet, après avoir enfin franchi une première banquise qui se dressait à une vingtaine de milles de l'île Victoria, le détachement se trouva sur un champ de glace beaucoup moins accidenté, et dont les diverses pièces n'avaient point été soumises à une forte pression. Il était évident que, par suite de la direction des courants, l'effort de la banquise ne se portait pas de ce côté de l'icefield. Mais aussi Jasper Hobson et ses compagnons ne tardèrent-ils pas à se trouver coupés par de larges crevasses qui n'étaient pas encore gelées. La température était relativement chaude, et le thermomètre n'indiquait pas en moyenne plus de trente-quatre degrés Fahrenheit (1°,11 centigr. au-dessus de zéro). Or l'eau salée, moins facile à la congélation que l'eau douce, ne se solidifie qu'à quelques degrés au-dessous de glace, et conséquemment la mer ne pouvait être prise. Toutes les portions durcies qui formaient la banquise et l'icefield étaient venues de latitudes plus hautes, et, en même temps, elles s'entretenaient par elles-mêmes et se nourrissaient pour ainsi dire de leur propre froid; mais cet espace méridional de la mer Arctique n'était pas uniformément gelé, et, de plus, il tombait une pluie chaude qui apportait avec elle de nouveaux éléments de dissolution.

Ce jour-là, le détachement fut absolument arrêté devant une crevasse, pleine d'une eau tumultueuse, semée de petites glaces, — crevasse qui ne mesurait pas plus de cent pieds de largeur, mais dont la longueur devait avoir plusieurs milles.

Pendant deux heures, on longea le bord occidental de cette entaille avec l'espérance d'en atteindre l'extrémité de manière à reprendre la direction vers l'est, mais ce fut en vain : il fallut s'arrêter. On fit donc halte et on organisa le campement.

Jasper Hobson, suivi du sergent Long, se porta en avant pendant un quart de mille, observant l'interminable crevasse, et maudissant la douceur de cet hiver qui lui faisait tant de mal.

« Il faut passer pourtant, dit le sergent Long, car nous ne pouvons demeurer en cet endroit.

— Oui, il faut passer, répondit le lieutenant Hobson, et nous passerons, soit que nous remontions au nord, soit que nous descendions au sud, puisque nous finirons évidemment par tourner cette entaille. Mais après celle-ci, d'autres se présenteront qu'il faudra tourner encore, et ce sera toujours ainsi, pendant des centaines de milles peut-être, tant que durera cette indécise et déplorable température !

— Eh bien, mon lieutenant, c'est ce qu'il faut reconnaître avant de continuer notre voyage, dit le sergent.

— Oui, il le faut, sergent Long, répondit résolûment Jasper Hobson, ou nous risquerions, après avoir fait cinq ou six cents milles en détours et en crochets, de n'avoir même pas franchi la moitié de la distance qui nous sépare de la côte américaine. Oui ! il faut, avant d'aller plus loin, reconnaître la surface de l'icefield, et c'est ce que je vais faire ! »

Puis, sans ajouter une parole, Jasper Hobson se déshabilla, se jeta dans cette eau à demi glacée, et, vigoureux nageur, en quelques brasses il eut atteint l'autre bord de l'entaille, puis il disparut dans l'ombre au milieu des icebergs.

Quelques heures plus tard, Jasper Hobson, épuisé, rentrait au campement, où le sergent l'avait précédé. Il prit le sergent à part et lui fit connaître, ainsi qu'à Mrs. Paulina Barnett, que le champ de glace était impraticable.

« Peut-être, leur dit-il, un homme seul, à pied, sans traîneau, sans bagage, parviendrait-il à passer ainsi ; mais une caravane ne le peut pas ! Les crevasses se multiplient dans l'est, et vraiment un bateau nous serait plus utile qu'un traîneau pour rallier le continent américain !

— Eh bien, répondit le sergent Long, si un homme seul peut tenter ce passage, l'un de nous ne doit-il pas essayer de le faire et d'aller chercher des secours?

— J'ai eu la pensée de partir..., répondit Jasper Hobson.

— Vous, monsieur Jasper?

— Vous, mon lieutenant? »

Ces deux réponses, faites simultanément à la proposition de Jasper Hobson, prouvèrent combien elle était inattendue et semblait inopportune! Lui, le chef de l'expédition, partir! Abandonner ceux qui lui étaient confiés, bien que ce fût pour affronter les plus grands périls, et dans leur intérêt! Non! ce n'était pas possible. Aussi Jasper Hobson n'insista pas.

« Oui, mes amis, dit-il alors, je vous comprends, je ne vous abandonnerai pas. Mais il est inutile aussi que l'un de vous veuille tenter ce passage! En vérité, il ne réussirait pas, il tomberait en route, il périrait, et plus tard, quand se dissoudrait le champ de glace, son corps n'aurait pas d'autre tombeau que le gouffre qui s'ouvre sous nos pieds! D'ailleurs, que ferait-il en admettant qu'il pût atteindre New-Arkhangel? Comment viendrait-il à notre secours? Fréterait-il un navire pour nous chercher? Soit! Mais ce navire ne pourrait passer qu'après la débâcle des glaces! Or, après la débâcle, qui peut savoir où aura été entraînée l'île Victoria, soit dans la mer polaire, soit dans la mer de Behring?

— Oui! vous avez raison, mon lieutenant, répondit le sergent Long. Restons tous ensemble, et si c'est sur un navire que nous devons nous sauver, eh bien, l'embarcation de Mac Nap est encore là, au cap Bathurst, et, du moins, nous n'aurons pas à l'attendre! »

Mrs. Paulina Barnett avait écouté sans prononcer une parole. Elle comprenait bien, elle aussi, que, puisque l'icefield n'offrait pas de passage praticable, il ne fallait plus compter que sur le bateau du charpentier et attendre courageusement la débâcle.

« Et alors, monsieur Jasper, dit-elle, votre parti?...

— Est de retourner à l'île Victoria.

— Revenons donc, et que le ciel nous protége! »

Tout le personnel de la colonie fut réuni alors, et la proposition de revenir en arrière lui fut faite.

La première impression produite par la communication du lieutenant Hobson fut mauvaise. Ces pauvres gens comptaient si bien sur ce rapatriement immédiat à travers l'icefield, que leur désappointement fut presque du désespoir. Mais ils réagirent promptement et se déclarèrent prêts à obéir.

Jasper Hobson leur fit alors connaître les résultats de l'exploration qu'il venait de faire. Il leur apprit que les obstacles s'accumulaient dans l'est, qu'il était matériellement impossible de passer avec tout le matériel de la caravane, matériel absolument indispensable, cependant, à un voyage qui devait durer plusieurs mois.

« En ce moment, ajouta-t-il, nous sommes coupés de toute communication avec la côte américaine, et en continuant à nous avancer dans l'est, au prix de fatigues excessives, nous courons, de plus, le risque de ne pouvoir revenir vers l'île, qui est notre dernier, notre seul refuge. Or, si la débâcle nous trouvait encore sur ce champ de glace, nous serions perdus. Je ne vous ai point dissimulé la vérité, mes amis, mais je ne l'ai point aggravée. Je sais que je parle à des gens énergiques qui savent, eux, que je ne suis point homme à reculer. Je vous répète donc : Nous sommes devant l'impossible ! »

Ces soldats avaient une confiance absolue dans leur chef. Ils connaissaient son courage, son énergie, et quand il disait qu'on ne pouvait passer, c'est que le passage était réellement impraticable.

Le retour au Fort-Espérance fut donc décidé pour le lendemain. Ce retour se fit dans les plus tristes conditions. Le temps était affreux. De grandes rafales couraient à la surface de l'icefield. La pluie tombait à torrents. Que l'on juge de la difficulté de se diriger au milieu d'une obscurité profonde dans ce labyrinthe d'icebergs!

Le détachement n'employa pas moins de quatre jours et quatre nuits à franchir la distance qui le séparait de l'île. Plusieurs traîneaux et leurs attelages furent engloutis dans les crevasses. Cependant le lieutenant Hobson, grâce à sa prudence, à son dévouement, eut le bonheur de ne pas compter une seule victime parmi ses compagnons. Mais que de fatigues, que de dangers, et quel avenir s'offrait à ces infortunés qu'un nouvel hivernage attendait sur l'île errante!

CHAPITRE XIV.

LES MOIS D'HIVER.

Le lieutenant Hobson et ses compagnons ne furent de retour au Fort-Espérance que le 28, et non sans d'immenses fatigues! Ils n'avaient plus à compter maintenant que sur l'embarcation, dont on ne pourrait se servir avant six mois, c'est-à-dire quand la mer serait redevenue libre.

L'hivernage commença donc. Les traîneaux furent

déchargés, les provisions rentrèrent à l'office, et les vêtements, les armes, les ustensiles, les fourrures, dans les magasins. Les chiens réintégrèrent leur « dog-house », et les rennes domestiques, leur étable.

Thomas Black dut s'occuper aussi de son réemménagement, et avec quel désespoir! Le malheureux astronome reporta ses instruments, ses livres, ses cahiers dans sa chambre, et, irrité plus que jamais de « cette fatalité qui s'acharnait contre lui », il resta, comme avant, absolument étranger à tout ce qui se passait dans la factorerie.

Un jour suffit à la réinstallation générale, et alors recommença cette existence des hiverneurs, existence peu accidentée et qui paraîtrait si effroyablement monotone aux habitants des grandes villes. Les travaux d'aiguille, le raccommodage des vêtements, et même l'entretien des fourrures dont une partie du précieux stock, peut-être, pourrait être sauvée, puis l'observation du temps, la surveillance du champ de glace, enfin la lecture, telles étaient les occupations et les distractions quotidiennes. Mrs. Paulina Barnett présidait à tout, et son influence se faisait sentir en toutes choses. Si, parfois, un léger désaccord survenait entre ces soldats, rendus quelquefois difficiles par les agacements du présent et par les inquiétudes de l'avenir, il se dissipait vite aux paroles de Mrs. Paulina Barnett. La voyageuse avait un grand empire sur ce petit monde et ne l'employait jamais qu'au bien commun.

Kalumah s'était de plus en plus attachée à elle. Chacun aimait d'ailleurs la jeune Esquimaude, qui se montrait douce et serviable. Mrs. Paulina Barnett avait entrepris de faire son éducation, et elle y réussissait, car son élève était vraiment intelligente et friande de savoir. Elle la perfectionna dans l'étude de la langue anglaise, et elle lui apprit à lire et à écrire. D'ailleurs, en ces matières, Kalumah trouvait dix maîtres qui se disputaient le plaisir de la former; car, de tous ces soldats, élevés dans les possessions anglaises ou en Angleterre, il n'en était pas un qui ne sût lire, écrire et compter.

La construction du bateau fut activement poussée, et il devait être entièrement bordé et ponté avant la fin du mois. Au milieu de cette obscure atmosphère, Mac Nap et ses hommes travaillaient assidûment à la lueur de résines enflammées, pendant que les autres s'occupaient du gréement dans les magasins de la factorerie. La saison, bien qu'elle fût déjà fort avancée, demeurait toujours indécise. Le froid, quelquefois très-vif, ne tenait pas, — ce qu'il fallait évidemment attribuer à la permanence des vents d'ouest.

Tout le mois de décembre s'écoula dans ces conditions : des pluies et des neiges intermittentes, une température qui varia entre vingt-six et trente-quatre degrés Fahrenheit (3°,33 centigr. au-dessous de zéro et 1°,11 au-dessus). La dépense du combustible fut modérée, bien qu'il n'y eût aucune raison d'économiser les réserves qui étaient abondantes. Mais malheureusement, il n'en était pas ainsi du luminaire. L'huile menaçait de manquer, et Jasper Hobson dut se résoudre à ne faire allumer la lampe que pendant quelques heures de la journée. On essaya bien d'employer la graisse de renne à l'éclairage de la maison, mais l'odeur de cette matière était insoutenable, et mieux valait encore demeurer dans l'ombre. Les travaux étaient alors suspendus, et les heures ainsi passées semblaient bien longues!

Quelques aurores boréales et deux ou trois parasélènes aux époques de la pleine lune apparurent plusieurs fois au-dessus de l'horizon. Thomas Black avait là l'occasion d'observer ces météores avec un soin minutieux, d'obtenir des calculs précis sur leur intensité, leur coloration, leur rapport avec l'état électrique de l'atmosphère, leur influence sur l'aiguille aimantée, etc. Mais l'astronome ne quitta pas même sa chambre! C'était un esprit absolument dévoyé.

Le 30 décembre, à la clarté de la lune, on put voir que, dans tout le nord et l'est de l'île Victoria, une longue ligne circulaire d'icebergs fermait l'horizon. C'était la banquise, dont les masses glacées s'élevaient les unes sur les autres. On pouvait estimer que sa hauteur était comprise entre trois cents et quatre cents pieds. Cette énorme barrière cernait déjà l'île sur les deux tiers de sa circonférence environ, et il était à craindre qu'elle ne se prolongeât encore.

Le ciel fut très-pur pendant la première semaine de janvier. L'année nouvelle — 1861 — avait débuté par un froid assez vif, et la colonne de mercure s'abaissa jusqu'à huit degrés Fahrenheit (13°,33 centigr. au-dessous de zéro). C'était la plus basse température de ce singulier hiver, observée jusqu'ici. Abaissement peu considérable, en tout cas, pour une latitude si élevée.

Le lieutenant Hobson crut devoir faire encore une fois, au moyen d'observations stellaires, le relevé de l'île en latitude et en longitude, et il s'assura que l'île n'avait subi aucun déplacement.

Vers ce temps, quelque économie qu'on y eût apportée, l'huile allait manquer tout à fait. Or le soleil ne devait pas reparaître sous cette latitude avant les premiers jours de février. C'était un laps d'un mois encore, et les hiverneurs étaient menacés de le passer dans l'obscurité la plus complète, quand, grâce à la jeune Esquimaude, l'huile nécessaire à l'alimentation des lampes put être renouvelée.

On était au 3 janvier. Kalumah était allée au pied du cap Bathurst, afin d'observer l'état des glaces. En cet endroit, ainsi que sur toute la partie septentrionale de l'île, l'icefield était plus compacte. Les glaçons dont il se composait, mieux agrégés, ne laissaient point d'intervalles liquides entre eux. La surface du champ, bien qu'extrêmement raboteuse, était partout solide. Ce qui tenait sans doute à ce que l'icefield, poussé au nord par la banquise, avait été fortement pressé entre elle et l'île Victoria.

Toutefois, la jeune Esquimaude, à défaut de crevasses, remarqua plusieurs trous circulaires, nettement découpés dans la glace, dont elle reconnut parfaitement l'usage. C'étaient des trous à phoques, c'est-à-dire que par ces ouvertures, qu'ils empêchaient de se refermer, ces amphibies, emprisonnés sous la croûte solide, venaient respirer à sa surface et chercher sous la neige les mousses du littoral.

Kalumah savait que les ours, pendant l'hiver, accroupis patiemment près de ces trous, guettent le moment où l'amphibie sort de l'eau, qu'ils le saisissent dans leurs pattes, l'étouffent et l'emportent. Elle savait aussi que les Esquimaux, non moins patients que les ours, attendent de même l'apparition de ces animaux, leur lancent un nœud coulant et s'en emparent sans trop de peine.

Or ce que faisaient les ours et les Esquimaux, d'adroits chasseurs pouvaient bien le faire, et, puisque les trous existaient, c'est que les phoques s'en servaient. Or ces phoques, c'était l'huile, c'était la lumière qui manquait alors à la factorerie.

Kalumah revint aussitôt au fort. Elle prévint Jasper Hobson. Celui-ci manda les chasseurs Marbre et Sabine. La jeune indigène leur fit connaître le procédé employé par les Esquimaux pour capturer les phoques pendant l'hiver, et elle leur proposa d'en essayer.

Elle n'avait pas achevé de parler que Sabine avait déjà préparé une forte corde munie d'un nœud coulant.

Le lieutenant Hobson, Mrs. Paulina Barnett, les chasseurs, Kalumah, deux ou trois autres soldats, se rendirent au cap Bathurst, et, tandis que les femmes demeuraient sur le rivage, les hommes s'avancèrent en rampant vers les trous désignés. Chacun d'eux était muni d'une corde et se posta près d'un trou différent.

L'attente fut assez longue. Une heure se passa. Rien ne signalait l'approche des amphibies. Mais enfin, l'un des trous — celui qu'observait Marbre — bouillonna à son orifice. Une tête, armée de longues défenses, apparut. C'était la tête d'un morse. Marbre lança son nœud coulant avec adresse et le serra vivement. Ses compagnons accoururent à son aide, et, non sans peine, malgré sa résisance, le gigantesque amphibie fut extrait de l'élément liquide et entraîné sur la glace. Là, quelques coups de hache l'abattirent.

C'était un succès. Les hôtes du Fort-Espérance prirent goût à cette pêche d'un nouveau genre. D'autres morses furent ainsi capturés. Ils fournirent une huile abondante, — huile animale, il est vrai, et non végétale, — mais elle suffit à l'entretien des lampes, et la lumière ne fit plus défaut aux travailleurs et aux travailleuses de la salle commune.

Cependant le froid ne s'accentuait pas. La température demeurait supportable. Si les hiverneurs eussent été sur le solide terrain du continent, ils n'auraient eu qu'à se féliciter de passer l'hiver dans ces conditions. Ils étaient, d'ailleurs, abrités par la haute banquise contre les brises du nord et de l'ouest, et n'en ressentaient pas l'influence. Le mois de janvier s'avançait, et le thermomètre ne marquait encore que quelques degrés au-dessous de glace.

Mais précisément la douceur de la température avait dû avoir et avait eu pour résultat de ne point solidifier entièrement la mer autour de l'île Victoria. Il était même évident que l'icefield n'était pas pris dans toute son étendue, et que des entailles, plus ou moins importantes, le rendaient impraticable, puisque ni les ruminants ni les animaux à fourrure n'avaient abandonné l'île. Ces quadrupèdes s'étaient familiarisés, apprivoisés à un point qu'on ne saurait croire, et ils semblaient faire partie de la ménagerie domestique du fort.

Suivant les prescriptions du lieutenant Hobson, on respectait ces animaux, qu'il eût été absolument inutile de tuer. On n'abattait les rennes que pour se procurer de la venaison fraîche et renouveler l'ordinaire. Mais les hermines, les martres, les lynx, les rats musqués, les castors, les renards, qui fréquentaient sans crainte les environs du fort, furent laissés tranquilles. Quelques-uns même pénétraient dans l'enceinte et on se gardait bien de les en chasser. Les martres et les renards étaient magnifiques avec leur fourrure d'hiver, et quelques-uns valaient un haut prix. Ces rongeurs, grâce à la douceur de la température, trouvaient aisément une nourriture végétale sous la neige molle et peu épaisse, et ils ne vivaient point sur les réserves de la factorerie.

On attendait donc la fin de l'hiver, non sans appréhension, dans une existence extrêmement monotone, que Mrs. Paulina Barnett cherchait à varier par tous les moyens possibles.

Un seul incident marqua assez tristement ce mois de janvier. Le 7, l'enfant du charpentier Mac Nap fut pris d'une fièvre assez forte. Des maux de tête très-violents, une soif ardente, des alternatives de frisson et de chaleur, eurent bientôt mis le pauvre petit être en un triste état. Que l'on juge du désespoir de sa mère, de maître Mac Nap, de leurs amis! On ne savait que faire, car on ignorait la nature de la maladie, mais sur le conseil de Madge, qui ne perdit point la tête et qui s'y connaissait un peu, le mal fut combattu par des tisanes rafraîchissantes et des cataplasmes. Kalumah se multipliait et passait les jours et les nuits près de l'enfant, sans qu'on pût lui faire prendre un instant de repos.

Mais vers le troisième jour, on n'eut plus de doute sur la nature de la maladie. Une éruption caractéristique couvrit le corps du bébé. C'était une scarlatine d'espèce maligne, qui devait nécessairement amener une inflammation interne.

Il est rare que des enfants d'un an soient frappés de ce mal redoutable et avec cette violence, mais enfin, cela arrive quelquefois. La pharmacie du fort était malheureusement assez incomplète. Toutefois, Madge, qui avait soigné plusieurs cas de scarlatine, connaissait l'efficacité de la teinture de belladone. Elle en administra chaque jour une ou deux gouttes au petit malade, et l'on prit les plus extrêmes précautions pour qu'il ne subît pas le contact de l'air.

L'enfant avait été transporté dans la chambre qu'occupaient son père et sa mère. Bientôt l'éruption fut dans toute sa force, et de petits points rouges se manifestèrent sur sa langue, sur ses èvres, et même sur le globe de l'œil. Mais deux jours après, les taches de la peau prirent une teinte violette, puis blanche, et elles tombèrent en squammes.

C'est alors qu'il fallut redoubler de prudence et combattre l'inflammation interne qui dénotait la malignité de la maladie. Rien ne fut négligé, et l'on peut dire que ce petit être fut admirablement soigné. Ainsi, vers le vingt janvier, douze jours après l'invasion du mal, on put concevoir le légitime espoir de le sauver.

Ce fut une joie dans la factorerie. Ce bébé, c'était l'enfant du fort, l'enfant de troupe, l'enfant du régiment! Il était né sous ce rude climat, au milieu de ces braves gens. Ils l'avaient nommé Michel-Espérance, et ils le regardaient, parmi tant d'épreuves, comme un talisman que le ciel ne voudrait pas leur enlever. Quant à Kalumah, on peut croire qu'elle serait morte de la mort de cet enfant; mais le petit Michel revint peu à peu à la santé, et il sembla qu'il ramenait l'espoir avec lui.

On était arrivé ainsi, au milieu de tant d'inquiéudes, au 23 janvier. La situation de l'île Victoria ne s'était modifiée en aucune façon. L'interminable nuit couvrait encore la mer polaire. Pendant quelques jours, une neige abondante tomba et s'entassa sur le sol de l'île et sur le champ de glace à une hauteur de deux pieds.

Le 27, le fort reçut une visite assez inattendue. Les soldats Belcher et Pen, étant de garde sur le front de l'enceinte, aperçurent, dans la matinée, un ours gigantesque qui se dirigeait tranquillement du côté du fort. Ils rentrèrent dans la salle commune, et signalèrent à Mrs. Paulina Barnett la présence du redoutable carnassier.

« Ce ne peut être que notre ours! » dit Mrs. Paulina Barnett à Jasper Hobson, et tous deux, suivis du sergent, de Sabine et de quelques soldats armés de fusils, ils gagnèrent la poterne.

L'ours était à deux cents pas et marchait tranquillement, sans hésitation, comme s'il eût eu un plan bien arrêté.

« Je le reconnais, s'écria Mrs. Paulina Barnett. C'est ton ours, Kalumah, c'est ton sauveur!

— Oh! ne tuez pas mon ours! s'écria la jeune indigène.

— On ne le tuera pas, répondit le lieutenant Hobson. Mes amis, ne lui faites aucun mal, et il est probable qu'il s'en ira comme il est venu.

— Mais s'il veut pénétrer dans l'enceinte..., dit le sergent Long, qui croyait peu aux bons sentiments des ours polaires.

— Laissez-le entrer, sergent, répondit Mrs. Paulina Barnett. Cet animal-là a perdu toute férocité

Il est prisonnier comme nous, et, vous le savez, les prisonniers...

— Ne se mangent pas entre eux! dit Jasper Hobson, cela est vrai, madame, à la condition, toutefois, qu'ils soient de la même espèce. Mais enfin, on épargnera celui-ci, à votre recommandation. Nous ne nous défendrons que s'il nous attaque. Cependant, je crois prudent de rentrer dans la maison. Il ne faut pas donner de tentations trop fortes à ce carnassier! »

Le conseil était bon. Chacun rentra. On ferma les portes, mais les contrevents des fenêtres ne furent point rabattus.

On put donc, à travers les vitres, suivre les manœuvres du visiteur. L'ours arrivé à la poterne, qui avait été laissée ouverte, repoussa doucement la porte, passa sa tête, examina l'intérieur de la cour, et entra. Arrivé au milieu de l'enceinte, il examina les constructions qui l'entouraient, se dirigea vers l'étable et le chenil, écouta un instant le grognement des chiens qui l'avaient senti, le bramement des rennes qui n'étaient point rassurés, continua son inspection en suivant le périmètre de la palissade, arriva près de la maison principale, et vint enfin appuyer sa grosse tête contre une des fenêtres de la grande salle.

Pour être franc, tout le monde recula, quelques soldats saisirent leurs fusils, et Jasper Hobson commença à craindre d'avoir laissé la plaisanterie aller trop loin.

Mais Kalumah vint placer sa douce figure sur la vitre fragile. L'ours parut la reconnaître, — ce fut, du moins, l'avis de l'Esquimaude, — et, satisfait sans doute, après avoir poussé un bon grognement, il se recula, reprit le chemin de la poterne, puis, ainsi que l'avait dit Jasper Hobson, il s'en alla comme il était venu.

Tel fut l'incident dans toute sa simplicité, incident qui ne se renouvela pas, et les choses reprirent leur cours ordinaire.

Cependant, la guérison du petit enfant marchait bien, et, dans les derniers jours du mois, il avait déjà repris ses bonnes joues et son regard éveillé.

Le 3 février, vers midi, une teinte pâle nuança pendant une heure l'horizon du sud. Un disque jaunâtre se montra un instant. C'était l'astre radieux qui reparaissait pour la première fois, après la longue nuit polaire.

CHAPITRE XV.

UNE DERNIÈRE EXPLORATION.

A dater de cette époque, le soleil s'éleva chaque jour et de plus en plus au-dessus de l'horizon. Mais si la nuit s'interrompait pendant quelques heures. le froid s'accrut, ainsi qu'il arrive fréquemment au mois de février, et le thermomètre marqua un degré Fahrenheit (17° centigr. au-dessous de zéro). C'était la plus basse température qu'il devait indiquer pendant ce singulier hiver.

« A quelle époque se fait la débâcle dans ces mers? demanda un jour la voyageuse à Jasper Hobson.

— Dans les années moyennes, madame, répondit le lieutenant, la rupture des glaces ne s'opère pas avant les premiers jours de mai, mais l'hiver a été si doux que, si de nouveaux froids très-intenses ne se produisent pas, la débâcle pourrait bien se faire au commencement d'avril, — du moins je le suppose.

— Ainsi, nous aurions encore deux mois à attendre? demanda Mrs. Paulina Barnett.

— Oui, deux mois, madame, répondit Jasper Hobson, car il sera prudent de ne pas hasarder trop prématurément notre embarcation au milieu des glaces, et je pense que toutes les chances de réussite seront pour nous, surtout si nous pouvons attendre le moment où l'île sera engagée dans la partie la plus resserrée du détroit de Behring, qui ne mesure pas plus de cent milles de largeur.

— Que dites-vous là, monsieur Jasper? répondit Mrs. Paulina Barnett, assez surprise de la réponse du lieutenant. Oubliez-vous donc que c'est le courant du Kamtchatka, le courant du nord qui nous a reportés où nous sommes, et qu'à l'époque de la débâcle, il pourrait bien nous reprendre et nous reporter plus loin encore?

— Je ne le pense pas, madame, répondit le lieutenant Hobson, et j'ose même assurer que cela ne sera pas. La débâcle se fait toujours du nord au sud, soit que le courant du Kamtchatka se renverse, soit que les glaces prennent le courant de Behring, soit enfin pour toute autre raison qui m'échappe. Mais, invariablement, les icebergs dérivent vers le Pacifique, et c'est là qu'ils vont se dissoudre dans les eaux plus chaudes. Interrogez Kalumah. Elle connaît ces parages, et elle vous dira, comme moi, que la débâcle des glaces se fait du nord au sud. »

Kalumah, interrogée, confirma les paroles du lieutenant. Il paraissait donc probable que l'île, entraînée dans les premiers jours d'avril, serait charriée au sud comme un immense glaçon, c'est-à-dire dans la partie la plus étroite du détroit de Behring, fréquentée, pendant l'été, par les pêcheurs de New-Arkhangel, les pilotes et les pratiques de la côte. Mais en tenant compte de tous les retards possibles et, par conséquent, du temps que l'île mettrait à redescendre vers le sud, on ne pouvait espérer de prendre pied sur le continent avant le mois de mai. Au surplus, bien que le froid n'eût pas été intense, l'île Victoria s'était certainement consolidée, en ce sens que l'épaisseur de sa base de glace avait dû s'accroître, et l'on devait compter qu'elle résisterait pendant plusieurs mois encore.

Les hiverneurs devaient donc s'armer de patience et attendre, toujours attendre!

La convalescence du petit enfant se faisait bien. Le 20 février, il sortit pour la première fois, après quarante jours de maladie. On entend par là qu'il passa de sa chambre dans la grande salle, où les caresses ne lui furent pas épargnées. Sa mère, qui avait eu l'intention de le sevrer à un an, continua de le nourrir, sur le conseil de Madge, et le lait maternel, mêlé quelquefois de lait de renne, lui rendit promptement ses forces. Il trouva mille petits jouets que ses amis, les soldats, avaient fabriqués pendant sa maladie, et l'on s'imagine aisément s'il fut le plus heureux bébé du monde.

La dernière semaine du mois de février fut extrêmement pluvieuse et neigeuse. Il ventait un grand vent de nord-ouest. Pendant quelques jours même, la température s'abaissa assez pour que la neige tombât abondamment. Mais la bourrasque n'en fut pas moins violente. Du côté du cap Bathurst et de la banquise, les bruits de la tempête étaient assourdissants. Les icebergs entre-choqués s'écroulaient avec un bruit comparable aux roulements du tonnerre. Il se faisait une pression dans les glaces du nord qui s'accumulaient sur le littoral de l'île. On pouvait craindre que le cap lui-même, — qui n'était après tout qu'une sorte d'iceberg, coiffé de terre et de sable, — ne fût jeté à bas. Quelques gros glaçons, malgré leur poids, furent chassés jusqu'au pied même de l'enceinte palissadée. Très-heureusement pour la factorerie, le cap tint bon et préserva ses bâtiments d'un écrasement complet.

On comprend bien que la position de l'île Victoria, à l'ouvert d'un détroit resserré, vers lequel s'accumulaient les glaces, était excessivement périlleuse. Elle pouvait être balayée par une sorte d'avalanche horizontale, si l'on peut s'exprimer ainsi, être écrasée par les glaçons poussés du large, avant même de s'abîmer dans les flots. C'était un nouveau danger, ajouté à tant d'autres. Mrs. Paulina Barnett, voyant la force prodigieuse de la poussée du large, et l'irrésistible violence avec laquelle ces blocs s'entassaient, comprit bien quel nouveau péril menaçait l'île à la débâcle prochaine. Elle en parle plusieurs fois au lieutenant Hobson, et celui-ci secoua la tête en homme qui n'a pas de réponse à faire.

La bourrasque tomba complétement vers les premiers jours de mars, et l'on put voir alors combien l'aspect du champ s'était modifié. Il semblait, en effet, que, par une sorte de glissement à la surface de l'icefield, la banquise se fût rapprochée de l'île Victoria. En de certains points, elle n'en était pas distante de plus de deux milles, et se comportait comme les glaciers qui se déplacent, avec cette différence qu'elle marchait, tandis que ceux-ci descendent. Entre la haute barrière et le littoral, le sol, ou plutôt le champ de glace, affreusement convulsionné, hérissé d'hummocks, d'aiguilles rompues, de tronçons renversés, de pyramidions culbutés, houleux comme une mer qui se fût subitement figée au plus fort d'une tempête, n'était plus reconnaissable. On eût dit les ruines d'une ville immense, dont pas un monument ne serait resté debout. Seule, la haute banquise, étrangement profilée, découpant sur le ciel ses cônes, ses ballons, ses crêtes fantaisistes, ses pics aigus, se tenait solidement et encadrait superbement ce fouillis pittoresque.

A cette date, l'embarcation fut entièrement terminée. Cette chaloupe était de forme un peu grossière, comme on devait s'y attendre, mais elle faisait honneur à Mac Nap, et, avec son avant en forme de galiote, elle devait mieux résister au choc des glaces. On eût dit une de ces barques hollandaises qui s'aventurent dans les mers du Nord. Son gréement, qui était achevé, se composait, comme celui d'un cutter, d'une brigantine et d'un foc, supportés sur un seul mât. Les toiles à tente de la factorerie avaient été utilisées pour la voilure.

Ce bâtiment pouvait facilement contenir le personnel de l'île Victoria, et il était évident que si, comme on pouvait l'espérer, l'île s'engageait dans le détroit de Behring, il pourrait aisément franchir même la plus grande distance qui pût le séparer alors de la côte américaine. Il n'y avait donc plus qu'à attendre la débâcle des glaces.

Le lieutenant Hobson eut alors l'idée d'entreprendre une assez longue excursion au sud-est, dans le but de reconnaître l'état de l'icefield, d'observer s'il présentait des symptômes de prochaine dissolution, d'examiner la banquise elle-même, de voir enfin si, dans l'état actuel de la mer, tout passage vers le continent américain était encore obstrué. Bien des incidents, bien des hasards pouvaient se produire avant que la rupture des glaces eût rendu la mer libre, et opérer une reconnaissance du champ de glace était un acte de prudence.

L'expédition fut donc résolue, et le départ fixé

au 7 mars. La petite troupe se composa du lieutenant Hobson, de la voyageuse, de Kalumah, de Marbre et de Sabine. Il était convenu que, si la route était praticable, on chercherait un passage à travers la banquise, mais qu'en tout cas, Mrs. Paulina Barnett et ses compagnons ne prolongeraient pas leur absence au delà de quarante-huit heures.

Les vivres furent donc préparés, et le détachement, bien armé, à tout hasard, quitta le Fort-Espérance dans la matinée du 7 mars et se dirigea vers le cap Michel.

Le thermomètre marquait alors trente-deux degrés Fahrenheit (0 centigr.) L'atmosphère était légèrement brumeuse, mais calme. Le soleil décrivait son arc diurne pendant sept ou huit heures déjà au-dessus de l'horizon, et ses rayons obliques projetaient une clarté suffisante sur tout le massif des glaces.

A neuf heures, après une courte halte, le lieutenant Hobson et ses compagnons descendaient le talus du cap Michel et s'avançaient sur le champ dans la direction du sud-est. De ce côté, la banquise ne s'élevait pas à trois milles du cap.

La marche fut assez lente, on le pense bien. A tout moment, il fallait tourner, soit une crevasse profonde, soit un infranchissable hummock. Aucun traîneau n'aurait évidemment pu s'aventurer sur cette route raboteuse. Ce n'était qu'un amoncellement de blocs de toute taille et de toutes formes, dont quelques-uns ne se tenaient que par un miracle d'équilibre. D'autres étaient tombés récemment, ainsi qu'on le voyait à leurs cassures nettes, à leurs angles affilés comme des lames. Mais, au milieu de ces éboulis, pas une trace qui annonçât le passage d'un homme ou d'un animal ! Nul être vivant dans ces solitudes, que les oiseaux avaient eux-mêmes abandonnées !

Mrs. Paulina Barnett se demandait, non sans étonnement, comment, si on était parti en décembre, on aurait pu franchir cet icefield bouleversé, mais le lieutenant Hobson lui fit observer qu'à cette époque le champ de glace ne présentait pas cet aspect. L'énorme pression, provoquée par la banquise, ne s'était pas alors produite, et on aurait trouvé un champ relativement uni. Le seul obstacle avait donc été dans le défaut de solidification, et non ailleurs. Le passage était impraticable, il est vrai, par suite des aspérités de l'icefield ; mais au commencement de l'hiver, ces aspérités n'existaient pas.

Cependant, on s'approchait de la haute barrière. Presque toujours, Kalumah précédait la petite troupe. La vive et légère indigène, comme un chamois dans les roches alpestres, marchait d'un pied sûr, au milieu des glaçons. C'était merveille de la voir courir ainsi, sans une hésitation sans une erreur, et suivre, d'instinct pour ainsi dire, le meilleur passage dans ce labyrinthe d'icebergs. Elle allait, venait, appelait, et on pouvait la suivre de confiance.

Vers midi, la vaste base de la banquise était atteinte, mais on n'avait pas mis moins de trois heures à faire trois milles.

Quelle imposante masse que cette barrière de glaces, dont certains sommets s'élevaient à plus de quatre cents pieds au-dessus de l'icefield! Les strates qui la formaient se dessinaient nettement. Des teintes diverses, des nuances d'une extrême délicatesse en coloraient les parois glacées. On la voyait par longues places, tantôt irisée, tantôt jaspée, et partout niellée d'arabesques ou piquetée de paillettes lumineuses. Aucune falaise, si étrangement découpée qu'elle eût été, n'aurait pu donner une idée de cette banquise, opaque en un endroit, diaphane en un autre, et sur laquelle la lumière et l'ombre produisaient les jeux les plus étonnants.

Mais il fallait bien se garder de trop approcher ces masses sourcilleuses, dont la solidité était fort problématique. Les déchirements et les fracas étaient fréquents à l'intérieur. Il se faisait là un travail de désagrégation formidable. Les bulles d'air, emprisonnées dans la masse, poussaient à sa destruction, et l'on sentait bien tout ce qu'avait de fragile cet édifice élevé par le froid, qui ne survivrait pas à l'hiver arctique, et qui se résoudrait en eau sous les rayons du soleil. Il y avait là de quoi alimenter de véritables rivières !

Le lieutenant Hobson avait dû prémunir ses compagnons contre le danger des avalanches, qui à chaque instant découronnaient le sommet de la banquise. Aussi la petite troupe n'en longeait-elle la base qu'à une certaine distance. Et on eut raison d'agir prudemment, car, vers deux heures, à l'angle d'une vallée que Mrs. Paulina Barnett et ses compagnons se disposaient à traverser, un bloc énorme, pesant plus de cent tonnes, se détacha du sommet de la barrière de glace et tomba sur l'icefield avec un épouvantable fracas. Le champ creva sous le choc et l'eau fut projetée à une grande hauteur. Fort heureusement, personne ne fut atteint par les fragments du bloc, qui éclata comme une bombe.

Depuis deux heures jusqu'à cinq, on suivit une vallée étroite, sinueuse, qui s'enfonçait dans la banquise. La traversait-elle dans toute sa largeur? C'est ce que l'on ne pouvait savoir. La structure intérieure de la haute barrière put être ainsi examinée. Les blocs qui la composaient étaient rangés avec une plus grande symétrie que sur son revêtement extérieur. En plusieurs endroits apparaissaient des troncs d'arbres, engagés dans la masse, arbres non d'essence polaire, mais d'essence tropicale. Venus évidemment par le courant du Gulf-stream jusqu'aux régions arctiques, ils avaient été repris par les glaces et retourneraient à l'Océan avec elles. On vit aussi quelques épaves, des restes de carènes et des membrures de bâtiments.

Vers cinq heures, l'obscurité, déjà assez grande, arrêta l'exploration. On avait fait deux milles environ dans la vallée, très-encombrée et peu praticable, mais ses sinuosités empêchaient d'évaluer le chemin parcouru en droite ligne.

Jasper Hobson donna alors le signal de halte. En une demi-heure, Marbre et Sabine, armés de couteaux à neige, eurent creusé une grotte dans le massif. La petite troupe s'y blottit, soupa, et, la fatigue aidant, s'endormit presque aussitôt.

Le lendemain, tout le monde était sur pied à huit heures, et Jasper Hobson reprenait le chemin de la vallée pendant un mille encore, afin de reconnaître si elle ne traversait pas la banquise dans toute sa largeur. D'après la situation du soleil, sa direction, après avoir été vers le nord-est, semblait se rabattre vers le sud-est.

A onze heures, le lieutenant Hobson et ses compagnons débouchaient sur le revers opposé de la banquise. Ainsi donc, on n'en pouvait douter, le passage existait.

Toute cette partie orientale de l'icefield présentait le même aspect que sa portion occidentale. Même fouillis de glaces, même hérissement de blocs. Les icebergs et les hummocks s'étendaient à perte de vue, séparés par quelques parties planes, mais étroites, et coupés de nombreuses crevasses dont les bords étaient déjà en décomposition. C'était aussi la même solitude, le même abandonnement. Pas un animal, pas un oiseau.

Mrs. Paulina Barnett, montée au sommet d'un hummock, resta pendant une heure à considérer ce paysage polaire, si triste au regard. Elle songeait, malgré elle, à ce départ qui avait été tenté cinq mois auparavant. Elle se représentait tout le personnel de la factorerie, toute cette misérable caravane, perdue dans la nuit, au milieu de ces solitudes glacées, et cherchant, parmi tant d'obstacles et tant de périls, à gagner le continent américain.

Le lieutenant Hobson l'arracha enfin à ses rêveries.

« Madame, lui dit-il, voilà plus de vingt-quatre heures que nous avons quitté le fort. Nous connaissons maintenant quelle est l'épaisseur de la banquise; et puisque nous avons promis de ne pas prolonger notre absence au delà de quarante-huit heures, je crois qu'il est temps de revenir sur nos pas. »

Mrs. Paulina Barnett se rendit à cette observation. Le but de l'exploration avait été atteint. La banquise n'offrait qu'une épaisseur médiocre, et elle se dissoudrait assez promptement, sans doute, pour livrer immédiatement passage au bateau de

Mac Nap, après la débâcle des glaces. Il ne restait donc plus qu'à revenir, car le temps pouvait changer, et des tourbillons de neige eussent rendu peu praticable la vallée transversale.

On déjeuna, et on repartit vers une heure après midi. A cinq heures, on campait comme la veille dans une hutte de glace, la nuit s'y passait sans accident, et le lendemain, 9 mars, le lieutenant Hobson donnait à huit heures du matin le signal du départ.

Le temps était beau. Le soleil qui se levait dominait déjà la banquise et lançait quelques rayons à travers la vallée. Jasper Hobson et ses compagnons lui tournaient le dos, puisqu'ils marchaient vers l'ouest, mais leurs yeux saisissaient l'éclat des rayons réverbérés par les parois de glace, qui s'entre-croisaient devant eux.

Mrs. Paulina Barnett et Kalumah marchaient un peu en arrière, causant, observant et suivant les étroits passages indiqués par Sabine et Marbre. On espérait bien avoir retraversé la banquise pour midi, et franchi les trois milles qui la séparaient de l'île Victoria avant une ou deux heures. De cette façon, les excursionnistes seraient de retour au fort avec le coucher du soleil. Ce seraient quelques heures de retard, mais dont leurs compagnons n'auraient pas à s'inquiéter sérieusement.

On comptait sans un incident, que certainement

aucune perspicacité humaine ne pouvait prévoir.

Il était dix heures environ, quand Marbre et Sabine, qui marchaient à vingt pas en avant, s'arrêtèrent. Ils semblaient discuter. Le lieutenant, Mrs. Paulina Barnett et la jeune indigène les ayant rejoints, virent que Sabine, tenant sa boussole à la main, la montrait à son compagnon, qui la considérait d'un air étonné.

« Voilà une chose bizarre! s'écria-t-il en s'adressant à Jasper Hobson. Me direz-vous, mon lieutenant, de quel côté est située notre île par rapport à la banquise? Est-ce à l'est ou à l'ouest?

— A l'ouest, répondit Jasper Hobson, assez surpris de cette question, vous le savez bien, Marbre.

— Je le sais bien!... je le sais bien!... répondit Marbre, en hochant la tête. Mais alors, si c'est à l'ouest, nous faisons fausse route et nous nous éloignons de l'île!

— Comment! nous nous en éloignons! dit le lieutenant, très-étonné du ton affirmatif du chasseur.

— Sans doute, mon lieutenant, répondit Marbre; consultez la boussole, et que je perde mon nom, si elle n'indique pas que nous marchons vers l'est et non vers l'ouest!

— Ce n'est pas possible! dit la voyageuse.

— Regardez, madame, » répondit Sabine.

En effet, l'aiguille aimantée marquait le nord

dans une direction absolument opposée à celle que l'on supposait. Jasper Hobson réfléchit et ne répondit pas.

« Il faut que nous nous soyons trompés ce matin en quittant notre maison de glace, dit Sabine. Nous aurons pris à gauche au lieu de prendre à droite.

— Non! s'écria Mrs. Paulina Barnett, ce n'est pas possible! Nous ne nous sommes pas trompés!

— Mais... dit Marbre.

— Mais, répondit Mrs. Paulina Barnett, voyez le soleil! Est-ce qu'il ne se lève plus dans l'est, à présent? Or, comme nous lui avons tourné le dos depuis ce matin, et que nous le lui tournons encore, il est manifeste que nous marchons vers l'ouest. Donc, comme l'île est à l'ouest, nous la retrouverons en débouchant de la vallée sur la partie occidentale de la banquise. »

Marbre, stupéfait de cet argument auquel il ne pouvait répondre, se croisa les bras.

« Soit, dit Sabine, mais alors la boussole et le soleil sont en contradiction complète?

— Oui, en ce moment du moins, répondit Jasper Hobson, et cela ne tient uniquement qu'à ceci : c'est que sous les hautes latitudes boréales, et dans les parages qui avoisinent le pôle magnétique, il arrive quelquefois que les boussoles sont affolées, et que leurs aiguilles donnent des indications absolument fausses.

« — Bon, dit Marbre, il faut donc poursuivre notre route en continuant de tourner le dos au soleil?

— Sans aucun doute, répondit le lieutenant Hobson. Il me semble qu'entre la boussole et le soleil, il n'y a pas à hésiter. Le soleil ne se dérange pas, lui ! »

La marche fut reprise, les marcheurs ayant le soleil derrière eux, et il est certain qu'aux arguments de Jasper Hobson, arguments tirés de la position de l'astre radieux, il n'y avait rien à objecter.

La petite troupe s'avança donc dans la vallée, mais pendant un temps plus long qu'elle ne le supposait. Jasper Hobson comptait l'avoir franchie avant midi, et il était plus de deux heures quand il se trouva enfin au débouché de l'étroit passage.

Ce retard, assez bizarre, n'avait pas laissé de l'inquiéter, mais que l'on juge de sa stupéfaction profonde et de celle de ses compagnons, quand, en prenant pied sur le champ de glace, à la base de la banquise, ils n'aperçurent plus l'île Victoria qu'ils auraient dû avoir en face d'eux!

Non! l'île, fort reconnaissable de ce côté, grâce aux arbres qui couronnaient le cap Michel, n'était plus là! A sa place s'étendait un immense champ de glace, sur lequel les rayons solaires, passant par-dessus la banquise, s'étendaient à perte de vue!

Le lieutenant Hobson, Mrs. Paulina Barnett, Kalumah, les deux chasseurs regardaient et se regardaient.

« L'île devrait être là ! s'écria Sabine.

— Et elle n'y est plus ! répondit Marbre. Ah çà, mon lieutenant, qu'est-elle devenue ? »

Mrs. Paulina Barnett, abasourdie, ne savait que répondre. Jasper Hobson ne prononçait pas une parole.

En ce moment, Kalumah s'approcha du lieutenant Hobson, lui toucha le bras et dit :

« Nous nous sommes égarés dans la vallée, nous l'avons remontée au lieu de la descendre, et nous nous retrouvons à l'endroit où nous étions hier, après avoir traversé pour la première fois la banquise. Venez, venez ! »

Et machinalement, pour ainsi dire, le lieutenant Hobson, Mrs. Paulina Barnett, Marbre, Sabine, se fiant à l'instinct de la jeune indigène, se laissèrent emmener, et s'engagèrent de nouveau dans l'étroit passage, en revenant sur leurs pas. Et pourtant les apparences étaient contre Kalumah, à consulter la position du soleil !

Mais Kalumah ne s'était pas expliquée, et se contentait de murmurer en marchant :

« Marchons ! vite ! vite ! »

Le lieutenant, la voyageuse et leurs compagnons étaient donc exténués et se traînaient à peine, quand, la nuit venue, après trois heures de route, ils se retrouvèrent de l'autre côté de la banquise. L'obscurité les empêchait de voir si l'île était là, mais ils ne restèrent pas longtemps dans l'incertitude.

En effet, à quelques centaines de pas, sur le champ de glace, des résines embrasées se promenaient en tous sens et des coups de fusil éclataient dans l'air. On appelait.

A cet appel, la petite troupe répondit, et fut bientôt rejointe par le sergent Long, Thomas Black, que l'inquiétude sur le sort de ses amis avait enfin tiré de sa torpeur, et d'autres encore, qui accoururent au-devant d'eux. Et, en vérité, ces pauvres gens avaient été bien inquiets, car ils avaient lieu de supposer, — ce qui était vrai d'ailleurs, — que Jasper Hobson et ses compagnons s'étaient égarés en voulant regagner l'île.

Et pourquoi devaient-ils penser ainsi, eux qui étaient restés au Fort-Espérance? Pourquoi devaient-ils croire que le lieutenant et sa petite troupe s'égareraient au retour?

C'est que, depuis vingt-quatre heures, l'immense champ de glace et l'île avec lui s'étaient déplacés et avaient fait un demi-tour sur eux-mêmes. C'est que, par suite de ce déplacement, ce n'était plus à l'ouest, mais à l'est de la banquise qu'il fallait désormais chercher l'île errante!

CHAPITRE XVI.

LA DÉBACLE.

Deux heures après, tous étaient rentrés au Fort-Espérance. Le lendemain, 10 mars, le soleil illumina d'abord cette partie du littoral qui formait autrefois la portion occidentale de l'île. Le cap Bathurst, au lieu de pointer au nord, pointait au sud. La jeune Kalumah, à qui ce phénomène était connu, avait eu raison, et si le soleil ne s'était pas trompé, la boussole, non plus, n'avait pas eu tort!

Ainsi donc, l'orientation de l'île Victoria était encore une fois changée et plus complétement. Depuis le moment où elle s'était détachée de la terre américaine, l'île avait fait un demi-tour sur elle-même, et non-seulement l'île, mais l'immense icefield qui l'emprisonnait. Ce déplacement sur son centre prouvait que le champ de glace ne se reliait plus au continent, qu'il s'était détaché du littoral, et, conséquemment, que la débâcle ne pouvait tarder à se produire.

« En tout cas, dit le lieutenant Hobson à Mrs. Paulina Barnett, ce changement de front ne peut que nous être favorable. Le cap Bathurst et le Fort-Espérance se sont tournés vers le sud-est, c'est-à-dire vers le point qui se rapproche le plus du continent, et maintenant la banquise, qui n'eût laissé qu'un étroit et difficile passage à notre embarcation, ne s'élève plus entre l'Amérique et nous.

— Ainsi, tout est pour le mieux? demanda Mrs. Paulina Barnett en souriant.

— Tout est pour le mieux, madame, » répondit Jasper Hobson, qui avait justement apprécié les conséquences du changement d'orientation de l'île Victoria.

Du 10 au 21 mars, aucun incident ne se produisit, mais on pouvait déjà pressentir les approches de la saison nouvelle. La température se maintenait entre quarante-trois et cinquante degrés Fahrenheit (6° et 10° centigr. au-dessus de zéro). Sous l'influence du dégel, la rupture des glaces tendait à se faire subitement. De nouvelles crevasses s'ouvraient, et l'eau libre se projetait à la surface du champ. Suivant l'expression pittoresque des baleiniers, ces crevasses étaient autant de blessures par lesquelles l'icefield « saignait ». Le fracas des glaçons qui se brisaient était comparable alors à des détonations d'artillerie. Une pluie assez chaude, qui tomba pendant plusieurs jours, ne pouvait manquer d'activer la dissolution de la surface solidifiée de la mer.

Les oiseaux qui avaient abandonné l'île errante au commencement de l'hiver revinrent en grand nombre, ptarmigans, guillemots, puffins, canards, etc. Marbre et Sabine en tuèrent un certain nombre, dont quelques-uns portaient encore au cou le billet que le lieutenant et la voyageuse leur avaient confié quelques mois auparavant. Des bandes de cygnes blancs reparurent aussi et firent retentir les airs du son de leur éclatante trompette. Quant aux quadrupèdes, rongeurs et carnassiers, ils continuaient de fréquenter, suivant leur habitude, les environs de la factorerie, comme de véritables animaux domestiques.

Presque chaque jour, toutes les fois que l'état du ciel le permettait, le lieutenant Hobson prenait hauteur. Quelquefois même, Mrs. Paulina Barnett, devenue fort habile au maniement du sextant, l'aidait ou le remplaçait même dans ses observations. Il était très-important, en effet, de constater les moindres changements qui se seraient effectués en latitude ou en longitude dans la position de l'île. La grave question des deux courants était toujours pendante, et de savoir si, après la débâcle, on serait emporté au sud ou au nord, voilà ce qui préoccupait par-dessus tout Jasper Hobson et Mrs. Paulina Barnett.

Il faut dire que cette vaillante femme montrait en tout et toujours une énergie supérieure à son sexe. Ses compagnons la voyaient chaque jour, bravant les fatigues, le mauvais temps, sous la pluie, sous la neige, opérant une reconnaissance de quelque partie de l'île, s'aventurant à travers l'icefield à demi décomposé; puis, à son retour, réglant la vie intérieure de la factorerie, prodiguant ses soins et ses conseils, et toujours activement secondée par sa fidèle Madge.

Mrs. Paulina Barnett avait courageusement envisagé l'avenir, et des craintes qui l'assaillaient parfois, de certains pressentiments que son esprit ne pouvait dissiper, elle ne laissait jamais rien paraître. C'était toujours la femme confiante, encourageante que l'on connaît, et personne n'aurait pu deviner sous son humeur égale les vives préoccupations dont elle ne pouvait être exempte. Jasper Hobson l'admirait profondément.

Il avait aussi une entière confiance en Kalumah, et il s'en rapportait souvent à l'instinct naturel de la jeune Esquimaude, absolument comme un chasseur se fie à l'instinct de son chien. Kalumah, très-intelligente, d'ailleurs, était familiarisée avec tous les incidents comme avec tous les phénomènes des régions polaires. A bord d'un baleinier, elle eût certainement remplacé avec avantage « l'ice-master », ce pilote auquel est spécialement confiée la direction du navire au milieu des glaces. Chaque jour, Kalumah allait reconnaître l'état de l'icefield, et rien qu'au bruit des icebergs qui se fracassaient au loin, la jeune indigène devinait les progrès de la décomposition. Jamais, aussi, pied plus sûr que le sien ne s'était aventuré sur les glaçons. D'instinct, elle sentait lorsque la glace, « pourrie par-dessous », n'offrait plus qu'un point d'appui trop fragile, et elle cheminait sans une seule hésitation à travers l'icefield troué de crevasses.

Du 20 au 30 mars, le dégel fit de rapides progrès. Les pluies furent abondantes et activèrent la dissolution des glaces. On pouvait espérer qu'avant peu l'icefield se diviserait, et peut-être quinze jours ne se passeraient-ils pas sans que le lieutenant Hobson, profitant des eaux libres, pût lancer son navire à travers les glaces. Ce n'était point un homme à hésiter, quand il pouvait redouter, d'ailleurs, que l'île fût entraînée au nord, pour peu que le courant du Kamtchatka l'emportât sur le courant de Behring.

« Mais, répétait souvent Kalumah, cela n'est pas à craindre. La débâcle ne remonte pas, elle descend, et le danger est là! » disait-elle, en montrant le sud, où s'étendait l'immense mer du Pacifique.

La jeune Esquimaude était absolument affirmative. Le lieutenant Hobson connaissait son opinion bien arrêtée sur ce point, et il se rassurait, car il ne considérait pas comme un danger que l'île allât se perdre dans les eaux du Pacifique. En effet, auparavant, tout le personnel de la factorerie serait embarqué à bord de la chaloupe, et le trajet serait nécessairement court pour gagner l'un ou l'autre continent, puisque le détroit formait un véritable entonnoir entre le cap Oriental, sur la côte asiatique, et le cap du Prince-de-Galles, sur la côte américaine.

On comprend donc avec quelle attention il fallait surveiller les moindres déplacements de l'île. Le point dut donc être fait toutes les fois que le permit l'état du ciel, et, dès cette époque, le lieutenant Hobson et ses compagnons prirent toutes leurs précautions en prévision d'un embarquement prochain, et peut-être précipité.

Comme on le pense bien, les travaux spéciaux à l'exploitation de la factorerie, c'est-à-dire les chasses, l'entretien des trappes, furent abandonnés. Les magasins regorgeaient de fourrures, qui seraient perdues pour la plus grande partie. Les chasseurs et les trappeurs chômaient donc. Quant au maître charpentier et à ses hommes, ils avaient achevé l'embarcation, et en attendant le moment de la lancer à l'eau, quand la mer serait libre, ils s'occupèrent de consolider la maison principale du fort, qui, pendant la débâcle, serait peut-être exposée à subir une pression considérable des glaçons du littoral, si le cap Bathurst ne leur opposait pas un obstacle suffisant. De forts étançons furent donc appliqués aux murailles de bois. On disposa à l'intérieur des chambres des étais placés verticalement, qui multiplièrent les points d'appui aux poutres du plafond. La maison, dont les fermes furent renforcées par des jambettes et des arcs-boutants, put dès lors supporter des poids considérables, car elle était pour ainsi dire casematée. Ces divers travaux s'achevèrent dans les premiers jours d'avril, et l'on put constater bientôt non-seulement leur utilité, mais aussi leur opportunité.

Cependant, les symptômes de la saison nouvelle s'accusaient davantage chaque jour. Ce printemps était singulièrement précoce, car il succédait à un hiver qui avait été étrangement doux pour des régions polaires. Quelques bourgeons apparaissaient aux arbres. L'écorce des bouleaux, des saules, des arbousiers, se gonflait en maint endroit sous la séve dégelée. Les mousses nuançaient d'un vert pâle les talus exposés directement au soleil, mais elles ne devaient pas fournir une récolte abondante, car les rongeurs, accumulés aux environs du fort et friands de nourriture, leur laissaient à peine le temps de sortir de terre.

Si quelqu'un fut malheureux alors, ce fut sans contredit l'honnête caporal. L'époux de Mrs. Joliffe était, on le sait, préposé à la garde des terrains ensemencés par sa femme. En toute autre circonstance, il n'aurait eu à défendre que du bec de ces pillards ailés, guillemots ou puffins, sa moisson d'oseille et de chochléarias. Un mannequin eût suffi à effrayer ces voraces oiseaux, et à plus forte raison le caporal en personne. Mais, cette fois, aux oiseaux se joignaient tous les rongeurs et ruminants de la faune arctique. L'hiver ne les avait point chassés; l'instinct du danger les retenait aux abords de la factorerie, et rennes, lièvres polaires, rats musqués, musaraignes, martres, etc., bravaient toutes les menaces du caporal. Le pauvre homme n'y pouvait suffire. Quand il défendait un bout de son champ, on dévorait l'autre.

Certes, il eût été plus sage de laisser à ces nombreux ennemis une récolte qu'on ne pourrait pas utiliser, puisque la factorerie devait être abandonnée sous peu. C'était même le conseil que Mrs. Paulina Barnett donnait à l'entêté caporal, quand celui-ci, vingt fois par jour, venait la fatiguer de ses doléances; mais le caporal Joliffe ne voulait absolument rien entendre.

« Tant de peine perdue! répétait-il. Quitter un tel établissement quand il est en voie de prospérité! Sacrifier ces graines que madame Joliffe et moi, nous avons semées avec tant de sollicitude!... Ah! madame! il me prend quelquefois l'envie de vous laisser partir, vous et tous les autres, et de rester moi et mon épouse! Je suis sûr que la Compagnie consentirait à nous abandonner cette île en toute propriété... »

A cette réflexion saugrenue, Mrs. Paulina Barnett ne pouvait s'empêcher de rire, et elle renvoyait le caporal à sa petite femme, qui, elle, avait fait depuis longtemps le sacrifice de son oseille, de ses chochléarias et autres antiscorbutiques, désormais sans emploi.

Il convient d'ajouter ici que la santé des hiverneurs, hommes et femmes, était excellente. La maladie, au moins, les avait épargnés. Le bébé lui-même avait parfaitement repris et poussait à merveille sous les premiers rayons de printemps.

Pendant les journées des 2, 3, 4 et 5 avril, le dégel continua franchement. La chaleur était sensible, mais le temps couvert. La pluie tombait fréquemment et à grosses gouttes. Le vent soufflait du sud-ouest, tout chargé des chaudes molécules du continent. Mais dans cette atmosphère embrumée, il fut impossible de faire une seule observation. Ni soleil, ni lune, ni étoile, n'apparurent à travers ce rideau opaque. Circonstance regrettable, puisqu'il était si important d'observer les moindres mouvements de l'île Victoria.

Ce fut dans la nuit du 7 au 8 avril que la débâcle commença véritablement. Au matin, le lieutenant Hobson, Mrs. Paulina, Kalumah et le sergent Long, s'étant portés sur le sommet du cap Bathurst, constatèrent une certaine modification de la banquise. L'énorme barrière, partagée presque en son milieu, formait alors deux parties distinctes, et il semblait que la portion supérieure cherchait à s'élever vers le nord.

Était-ce donc l'influence du courant kamtchatkal qui se faisait sentir? L'île errante allait-elle prendre la même direction? On comprend combien furent vives les craintes du lieutenant et de ses compagnons. Leur sort pouvait se décider en quelques heures, car si la fatalité les entraînait au nord pendant quelques centaines de milles encore, ils auraient grand'peine à regagner le continent sur une embarcation aussi petite que la leur.

Malheureusement, les hiverneurs n'avaient aucun moyen d'apprécier la valeur et la nature du déplacement qui se produisait. Toutefois, on put constater que l'île ne se mouvait pas encore, — du moins dans le sens de la banquise, puisque le mouvement de celle-ci était sensible. Il paraissait donc probable qu'une portion de l'icefield s'était séparée et remontait au nord, tandis que celle qui enveloppait l'île demeurait encore immobile.

Du reste, ce déplacement de la haute barrière de glace n'avait aucunement modifié les opinions de la jeune Esquimaude. Kalumah soutenait que la débâcle se ferait vers le sud, et que la banquise elle même ne tarderait pas à ressentir l'influence du courant de Behring. Kalumah, au moyen d'un petit morceau de bois, avait figuré sur le sable la disposition du détroit, afin de se mieux faire comprendre, et, après en avoir tracé la direction, elle montrait que l'île, en le suivant, se rapprocherait de la côte américaine. Aucune objection ne put ébranler son idée à cet égard, et, vraiment, on se sentait presque rassuré en écoutant l'intelligente indigène s'expliquer d'une manière si affirmative.

Cependant, les journées du 8, du 9 et du 10 avril sémblèrent donner tort à Kalumah. La portion septentrionale de la banquise s'éloigna de plus en plus vers le nord. La débâcle s'opérait à grand bruit et sur une vaste échelle. La dislocation se manifestait sur tous les points du littoral avec un fracas assourdissant. Il était impossible de s'entendre en plein air. Des détonations retentissaient incessamment, comparables aux décharges continues d'une formidable artillerie. A un demi-mille du rivage, dans tout le secteur dominé par le cap Bathurst, les glaçons commençaient déjà à s'élever les uns sur les autres. La banquise s'était alors cassée en morceaux nombreux, qui faisaient autant de montagnes et dérivaient vers le nord. Du moins, c'était le mouvement apparent de ces icebergs. Le lieutenant Hobson, sans le dire, était de plus en plus inquiet, et les affirmations de Kalumah ne parvenaient pas à le rassurer. Il faisait des objections, auxquelles la jeune Esquimaude résistait opiniâtrément.

Enfin, un jour, — dans la matinée du 11 avril, — Jasper Hobson montra à Kalumah les derniers icebergs qui allaient disparaître dans le nord, et il la pressa encore une fois d'arguments que les faits semblaient rendre irréfutables.

« Eh bien, non! non! répondit Kalumah avec une conviction plus enracinée que jamais dans son esprit, non! Ce n'est pas la banquise qui remonte au nord, c'est notre île qui descend au sud! »

Kalumah avait raison peut-être! Jasper Hobson fut extrêmement frappé de sa réponse si affirmative. Il était vraiment possible que le déplacement de la banquise ne fût qu'apparent, et qu'au contraire, l'île Victoria, entraînée par le champ de glace, dérivât vers le détroit. Mais cette dérive, si elle existait, on ne pouvait la constater, on ne pouvait l'estimer, on ne pouvait la relever ni en longitude, ni en latitude.

En effet, le temps non-seulement demeurait couvert et impropre aux observations, mais, par malheur, un phénomène, particulier aux régions polaires, le rendit encore plus obscur et restreignit absolument le champ de la vision.

En effet, précisément au moment de cette débâcle, la température s'était abaissée de plusieurs degrés. Un brouillard intense enveloppa bientôt tous ces parages de la mer Arctique, mais ce n'était point un brouillard ordinaire. Le sol se recouvrit à sa surface, d'une croûte blanche, très-distincte de la gelée, — celle-ci n'étant qu'une vapeur aqueuse qui se congèle après sa précipitation. Les particules très-déliées qui composaient ce brouillard s'attachaient aux arbres, aux arbustes, aux murailles du fort, à tout ce qui faisait saillie, et y formaient bientôt une couche épaisse, que hérissaient des fibres prismatiques ou pyramidales, dont la pointe se dirigeait du côté du vent.

Jasper Hobson reconnut alors ce météore dont les baleiniers et les hiverneurs ont souvent noté l'apparition, au printemps, dans les régions polaires.

« Ce n'est point un brouillard, dit-il à ses compagnons, c'est un « frost-rime », une fumée-gelée, une vapeur dense, qui se maintient dans un état complet de congélation. »

Mais, brouillard ou fumée gelée, l'apparition de ce météore n'en était pas moins regrettable, car il occupait une hauteur de cent pieds, au moins, au-dessus du niveau de la mer, et telle était sa complète opacité que, placées à trois pas l'une de l'autre, deux personnes ne pouvaient s'apercevoir.

Le désappointement des hiverneurs fut grand. Il semblait que la nature ne voulût leur épargner aucun ennui. C'était au moment où se produisait la débâcle, au moment où l'île errante allait redevenir libre des liens qui l'enchaînaient depuis tant de mois, au moment enfin où ses mouvements devaient être surveillés avec plus d'attention, que ce brouillard venait empêcher toute observation!.

Et ce fut ainsi pendant quatre jours! Le frost-rime ne se dissipa que le 15 avril. Pendant la matinée, une violente brise du sud le déchira et l'anéantit.

Le soleil brillait. Le lieutenant Hobson se jeta sur ses instruments. Il prit hauteur, et le résultat de ses calculs pour les coordonnées actuelles de l'île fut celui-ci :

Latitude : 69° 57′ ;

Longitude : 179° 33′.

Kalumah avait eu raison. L'île Victoria, saisie par le courant de Behring, dérivait vers le sud.

CHAPITRE XVII.

L'AVALANCHE.

Les hiverneurs se rapprochaient donc enfin des parages plus fréquentés de la mer de Behring. Ils n'avaient plus à craindre d'être entraînés au nord.

Il ne s'agissait plus que de surveiller le déplacement de l'île, et d'en estimer la vitesse, qui, en raison des obstacles, devait être fort inégale. C'est à quoi s'occupa très-minutieusement Jasper Hobson, qui prit tour à tour des hauteurs de soleil et d'étoiles. Le lendemain même, 16 avril, après observation, il calcula que, si la vitesse restait uniforme, l'île Victoria atteindrait vers le commencement de mai le Cercle polaire, dont quatre degrés au plus la séparaient en latitude.

Il était supposable qu'alors l'île, engagée dans la partie resserrée du détroit, demeurerait stationnaire jusqu'au moment où la débâcle lui ferait place. A ce moment, l'embarcation serait mise à flot, et l'on ferait voile vers le continent américain.

On le sait, grâce aux précautions prises, tout était prêt pour un embarquement immédiat.

Les habitants de l'île attendirent donc avec plus de patience et surtout plus de confiance que jamais. Ils sentaient bien, ces pauvres gens tant éprouvés, qu'ils touchaient au dénoûment et qu'ils passeraient si près de l'une ou de l'autre côte, que rien ne pourrait les empêcher d'y atterrir en quelques jours.

Cette perspective ranima le cœur et l'esprit des hiverneurs. Ils retrouvèrent cette gaieté naturelle que les dures épreuves avaient chassée depuis longtemps. Les repas redevinrent joyeux, d'autant plus que les provisions ne manquaient pas, et que le programme nouveau n'en prescrivait pas l'économie. Au contraire. Puis, l'influence du printemps se faisait sentir, et chacun aspirait avec une véritable ivresse les brises plus tièdes qu'il apportait.

Pendant les jours suivants, plusieurs excursions furent faites à l'intérieur de l'île et sur le littoral. Ni les animaux à fourrure, ni les ruminants, ni les carnassiers ne pouvaient songer à l'abandonner, puisque le champ de glace qui l'emprisonnait, détaché de la côte américaine, — ce que prouvait son mouvement de dérive, — ne leur eût pas permis de mettre pied sur le continent.

Aucun changement ne s'était produit sur l'île, ni au cap Esquimau, ni au cap Michel, ni sur aucune autre partie du littoral. Rien à l'intérieur, ni dans les bois taillis, ni sur les bords du lagon. La grande entaille qui s'était creusée pendant la tempête aux environs du cap Michel s'était entièrement refermée pendant l'hiver, et aucune autre fissure ne se manifestait à la surface du sol.

Pendant ces excursions, on aperçut des bandes de loups qui parcouraient à grand train les diverses portions de l'île. De toute la faune, ces farouches carnassiers étaient les seuls que le sentiment d'un danger commun n'eût pas familiarisés.

On revit plusieurs fois le sauveur de Kalumah. Ce digne ours se promenait mélancoliquement sur les plaines désertes, et s'arrêtait quand les explorateurs venaient à passer. Quelquefois même, il les suivait jusqu'au fort, sachant bien qu'il n'avait rien à craindre de ces braves gens, qui ne pouvaient lui en vouloir.

Le 20 avril, le lieutenant Hobson constata que l'île errante n'avait point suspendu son mouvement de dérive vers le sud. Ce qui restait de la banquise, c'est-à-dire les icebergs de sa partie sud, la suivaient dans son déplacement, mais les points de repère manquaient, et on ne pouvait reconnaître ces changements de position que par les observation astronomiques.

Jasper Hobson fit alors faire plusieurs sondages en quelques endroits du sol, notamment au pied du cap Bathurst et sur les rives du lagon. Il voulait connaître quelle était l'épaisseur de la croûte de glace qui supportait la terre végétale. Il fut constaté que cette épaisseur ne s'était pas accrue pendant l'hiver, et que le niveau général de l'île ne semblait point s'être relevé au-dessus de la mer. On en conclut donc qu'on ne saurait trop tôt quitter ce sol fragile, qui se dissoudrait rapidement, dès qu'il serait baigné par les eaux plus chaudes du Pacifique.

Vers cette époque, le 25 avril, l'orientation de l'île fut encore une fois changée. Le mouvement de rotation de tout l'icefield s'accomplit de l'est à l'ouest sur un quart et demi de circonférence. Le cap Bathurst projeta dès lors sa pointe vers le nord-ouest. Les derniers restes de banquise fermèrent alors l'horizon du nord. Il était donc bien prouvé que le champ de glace se mouvait librement dans le détroit et ne confinait encore à aucune terre.

Le moment fatal approchait. Les observations diurnes ou nocturnes donnaient avec précision la situation de l'île et, par conséquent, celle de l'icefield. Au 30 avril, tout l'ensemble dérivait par le travers de la baie Kotzebue, large échancrure triangulaire qui mord profondément la côte américaine. Dans sa partie méridionale s'allongeait le cap du Prince-de-Galles, qui arrêterait peut-être l'île errante, pour peu qu'elle ne tînt pas exactement le milieu de l'étroite passe.

Le temps était assez beau alors, et, fréquemment, la colonne de mercure accusait cinquante degrés Fahrenheit (10° centigr. au-dessus de zéro). Les hiverneurs avaient quitté depuis quelques semaines leurs vêtements d'hiver. Ils étaient toujours prêts à partir. L'astronome Thomas Black avait déjà transporté dans la chaloupe, qui reposait sur le chantier, son bagage de savant, ses instruments, ses livres. Une certaine quantité de provisions était également embarquée, ainsi que quelques-unes des plus précieuses fourrures.

Le 2 mai, d'une observation très-minutieuse il résulta que l'île Victoria avait une tendance à se porter vers l'est et, conséquemment, à rechercher le continent américain. C'était là une circonstance heureuse, car le courant du Kamtchatka, on le sait, longe le littoral asiatique, et on ne pouvait, par conséquent, plus craindre d'être repris par lui. Les chances se déclaraient donc enfin pour les hiverneurs!

« Je crois que nous avons fatigué le sort contraire, madame, dit alors le sergent Long à Mrs. Paulina Barnett. Nous touchons au terme de nos malheurs, et j'estime que nous n'avons plus rien à redouter.

— En effet, répondit Mrs. Paulina Barnett, je le crois comme vous, sergent Long, et il est sans doute heureux que nous ayons dû renoncer, il y a quelques mois, à ce voyage à travers le champ de glace. La Providence nous protégeait en rendant l'icefield impraticable pour nous! »

Mrs. Paulina Barnett avait raison, sans doute, de parler ainsi. En effet, que de dangers, que d'obstacles semés sur cette route pendant l'hiver, que de fatigues au milieu d'une longue nuit arctique, et à cinq cents milles de la côte!

Le 5 mai, Jasper Hobson annonça à ses compagnons que l'île Victoria venait de franchir le Cercle polaire. Elle rentrait enfin dans cette zone du sphéroïde terrestre que le soleil n'abandonne jamais, même pendant sa plus grande déclinaison australe. Il sembla à tous ces braves gens qu'ils revenaient dans le monde habité.

On but quelques bons coups ce jour-là, et on arrosa le Cercle polaire comme on eût fait de l'Équateur, à bord d'un bâtiment coupant la ligne pour la première fois.

Désormais, il n'y avait plus qu'à attendre le moment où les glaces, disloquées et à demi fondues, pourraient livrer passage à l'embarcation qui emporterait toute la colonie avec elle!

Pendant la journée du 7 mai, l'île éprouva encore un changement d'orientation d'un quart de circonférence. Le cap Bathurst pointait maintenant au nord, ayant au-dessus de lui les masses qui étaient restées debout de l'ancienne banquise. Il avait donc à peu près repris l'orientation que lui assignaient les cartes géographiques, à l'époque où il était fixé au continent américain. L'île avait fait un tour complet sur elle-même, et le soleil levant avait successivement salué tous les points de son littoral.

L'observation du 8 mai fit aussi connaître que l'île, immobilisée, tenait à peu près le milieu de la passe, à moins de quarante milles du cap du Prince-de-Galles. Ainsi donc, la terre était là, à une distance relativement courte, et le salut de tous dut paraître assuré.

Le soir, on fit un bon souper dans la grande salle. Des toasts furent portés à Mrs. Paulina Barnett et au lieutenant Hobson.

Cette nuit même, le lieutenant résolut d'aller observer les changements qui avaient pu se produire au sud dans le champ de glace, qui présenterait peut-être quelque ouverture praticable.

Mrs. Paulina Barnett voulait accompagner Jasper Hobson pendant cette exploration, mais celui-ci obtint qu'elle prendrait quelque repos, et il n'emmena avec lui que le sergent Long. Mrs. Paulina Barnett se rendit aux instances du lieutenant, et elle rentra dans la maison principale avec Madge et Kalumah. De leur côté, les soldats et les femmes avaient regagné leurs couchettes accoutumées dans l'annexe qui leur était réservée.

La nuit était belle. En l'absence de la lune, les constellations brillaient d'un éclat magnifique. Une sorte de lumière extrêmement diffuse, réverbérée par l'icefield, éclairait légèrement l'atmosphère et prolongeait la portée du regard. Le lieutenant Hobson et le sergent Long, quittant le fort à neuf heures, se dirigèrent vers la portion du littoral comprise entre le port Barnett et le cap Michel.

Les deux explorateurs suivirent le rivage sur un espace de deux à trois milles. Mais quel aspect présentait toujours le champ de glace! Quel bouleversement! quel chaos! Qu'on se figure une immense concrétion de cristaux capricieux, une mer subitement solidifiée au moment où elle est démontée par l'ouragan. De plus, les glaces ne laissaient encore aucune passe libre entre elles, et une embarcation n'eût pu s'y aventurer.

Jasper Hobson et le sergent Long, causant et observant, demeurèrent sur le littoral jusqu'à minuit. Voyant que toutes choses demeuraient dans l'état, ils résolurent alors de retourner au Fort-Espérance, afin de prendre, eux aussi, quelques heures de repos.

Tous deux avaient fait une centaine de pas et se trouvaient déjà sur l'ancien lit desséché de la Paulina-river, quand un bruit inattendu les arrêta. C'était comme un grondement lointain qui se serait produit dans la partie septentrionale du champ de glace. L'intensité de ce bruit s'accrut rapidement, et même il prit bientôt des proportions formidables. Quelque phénomène puissant s'accomplissait évidemment dans ces parages, et, particularité peu rassurante, le lieutenant Hobson crut sentir le sol de l'île trembler sous ses pieds.

« Ce bruit-là vient du côté de la banquise! dit le sergent Long. Que se passe-t-il?... »

Jasper Hobson ne répondit pas, et, inquiet au plus haut point, il entraîna son compagnon vers le littoral.

« Au fort! au fort! s'écria le lieutenant Hobson.

Peut-être une dislocation des glaces se sera-t-elle produite, et pourrons-nous lancer notre embarcation à la mer ! »

Et tous deux coururent à perte d'haleine par le plus court et dans la direction du Fort-Espérance.

Mille pensées assiégeaient leur esprit. Quel nouveau phénomène produisait ce bruit inattendu? Les habitants endormis du fort avaient-ils connaissance de cet incident? Oui, sans doute, car les détonations, dont l'intensité redoublait d'instant en instant, eussent suffi, suivant la vulgaire expression, « à réveiller un mort! »

En vingt minutes, Jasper Hobson et le sergent Long eurent franchi les deux milles qui les séparaient du Fort-Espérance. Mais, avant même d'être arrivés à l'enceinte palissadée, ils avaient aperçu leurs compagnons, hommes, femmes, qui fuyaient en désordre, épouvantés, poussant des cris de désespoir.

Le charpentier Mac Nap vint au lieutenant, tenant son petit enfant dans ses bras.

« Voyez ! monsieur Hobson, » dit-il en entraînant le lieutenant vers un monticule qui s'élevait à quelques pas en arrière de l'enceinte.

Jasper Hobson regarda.

Les derniers restes de la banquise, qui, avant son départ, se trouvaient encore à deux milles au large, s'étaient précipités sur le littoral. Le cap Bathurst n'existait plus, et sa masse de terre et de sable, balayée par les icebergs, recouvrait l'enceinte du fort. La maison principale et les bâtiments y attenant au nord avaient disparu sous l'énorme avalanche. Au milieu d'un bruit épouvantable, on voyait des glaçons monter les uns sur les autres et retomber en écrasant tout sur leur passage. C'était comme un assaut de blocs de glace qui marchait sur l'île.

Quant au bateau construit au pied du cap, il était anéanti... La dernière ressource des infortunés hiverneurs avait disparu !

En ce moment même, le bâtiment qu'occupaient naguère les soldats, les femmes, et dont tous avaient pu se tirer à temps, s'effondra sous la chute d'un énorme bloc de glace. Ces malheureux jetèrent au ciel un cri de désespoir.

« Et les autres ! nos compagnes !... s'écria le lieutenant avec l'accent de la plus effroyable épouvante.

— Là ! » répondit Mac Nap, en montrant la masse de sable, de terre et de glaçons, sous laquelle avait entièrement disparu la maison principale.

Oui ! sous cet entassement était enfouie Mrs. Paulina Barnett et, avec elle, Madge, Kalumah, Thomas Black, que l'avalanche avait surpris dans leur sommeil !

CHAPITRE XVIII.

TOUS AU TRAVAIL.

Un cataclysme épouvantable s'était produit. La banquise s'était jetée sur l'île errante! Enfoncée à une grande profondeur au-dessous du niveau de la mer, à une profondeur quintuple de la hauteur dont elle émergeait, elle n'avait pu résister à l'action des courants sous-marins. S'ouvrant un chemin à travers les glaces disjointes, elle s'était précipitée en grand sur l'île Victoria, qui, poussée par ce puissant moteur, dérivait rapidement vers le sud.

Au premier moment, avertis par les bruits de l'avalanche qui écrasait le chenil, l'étable et la maison principale de la factorerie, Mac Nap et ses compagnons avaient pu quitter leur logement menacé. Mais déjà l'œuvre de destruction s'était accomplie. De ces demeures il n'y avait plus trace! Et maintenant l'île entraînait ses habitants avec elle vers les abîmes de l'Océan! Mais peut-être, sous les débris de l'avalanche, leur vaillante compagne, Paulina Barnett, Madge, la jeune Esquimaude, l'astronome vivaient-ils encore? Il fallait arriver à eux, ne dût-on plus trouver que leurs cadavres.

Le lieutenant Hobson, d'abord atterré, reprit son sang-froid et s'écria :

« Aux pioches et aux pics! La maison était solide! Elle a pu résister. A l'ouvrage! »

Les outils et les pics ne manquaient pas. Mais, en ce moment, on ne pouvait s'approcher de l'enceinte. Les glaçons y roulaient du sommet des icebergs découronnés, dont quelques-uns, parmi les restes de cette banquise, s'élevaient encore à deux cents pieds au-dessus de l'île Victoria. Que l'on s'imagine dès lors la puissance d'écrasement de ces masses ébranlées qui semblaient surgir de toute la partie septentrionale de l'horizon. Le littoral, dans cette portion comprise entre l'ancien cap Bathurst et le cap Esquimau, était non-seulement dominé, mais envahi par ces montagnes mouvantes. Irrésistiblement poussées, elles s'avançaient déjà d'un quart de mille au delà du rivage. A chaque instant, un tressaillement du sol et une détonation éclatante annonçaient qu'une de ces masses s'abattait. Conséquence effroyable, on pouvait craindre que l'île ne fût submergée sous un tel poids. Un dénivellement très-sensible indiquait que toute cette partie du rivage s'enfonçait peu à peu, et déjà la mer s'avançait en longues nappes jusqu'aux approches du lagon.

La situation des hiverneurs était terrible, et, pendant tout le reste de la nuit, sans rien pouvoir tenter pour sauver leurs compagnons, repoussés de l'enceinte par les avalanches, incapables de lutter contre cet envahissement, incapables de le détourner, ils durent attendre, en proie au plus sombre désespoir.

Le jour parut enfin. Quel aspect offraient ces environs du cap Bathurst! Là où s'étendait le regard, l'horizon était maintenant fermé par la barrière de glace. Mais l'envahissement semblait être arrêté, au moins momentanément. Cependant, çà et là, quelques blocs s'écroulaient encore du sommet des icebergs mal équilibrés. Mais leur masse entière, profondément engagée sous les eaux par sa base, communiquait maintenant à l'île toute la force de dérive qu'elle puisait dans les profondeurs du courant, et l'île s'en allait au sud, c'est-à-dire à l'abîme, avec une vitesse considérable.

Ceux qu'elle entraînait avec elle ne s'en apercevaient seulement pas. Ils avaient des victimes à sauver, et, parmi elles, cette courageuse et bien-aimée femme pour laquelle ils auraient donné leur vie. C'était maintenant l'heure d'agir. On pouvait aborder l'enceinte. Il ne fallait pas perdre un instant. Depuis six heures déjà, les malheureux étaient enfouis sous les débris de l'avalanche.

On l'a dit, le cap Bathurst n'existait plus. Repoussé

par un énorme iceberg, il s'était renversé en grand sur la factorerie, brisant l'embarcation, couvrant ensuite le chenil et l'étable, qu'il avait écrasés avec les animaux qu'ils renfermaient. Puis, la maison principale avait disparu sous la couche de sable et de terre, que des blocs amassés sur une hauteur de cinquante à soixante pieds accablaient de leur poids. La cour du fort était comblée. De la palissade on ne voyait plus un seul poteau. C'était sous cette masse de glaçons, de terre et de sable, et au prix d'un travail effrayant, qu'il fallait chercher les victimes.

Avant de se mettre à l'œuvre, le lieutenant Hobson appela le maître charpentier.

« Mac Nap, lui demanda-t-il, pensez-vous que la maison ait pu supporter le poids de l'avalanche?

— Je le crois, mon lieutenant, répondit Mac Nap, et je serais presque tenté de l'affirmer. Nous avions consolidé cette maison, vous le savez. Son toit était casematé, et les poutres placées verticalement entre les planchers et les plafonds ont dû résister. Remarquez aussi que la maison a été d'abord recouverte d'une couche de sable et de terre, qui a pu amortir le choc des blocs précipités du haut de la banquise.

— Dieu vous donne raison, Mac Nap, répondit Jasper Hobson, et qu'il nous épargne une telle douleur! »

Puis il fit venir Mrs. Joliffe.

« Madame, lui demanda-t-il, est-il resté des vivres dans la maison?

— Oui, monsieur Jasper, répondit Mrs. Joliffe, l'office et la cuisine contenaient encore une certaine quantité de conserves.

— Et de l'eau?

— Oui, de l'eau et du brandevin, répondit Mrs. Joliffe.

— Bon, fit le lieutenant Hobson, ils ne périront ni par la faim ni par la soif! Mais l'air ne leur manquera-t-il pas? »

A cette question, le maître charpentier ne put répondre. Si la maison avait résisté, comme il le croyait, le manque d'air était alors le plus grand danger qui menaçât les quatre victimes. Mais enfin ce danger, on pouvait le conjurer en les délivrant rapidement, ou, tout au moins, en établissant aussi vite que possible une communication entre la maison ensevelie et l'air extérieur.

Tous, hommes et femmes, s'étaient mis à la besogne, maniant le pic et la pioche. Tous s'étaient portés sur le massif de sable, de terre et de glaces, au risque de provoquer de nouveaux éboulements. Mac Nap avait pris la direction des travaux, et il les dirigea avec méthode.

Il lui parut convenable d'attaquer la masse par son sommet. De là, on put faire rouler du côté du lagon les blocs entassés. Le pic et les leviers aidant, on eut facilement raison des glaçons de médiocre grosseur, mais les énormes morceaux durent être brisés à coups de pioche. Quelques-uns même, dont la masse était très-considérable, furent fondus au moyen d'un feu ardent, alimenté à grand renfort de bois résineux. Tout était employé à la fois pour détruire ou repousser la masse des glaçons dans le plus court laps de temps.

Mais l'entassement était énorme, et, bien que ces courageux travailleurs eussent travaillé sans relâche et qu'ils ne se fussent reposés que pour prendre quelque nourriture, c'est à peine, lorsque le soleil disparut au-dessous de l'horizon, si l'entassement des glaçons semblait avoir diminué. Cependant il commençait à se niveler à son sommet. On résolut donc de continuer ce travail de nivellement pendant toute la nuit; puis, cela fait, lorsque les éboulements ne seraient plus à craindre, le maître charpentier comptait creuser un puits vertical à travers la masse compacte, ce qui permettait d'arriver plus directement et plus rapidement au but, et de donner accès à l'air extérieur.

Donc, toute la nuit, le lieutenant Hobson et ses compagnons s'occupèrent de ce déblaiement indispensable. Le feu et le fer ne cessèrent d'attaquer et de réduire cette matière incohérente des glaçons. Les hommes maniaient le pic et la pioche. Les femmes entretenaient les feux. Tous n'avaient qu'une pensée : sauver Mrs. Paulina Barnett, Madge, Kalumah, Thomas Black !

Mais quand le matin reparut, il y avait déjà trente heures que ces infortunés étaient ensevelis, au milieu d'un air nécessairement raréfié sous l'épaisse couche.

Le charpentier, après les travaux accomplis dans la nuit, songea à creuser le puits vertical, qui devait aboutir directement au faîte de la maison. Ce puits, suivant son calcul, ne devait pas mesurer moins de cinquante pieds. Le travail serait facile, sans doute, dans la glace, c'est-à-dire pendant une vingtaine de pieds; mais ensuite les difficultés seraient grandes pour creuser la couche de terre et de sable, nécessairement très-friable, et qu'il serait nécessaire d'étayer sur une épaisseur de trente pieds au moins. De longues pièces de bois furent donc préparées à cet effet, et le forage du puits commença. Trois hommes seulement y pouvaient travailler ensemble. Les soldats eurent donc la possibilité de se relayer souvent, et l'on put espérer que le creusement se ferait vite.

Comme il arrive en ces terribles circonstances, ces pauvres gens passaient par toutes les alternatives de l'espoir et du désespoir. Lorsque quelque difficulté les retardait, lorsque quelque éboulement survenait et détruisait une partie du travail accompli, ils sentaient le découragement les prendre, et il fallait que la voix ferme et confiante du maître charpentier les ranimât. Pendant qu'ils creusaient à tour de rôle, les trois femmes, Mrs. Raë, Joliffe et Mac Nap, groupées au pied d'un monticule, attendaient, parlant à peine, priant quelquefois. Elles n'avaient d'autre occupation que de préparer les aliments que leurs compagnons dévoraient aux instants de repos.

Cependant le puits se forait sans grandes difficultés, mais la glace était extrêmement dure et le forage ne s'accomplissait pas très-rapidement. A la fin de cette journée, Mac Nap avait seulement atteint la couche de terre et de sable, et il ne pouvait pas espérer qu'elle fût entièrement percée avant la fin du jour suivant.

La nuit vint. Le creusement ne devait pas être suspendu. Il fut convenu que l'on travaillerait à la lueur des résines. On creusa à la hâte une sorte de maison de glace dans un des humocks du littoral pour servir d'abri aux femmes et au petit enfant. Le vent avait passé au sud-ouest, et il tombait une pluie assez froide, à laquelle se mêlaient parfois de grandes rafales. Ni le lieutenant Hobson ni ses compagnons ne songèrent à suspendre leur travail.

En ce moment commencèrent les grandes difficultés. En effet, on ne pouvait forer dans cette matière mouvante. Il devint donc indispensable d'établir une sorte de cuvelage en bois, afin de maintenir ces terres meubles à l'intérieur du puits. Puis, avec un seau suspendu à une corde, les hommes, placés à l'orifice du puits, enlevaient les terres dégagées. Dans ces conditions, on le comprend, le travail ne pouvait être rapide. Les éboulements étaient toujours à craindre, et il fallait prendre des précautions minutieuses pour que les foreurs ne fussent pas enfouis à leur tour.

Le plus souvent, le maître charpentier se tenait lui-même au fond de l'étroit boyau, dirigeant le creusement et sondant fréquemment avec un long pic. Mais il ne sentait aucune résistance qui prouvât qu'il eût atteint le toit de la maison.

D'ailleurs, le matin venu, dix pieds seulement avaient été creusés dans la masse de terre et de sable, et il s'en fallait de vingt pieds encore qu'on fût arrivé à la hauteur que le faîte occupait avant l'avalanche, en admettant qu'il n'eût pas cédé.

Il y avait cinquante-quatre heures que Mrs. Paulina Barnett, les deux femmes et l'astronome étaient ensevelis!

Plusieurs fois, le lieutenant et Mac Nap se demandèrent si les victimes ne tentaient pas ou n'avaient pas tenté de leur côté d'ouvrir une communication avec l'extérieur. Avec le caractère intrépide, le sangfroid qu'on lui connaissait, il n'était pas douteux que Mrs. Paulina Barnett, si elle avait ses mouvements libres, n'eût essayé de se frayer un passage au dehors. Quelques outils étaient restés dans la maison, et l'un des hommes du charpentier, Kellet, se rappelait parfaitement avoir laissé sa pioche dans la cuisine. Les prisonniers n'avaient-ils donc point brisé une des portes, et commencé le percement d'une galerie à travers la couche de terre? Mais cette galerie, ils ne pouvaient la mener que dans une direction horizontale, et c'était un travail bien autrement long que le forage du puits entrepris par Mac Nap; car l'amoncellement produit par l'avalanche, qui ne mesurait qu'une soixantaine de pieds en hauteur, couvrait un espace de plus de cinq cents pieds de diamètre. Les prisonniers ignoraient nécessairement cette disposition, et, en admettant qu'ils eussent réussi à creuser leur galerie horizontale, ils n'auraient pu crever la dernière croûte de glace avant huit jours au moins. Et d'ici-là, sinon les vivres, l'air, du moins, leur aurait absolument manqué.

Cependant Jasper Hobson surveillait lui-même toutes les parties du massif, écoutant si quelque bruit ne décèlerait pas un travail souterrain. Mais rien ne se fit entendre.

Les travailleurs avaient repris avec plus d'activité leur rude besogne avec la venue du jour. La terre et le sable remontaient incessamment à l'orifice du puits, qui se creusait régulièrement. Le grossier cuvelage maintenait suffisamment la matière friable.

Quelques éboulements se produisirent, cependant, qui furent rapidement contenus, et, pendant cette journée, on n'eut aucun nouveau malheur à déplorer. Le soldat Garry fut seulement blessé à la tête par la chute d'un bloc, mais sa blessure n'était pas grave, et il ne voulut même pas abandonner sa besogne.

A quatre heures, le puits avait atteint une profondeur totale de cinquante pieds, soit vingt pieds creusés dans la glace, et trente pieds dans la terre et le sable.

C'était à cette profondeur que Mac Nap avait compté atteindre le faîte de la maison, si le toit avait tenu solidement contre la pression de l'avalanche.

Il était en ce moment au fond du puits. Que l'on juge de son désappointement, de son désespoir, quand le pic, profondément enfoncé, ne rencontra aucune résistance.

Il resta un instant les bras croisés, regardant Sabine, qui se trouvait avec lui.

« Rien? dit le chasseur.

— Rien, répondit le charpentier. Rien. Continuons. Le toit aura fléchi sans doute, mais il est impossible que le plancher du grenier n'ait pas résisté! Avant dix pieds, nous devons rencontrer ce plancher lui-même... ou bien... »

Mac Nap n'acheva pas sa pensée, et, Sabine l'aidant, il reprit son travail avec l'ardeur d'un désespéré.

A six heures du soir, une nouvelle profondeur de dix à douze pieds avait été atteinte.

Mac Nap sonda de nouveau. Rien encore. Son pic s'enfonçait toujours dans la terre meuble.

Le charpentier, abandonnant un instant son outil, se prit la tête à deux mains.

« Les malheureux! » murmura-t-il.

Puis, s'élevant sur les étrésillons qui maintenaient le cuvelage de bois, il remonta jusqu'à l'orifice du puits.

Là il trouva le lieutenant Hobson et le sergent plus anxieux que jamais, et, les prenant à l'écart, il leur fit connaître l'horrible désappointement qu'il venait d'éprouver.

« Mais alors, demanda Jasper Hobson, alors la maison a été écrasée par l'avalanche, et ces infortunés...

— Non, répondit le maître charpentier d'un ton d'inébranlable conviction. Non! la maison n'a pas été écrasée! Elle a dû résister, renforcée comme elle l'était! Non! elle n'a pas été écrasée! Ce n'est pas possible!

— Mais alors qu'est-il arrivé, Mac Nap? demanda le lieutenant, dont les yeux laissaient échapper deux grosses larmes.

— Ceci, évidemment, répondit le charpentier

Mac Nap. La maison a résisté, elle, mais le sol sur lequel elle reposait a fléchi. Elle s'est enfoncée tout d'une pièce ! Elle a passé au travers de cette croûte de glace qui forme la base de l'île ! Elle n'est pas écrasée, mais engloutie... Et les malheureuses victimes...

— Noyées? s'écria le sergent Long.

— Oui, sergent! noyées avant d'avoir pu faire un mouvement! noyées comme les passagers d'un navire qui sombre! »

Pendant quelques instants, ces trois hommes demeurèrent sans parler. L'hypothèse de Mac Nap devait toucher de bien près à la réalité. Rien de plus logique que de supposer un fléchissement en cet endroit, et sous une telle pression, du banc de glace qui formait la base de l'île. La maison, grâce aux étais verticaux qui soutenaient les poutres du plafond en s'appuyant sur celles du plancher, avait dû crever le sol de glace et s'enfoncer dans l'abîme.

« Eh bien, Mac Nap, dit le lieutenant Hobson, si nous ne pouvons les retrouver vivants...

— Oui, répondit le maître charpentier, il faut au moins les retrouver morts ! »

Cela dit, Mac Nap, sans rien faire connaître à ses compagnons de cette terrible hypothèse, reprit au fond du puits son travail interrompu. Le lieutenant Hobson y était descendu avec lui.

Pendant toute la nuit, le forage fut continué, les

hommes se relayant d'heure en heure ; mais tout ce temps, pendant que deux soldats creusaient la terre et le sable, Mac Nap et Jasper Hobson se tenaient au-dessus d'eux, suspendus à un des étrésillons.

A trois heures du matin, le pic de Kellet, en s'arrêtant subitement sur un corps dur, rendit un son sec. Le maître charpentier le sentit plutôt qu'il ne l'entendit.

« Nous y sommes ! s'était écrié le soldat. Sauvés !

— Tais-toi, et continue ! » répondit le lieutenant Hobson d'une voix sourde.

Il y avait en ce moment près de soixante-seize heures que l'avalanche s'était abattue sur la maison.

Kellet et son compagnon, le soldat Pond, avaient repris leur travail. La profondeur du puits devait presque avoir atteint le niveau de la mer, et, par conséquent, Mac Nap ne pouvait conserver aucun espoir.

En moins de vingt minutes, le corps dur, heurté par le pic, était à découvert. C'était un des chevrons du toit. Le charpentier, s'élançant au fond du puits, saisit une pioche et fit voler les lattes du faîtage. En quelques instants, une large ouverture fut pratiquée...

A cette ouverture apparut une figure à peine reconnaissable dans l'ombre.

C'était la figure de Kalumah !

« A nous ! à nous ! » murmura faiblement la pauvre Esquimaude.

Jasper Hobson se laissa glisser par l'ouverture. Un froid très-vif le saisit. L'eau lui montait à la ceinture. Contrairement à ce qu'on croyait, le toit n'avait point été écrasé, mais aussi, comme l'avait supposé Mac Nap, la maison s'était enfoncée à travers le sol, et l'eau était là. Mais cette eau ne remplissait pas le grenier, elle ne s'élevait que d'un pied à peine au-dessus du plancher. Il y avait encore un espoir !...

Le lieutenant, s'avançant dans l'obscurité, rencontra un corps sans mouvement! Il le traîna jusqu'à l'ouverture, à travers laquelle Pond et Kellet le saisirent et l'enlevèrent. C'était Thomas Black.

Un autre corps fut amené, celui de Madge. Des cordes avaient été jetées de l'orifice du puits. Thomas Black et Madge, enlevés par leurs compagnons, reprenaient peu à peu leurs sens à l'air extérieur.

Restait Mrs. Paulina Barnett à sauver. Jasper Hobson, conduit par Kalumah, avait dû gagner l'extrémité du grenier, et, là, il avait enfin trouvé celle qu'il cherchait, sans mouvement, la tête à peine hors de l'eau. La voyageuse était comme morte. Le lieutenant Hobson la prit dans ses bras, il la porta près de l'ouverture, et, peu d'instants après, elle et lui, Kalumah et Mac Nap apparaissaient à l'orifice du puits.

Tous les compagnons de la courageuse femme étaient là, ne prononçant pas une parole, désespérés.

La jeune Esquimaude, si faible elle-même, s'était jetée sur le corps de son amie.

Mrs. Paulina Barnett respirait encore, et son cœur battait. L'air pur, aspiré par ses poumons desséchés, ramena peu à peu la vie en elle. Elle ouvrit enfin les yeux.

Un cri de joie s'échappa de toutes les poitrines, un cri de reconnaissance qui monta vers le ciel, et qui certainement fut entendu là-haut!

En ce moment, le jour se faisait, le soleil débordait de l'horizon et jetait ses premiers rayons dans l'espace.

Mrs. Paulina Barnett, par un suprême effort, se redressa. Du haut de cette montagne, formée par l'avalanche, et qui dominait toute l'île, elle regarda. Puis, avec un étrange accent :

« La mer! la mer! » murmura-t-elle.

Et en effet, sur les deux côtés de l'horizon, à l'est, à l'ouest, la mer, dégagée de glaces, la mer entourait l'île errante!

CHAPITRE XIX.

LA MER DE BEHRING.

Ainsi, l'île, poussée par la banquise, avait, sous une vitesse excessive, reculé jusque dans les eaux de la mer de Behring, après avoir passé le détroit sans se fixer à ses bords! Elle dérivait, pressée par cette irrésistible barrière qui prenait sa force dans les profondeurs du courant sous-marin! La banquise la repoussait toujours vers ces eaux plus chaudes qui ne pouvaient tarder à se changer en abîme pour elle! Et l'embarcation, écrasée, était hors d'usage!

Lorsque Mrs. Paulina Barnett eut entièrement repris l'usage de ses sens, elle put en quelques mots raconter l'histoire de ces soixante-quatorze heures passées dans les profondeurs de la maison engloutie. Thomas Black, Madge, la jeune Esquimaude, avaient été surpris par la brusquerie de l'avalanche. Tous s'étaient précipités à la porte, aux fenêtres. Plus d'issue! la couche de terre ou de sable, qui s'appelait un instant auparavant le cap Bathurst, recouvrait la maison entière. Presque aussitôt, les prisonniers purent entendre le choc des glaçons énormes que la banquise projetait sur la factorerie.

Un quart d'heure ne s'était pas écoulé, que déjà Mrs. Paulina Barnett, son compagnon, ses deux compagnes sentaient la maison, qui résistait à cette épouvantable pression, s'enfoncer dans le sol de l'île. La base de glace s'effondrait! L'eau de la mer apparaissait.

S'emparer de quelques provisions demeurées dans l'office, se réfugier dans le grenier, ce fut l'affaire d'un instant. Cela se fit par un vague instinct de conservation. Et cependant ces infortunés pouvaient-ils garder une lueur d'espoir? En tout cas, le grenier semblait devoir résister, et il était probable que deux blocs de glace, s'arc-boutant au-dessus du faîte, l'avaient sauvé d'un écrasement immédiat.

Pendant qu'ils étaient emprisonnés dans ce grenier, ils entendaient au-dessus d'eux les énormes débris de l'avalanche qui tombaient sans cesse. Au-dessous, l'eau montait toujours. Écrasés ou noyés!

Mais par un miracle, on peut le dire, le toit de la maison, supporté sur ses solides fermes, résista, et la maison elle-même, après s'être enfoncée à une certaine profondeur, s'arrêta, mais l'eau dépassait d'un pied le niveau du grenier.

Mrs. Paulina Barnett, Madge, Kalumah, Thomas Black, avaient dû se réfugier jusque dans l'entrecroisement des fermes. C'est là qu'ils restèrent pendant tant d'heures. La dévouée Kalumah s'était faite la servante de tous, et portait à travers la nappe d'eau la nourriture à l'un et à l'autre. Il n'y avait rien à tenter pour le salut! Le secours ne pouvait venir que du dehors!

Situation épouvantable. La respiration était douloureuse dans cet air comprimé, qui, bientôt désoxygéné et chargé d'acide carbonique, devint à peu près irrespirable... Quelques heures encore d'emprisonnement dans cet étroit espace, et le lieutenant Hobson n'eût plus trouvé que les cadavres des victimes!

En outre, aux tortures physiques s'étaient jointes les tortures morales. Mrs. Paulina Barnett avait à peu près compris ce qui s'était passé. Elle avait deviné que la banquise s'était jetée sur l'île, et aux bouillonnements de l'eau qui grondait sous la maison, elle sentait bien que l'île dérivait irrésistiblement vers le sud. Et voilà pourquoi, dès que ses yeux se rouvrirent, elle regarda autour d'elle, et prononça ces mots, que la destruction de la chaloupe rendait si terribles en cette circonstance :

« La mer! la mer! »

Mais, en ce moment, tous ceux qui l'entouraient ne voulaient voir, ne voulaient comprendre qu'une chose, c'est qu'ils avaient sauvé celle pour laquelle ils eussent donné leur vie, et, avec elle, Madge, Thomas Black, Kalumah. Enfin, et jusqu'alors, malgré tant d'épreuves, tant de dangers, pas un de ceux que le lieutenant Jasper Hobson avait emmenés dans cette désastreuse expédition ne manquait encore à l'appel!

Mais les circonstances allaient devenir plus graves que jamais et hâter sans nul doute la catastrophe finale dont le dénoûment ne pouvait être éloigné.

Le premier soin du lieutenant Hobson, pendant cette journée, fut de relever la situation de l'île. Il ne fallait plus songer à la quitter, puisque la chaloupe était détruite et que la mer, libre enfin, n'offrait pas un point solide autour d'elle. En fait d'icebergs, il ne restait plus, au nord, que ce débris de banquise, dont le sommet venait d'écraser le cap Bathurst, mais dont la base, profondément immergée, poussait l'île vers le sud.

En fouillant les ruines de la maison principale, on avait pu retrouver les instruments et les cartes de l'astronome que Thomas Black avait tout d'abord emportés avec lui, et qui n'avaient point été brisés, fort heureusement. Le ciel était couvert de nuages, mais le soleil apparaissait parfois, et le lieutenant Hobson put prendre hauteur en temps utile et avec une approximation suffisante.

De cette observation il résulta que, ce jour même,

12 mai, à midi, l'île Victoria occupait en longitude 168° 12' à l'ouest du méridien de Greenwich, et en latitude 63° 27'. Le point, rapporté sur la carte, se trouvait être par le travers du golfe Norton, entre la pointe asiatique de Tchaplin et le cap américain Stephens, mais à plus de cent milles de l'une et de l'autre côte.

« Il faut donc renoncer à atterrir sur le continent? dit alors Mrs. Paulina Barnett.

— Oui, madame, répondit Jasper Hobson, tout espoir est fermé de ce côté. Le courant nous porte au large avec une extrême vitesse, et nous ne pouvons compter que sur la rencontre d'un baleinier qui passerait en vue de l'île.

— Mais, reprit la voyageuse, si nous ne pouvons atterrir au continent, pourquoi le courant ne nous jetterait-il pas sur une des îles de la mer de Behring? »

C'était encore là un frêle espoir, et ces désespérés s'y accrochèrent, comme l'homme qui se noie à la planche de salut. Les îles ne manquaient pas à ces parages de la mer de Behring, Saint-Laurent, Saint-Mathieu, Nouniwak, Saint-Paul, Georges, etc. Précisément, l'île errante n'était pas très-éloignée de Saint-Laurent, assez vaste terre entourée d'îlots, et, en tout cas, si on la manquait, il était permis d'espérer que ce semis des Aléoutiennes qui ferme la mer de Behring au sud, l'arrêterait dans sa marche.

Oui, sans doute! l'île Saint-Laurent pouvait être un port de salut pour les hiverneurs. S'ils le manquaient, Saint-Mathieu et tout ce groupe d'îlots dont il forme le centre se trouveraient peut-être encore sur leur passage. Mais ces Aléoutiennes, dont plus de huit cents milles les séparaient, il ne fallait pas espérer les atteindre. Avant, bien avant, l'île Victoria, minée, dissoute par les eaux chaudes, fondue par ce soleil qui s'avançait déjà dans le signe des Gémeaux, serait abîmée au fond de la mer!

On devait le supposer. En effet, la distance à laquelle les glaces se rapprochent de l'équateur est très-variable. Elle est plus courte dans l'hémisphère austral que dans l'hémisphère boréal. On les a rencontrées quelquefois par le travers du cap de Bonne-Espérance, soit au trente-sixième parallèle environ, tandis que les icebergs qui descendent la mer Arctique n'ont jamais dépassé le quarantième degré de latitude. Mais la limite de fusion des glaces est évidemment liée à l'état de la température, et elle dépend des conditions climatériques. Par des hivers prolongés, les glaces persistent sous des parallèles relativement bas, et c'est tout le contraire avec des printemps précoces.

Or, précisément, cette précocité de la saison chaude, en cette année 1861, devait promptement amener la dissolution de l'île Victoria. Déjà ces eaux de la mer de Behring étaient vertes et non plus bleues, comme elles le sont aux approches des icebergs, suivant la remarque du navigateur Hudson. On devait donc, à tout moment, redouter une catastrophe, maintenant que la chaloupe n'existait plus.

Jasper Hobson résolut d'y parer en faisant construire un radeau assez vaste pour porter toute la petite colonie, et qui pût naviguer, tant bien que mal, vers le continent. Il fit réunir les bois nécessaires à la construction d'un appareil flottant sur lequel on pourrait tenir la mer sans crainte de sombrer. Après tout, les chances de rencontre étaient possibles à une époque où les baleiniers remontent vers le nord à la poursuite des baleines. Mac Nap eut donc mission d'établir un radeau large et solide, qui surnagerait au moment où l'île Victoria s'engloutirait dans la mer.

Mais auparavant, il était nécessaire de préparer une demeure quelconque qui pût abriter les malheureux habitants de l'île. Le plus simple parut être de déblayer l'ancien logement des soldats, annexe de la maison principale, dont les murs pourraient encore servir. Tous se mirent résolûment à l'ouvrage, et, en quelques jours, on put se garder contre les intempéries d'un climat très-capricieux, que les rafales et les pluies attristaient fréquemment..

On pratiqua aussi des fouilles dans la maison principale, et on put extraire des chambres submergées nombre d'objets plus ou moins utiles, des outils, des armes, de la literie, quelques meubles, les pompes d'aération, le réservoir à air, etc.

Dès le lendemain de ce jour, le 13 mai, on avait dû renoncer à l'espoir de dériver sur l'île Saint-Laurent. Le point de relèvement indiqua que l'île Victoria passait fort à l'est de cette île ; et, en effet, les courants, ne viennent généralement point butter contre les obstacles naturels ; ils les tournent plutôt, et le lieutenant Hobson comprit bien qu'il fallait renoncer à l'espoir d'atterrir de cette façon. Seules, les îles Aléoutiennes, tendues comme un immense filet semi-circulaire sur un espace de plusieurs degrés, auraient pu arrêter l'île, mais, on l'a dit, pouvait-on espérer de les atteindre? L'île était emportée avec une extrême vitesse, sans doute, mais n'était-il pas probable que cette vitesse diminuerait singulièrement lorsque les icebergs du nord qui la poussaient en avant se détacheraient par une raison quelconque, ou se dissoudraient, eux qu'une couche de terre ne protégeait pas contre l'action des rayons du soleil?

Le lieutenant Hobson, Mrs. Paulina Barnett, le sergent Long et le maître charpentier causèrent souvent de ces choses, et, après mûres réflexions, ils furent de cet avis que l'île ne pourrait, en aucun cas, atteindre le groupe des Aléoutiennes, soit que sa vitesse diminuât, soit qu'elle fût rejetée hors du courant de Behring, soit enfin qu'elle fondît sous la double influence combinée des eaux et du soleil.

Le 14 mai, maître Mac Nap et ses hommes s'étaient mis à l'ouvrage et avaient commencé la construction d'un vaste radeau. Il s'agissait de maintenir cet appareil à un niveau aussi élevé que possible au-dessus des flots, afin de le soustraire au balayage des lames. C'était là un gros ouvrage, mais devant lequel le zèle de ces travailleurs ne recula pas. Le forgeron Raë avait heureusement retrouvé, dans un magasin attenant au logement, une grande quantité de ces chevilles de fer qui avaient été apportées du Fort-Reliance, et elles servirent à fixer fortement entre elles les diverses pièces qui formaient le bâtis du radeau.

Quant à l'emplacement sur lequel il fut construit, il importe de le signaler. Ce fut d'après l'idée du lieutenant que Mac Nap prit les mesures suivantes. Au lieu de disposer les poutres et poutrelles sur le sol, le charpentier les établit immédiatement à la surface du lagon. Les diverses pièces, taraudées et mortaisées sur la rive, étaient ensuite lancées isolément à la surface du petit lac, et là on les ajustait sans peine. Cette manière d'opérer présentait deux avantages : 1° le charpentier pourrait juger immédiatement du point de flottaison et du degré de stabilité qu'il convenait de donner à l'appareil ; 2° lorsque l'île Victoria viendrait à se dissoudre, le radeau flotterait déjà et ne serait point soumis aux dénivellements, aux chocs même que le sol disloqué pouvait lui imprimer à terre. Ces deux raisons, très-sérieuses, engagèrent donc le maître charpentier à procéder comme il est dit.

Pendant ces travaux, Jasper Hobson, tantôt seul, tantôt accompagné de Mrs. Paulina Barnett, errait sur le littoral. Il observait l'état de la mer et les sinuosités changeantes du rivage que le flot rongeait peu à peu. Son regard parcourait l'horizon absolument désert. Dans le nord, on ne voyait plus aucune montagne de glace se profiler à l'horizon. En vain cherchait-il comme tous les naufragés, « ce navire qui n'apparaît jamais ! » La solitude de l'Océan n'était troublée que par le passage de quelques souffleurs, qui fréquentaient les eaux vertes où pullulent des myriades d'animalcules microscopiques dont ils font leur unique nourriture. Puis c'étaient aussi des bois qui flottaient, des essences diverses arrachées aux pays chauds, et que les grands courants du globe entraînaient jusque dans ces parages.

Un jour, le 16 mai, Mrs. Paulina Barnett et Madge se promenaient ensemble sur cette partie de l'île comprise entre le cap Bathurst et l'ancien port.

Il faisait un beau temps. La température était chaude. Depuis bien des jours déjà, il n'existait plus trace de neige à la surface de l'île. Seuls, les glaçons que la banquise y avait entassés dans sa partie septentrionale rappelaient l'aspect polaire de ces climats. Mais ces glaçons se dissolvaient peu à peu, et de nouvelles cascades s'improvisaient chaque jour au sommet et sur les flancs des icebergs. Certainement, avant peu, le soleil aurait fondu ces dernières masses agglomérées par le froid.

C'était un curieux aspect que celui de l'île Victoria! Des yeux moins attristés l'eussent contemplé avec intérêt. Le printemps s'y déclarait avec une force inaccoutumée. Sur ce sol, ramené à des parallèles plus doux, la vie végétale débordait. Les mousses, les petites fleurs, les plantations de Mrs. Joliffe se développaient avec une véritable prodigalité. Toute la puissance végétative de cette terre, soustraite aux âpretés du climat arctique, s'épanchait au dehors, non-seulement par la profusion des plantes qui s'épanouissaient à sa surface, mais aussi par la vivacité de leurs couleurs. Ce n'étaient plus ces nuances pâles et noyées d'eau, mais des tons colorés, dignes du soleil qui les éclairait alors. Les diverses essences, arbousiers ou saules, pins ou bouleaux, se couvraient d'une verdure sombre. Leurs bourgeons éclataient sous la sève échauffée à de certaines heures par une température de soixante-huit degrés Fahrenheit (20° centigr. au-dessus de zéro). La nature arctique se transformait sous un parallèle qui était déjà celui de Christiana ou de Stockholm, en Europe, c'est-à-dire des plus verdoyants pays des zones tempérées.

Mais Mrs. Paulina Barnett ne voulait pas voir ces avertissements que lui donnait la nature. Pouvait-elle changer l'état de son domaine éphémère? Pouvait-elle lier cette île errante à l'écorce solide du globe? Non, et le sentiment d'une suprême catastrophe était en elle. Elle en avait l'instinct, comme ces centaines d'animaux qui pullulaient aux abords de la factorerie. Ces renards, ces martres, ces hermines, ces lynx, ces castors, ces rats musqués, ces wisons, ces loups même que le sentiment d'un danger prochain, inévitable, rendaient moins farouches, toutes ces bêtes se rapprochaient de plus en plus de leurs anciens ennemis, les hommes, comme si les hommes eussent pu les sauver! C'était comme une reconnaissance tacite, instinctive, de la supériorité humaine, et précisément dans une circonstance où cette supériorité ne pouvait rien!

Non! Mrs. Paulina Barnett ne voulait pas voir toutes ces choses, et ses regards ne quittaient plus cette impitoyable mer, immense, infinie, sans autre horizon que le ciel qui se confondait avec elle!

« Ma pauvre Madge, dit-elle un jour, c'est moi

qui t'ai entraînée à cette catastrophe, toi qui m'as suivie partout, toi dont le dévouement et l'amitié méritaient un autre sort! Me pardonnes-tu?

— Il n'y a qu'une chose au monde que je ne t'aurais pas pardonnée, ma fille, répondit Madge. C'eût été une mort que je n'eusse pas partagée avec toi!

— Madge! Madge! s'écria la voyageuse, si ma vie pouvait sauver celle de tous ces infortunés, je la donnerais sans hésiter!

— Ma fille, répondit Madge, tu n'as donc plus d'espoir?

— Non!...» murmura Mrs. Paulina Barnett en se cachant dans les bras de sa compagne.

La femme venait de reparaître un instant dans cette nature virile! Et qui ne comprendrait un moment de défaillance en de telles épreuves!

Mrs. Paulina Barnett sanglotait! Son cœur débordait. Des larmes s'échappaient de ses yeux.

« Madge! Madge! dit la voyageuse en relevant la tête, ne leur dis pas, au moins, que j'ai pleuré!

— Non, répondit Madge. D'ailleurs, ils ne me croiraient pas. C'est un instant de faiblesse! Relève-toi, ma fille, toi, notre âme à tous, ici! Relève-toi et prends courage!

— Mais tu espères donc encore? s'écria Mrs. Paulina Barnett, regardant dans les yeux sa fidèle compagne.

— J'espère toujours ! » répondit simplement Madge.

Et cependant, aurait-on pu conserver encore une lueur d'espérance, lorsque, quelques jours après, l'île errante, passant au large du groupe de Saint-Mathieu, n'avait plus une terre où se raccrocher sur cette mer de Behring !

CHAPITRE XX.

AU LARGE !

L'île Victoria flottait alors dans la partie la plus vaste de la mer de Behring, à six cents milles encore des premières Aléoutiennes, à plus de deux cents milles de la côte la plus rapprochée dans l'est. Son déplacement s'opérait toujours avec une vitesse relativement considérable. Mais, en admettant qu'il ne subît aucune diminution, trois semaines, au moins, lui seraient encore nécessaires pour qu'elle atteignît cette barrière méridionale de la mer de Behring.

Pourrait-elle durer jusque-là, cette île, dont la base s'amincissait chaque jour sous l'action des eaux déjà tièdes, et portées à une température moyenne de cinquante degrés Fahrenheit (10° centigrades au-dessus de zéro)? Son sol ne pouvait-il pas à chaque instant s'entr'ouvrir?

Le lieutenant Hobson pressait de tout son pouvoir la construction du radeau, dont le bâtis inférieur flottait déjà sur les eaux du lagon. Mac Nap voulait donner à cet appareil une très-grande solidité, afin qu'il pût résister pendant un long temps, s'il le fallait, aux secousses de la mer. En effet, il était à supposer, s'il ne rencontrait pas quelque baleinier dans les parages de Behring, qu'il dériverait jusqu'aux îles Aléoutiennes, et un long espace de mer lui restait à franchir.

Toutefois, l'île Victoria n'avait encore éprouvé aucun changement de quelque importance dans sa configuration générale. Des reconnaissances étaient journellement faites, mais les explorateurs ne s'aventuraient plus qu'avec une extrême circonspection, car, à chaque instant, une fracture du sol, un morcellement de l'île, pouvaient les isoler du centre commun. Ceux qui partaient ainsi, on pouvait toujours craindre de ne plus les revoir.

La profonde entaille située aux approches du cap Michel, que les froids de l'hiver avaient refermée, s'était peu à peu rouverte. Elle s'étendait maintenant sur l'espace d'un mille à l'intérieur jusqu'au lit desséché de la petite rivière. On pouvait craindre même qu'elle ne suivît ce lit, qui, déjà creusé, amincissait d'autant la croûte de glace. Dans ce cas, toute cette portion comprise entre le cap Michel et le port Barnett, limitée à l'ouest par le lit de la rivière, aurait disparu, — c'est-à-dire un morceau énorme, d'une superficie de plusieurs milles carrés. Le lieutenant Hobson recommanda donc à ses compagnons de ne point s'y aventurer sans nécessité, car il suffisait d'un fort mouvement de la mer pour détacher cette importante partie du territoire de l'île.

Cependant, on pratiqua des sondages sur plusieurs points, afin de connaître ceux qui présentaient le plus de résistance à la dissolution, par suite de leur épaisseur. On reconnut que cette épaisseur était plus considérable précisément aux environs du cap Bathurst, sur l'emplacement de l'ancienne factorerie, non pas l'épaisseur de la couche de terre et de sable, — ce qui n'eût point été une garantie, — mais bien l'épaisseur de la croûte de glace. C'était, en somme, une heureuse circonstance. Ces trous de sondage furent tenus libres, et chaque jour on put constater ainsi la diminution que subissait la base de l'île. Cette diminution était lente, mais, chaque jour, elle faisait quelques progrès. On pouvait estimer que l'île ne résisterait pas plus de trois semaines encore, en tenant compte de cette circonstance fâcheuse qu'elle dérivait vers des eaux de plus en plus échauffées par les rayons solaires.

Pendant cette semaine, du 19 au 25 mai, le temps fut fort mauvais. Une tempête assez violente se déclara. Le ciel s'illumina d'éclairs et les éclats de la foudre retentirent. La mer, soulevée par un grand vent du nord-ouest, se déchaîna en hautes lames qui fatiguèrent extrêmement l'île. Cette houle lui donna même quelques secousses très-inquiétantes. Toute la petite colonie demeura sur le qui-vive, prête à s'embarquer sur le radeau, dont la plate-forme était à peu près achevée. On y transporta même une certaine quantité de provisions et d'eau douce, afin de parer à toutes les éventualités.

Pendant cette tempête, la pluie tomba très-abondamment, pluie d'orage, dont les tièdes et larges gouttes pénétrèrent profondément dans le sol et durent attaquer la base de l'île. Ces infiltrations eurent pour effet de dissoudre la glace inférieure en de certains endroits et de produire des affouillements suspects. Sur les pentes de quelques monticules, le sol fut absolument raviné et la croûte blanche mise à nu. On se hâta de combler ces excavations avec de la terre et du sable, afin de soustraire la base à l'action de la température. Sans cette précaution, le sol eût été bientôt troué comme une écumoire.

Cette tempête causa aussi d'irréparables dommages aux collines boisées qui bordaient la lisière occidentale du lagon. Le sable et la terre furent entraînés par ces abondantes pluies, et les arbres, n'étant plus maintenus par le pied, s'abattirent en grand nombre. En une nuit, tout l'aspect de cette portion de l'île comprise entre le lac et l'ancien port Barnett fut changé. C'est à peine s'il resta quelques groupes de bouleaux, quelques bouquets de sapins isolés qui avaient résisté à la tourmente. Dans ces faits, il y avait des symptômes de décomposition qu'on ne pouvait méconnaître, mais contre lesquels l'intelligence humaine était impuissante. Le lieutenant Hobson, Mrs. Paulina Barnett, le sergent, tous voyaient bien que leur île éphémère s'en allait peu à peu, tous le sentaient, — sauf peut-être Thomas Black, sombre, muet, qui semblait ne plus être de ce monde.

Pendant la tempête, le 23 mai, le chasseur Sabine, en quittant son logement, le matin, par une brume assez épaisse, faillit se noyer dans un large trou qui s'était creusé dans la nuit. C'était sur l'emplacement occupé autrefois par la maison principale de la factorerie.

Jusqu'alors, cette maison, ensevelie sous la couche de terre et de sable, et aux trois quarts engloutie, on le sait, paraissait être fixée à la croûte glacée de l'île. Mais, sans doute, les ondulations de la mer, choquant cette large crevasse à sa partie inférieure, l'agrandirent, et la maison, chargée de ce poids énorme des matières qui formaient autrefois le cap Bathurst, s'abîma entièrement. Terre et sable se perdirent dans ce trou, au fond duquel se précipitèrent les eaux clapotantes de la mer.

Les compagnons de Sabine, accourus à ses cris, parvinrent à le retirer de cette crevasse, pendant qu'il était encore suspendu à ses parois glissantes, et il en fut quitte pour un bain inattendu, qui aurait pu très-mal finir.

Plus tard, on aperçut les poutres et les planches de la maison, qui avaient glissé sous l'île, flottant au large du rivage, comme les épaves d'un navire naufragé. Ce fut le dernier dégât produit par la tempête, dégât qui dans une certaine proportion compromettait encore la solidité de l'île, puisqu'il permettait aux flots de la ronger à l'intérieur. C'était comme une sorte de cancer qui devait la détruire peu à peu.

Pendant la journée du 25 mai, le vent sauta au nord-est. La rafale ne fut plus qu'une forte brise, la pluie cessa, et la mer commença à se calmer. La nuit se passa paisiblement, et au matin, le soleil ayant reparu, Jasper Hobson put obtenir un bon relèvement.

Et, en effet, sa position à midi, ce jour-là, lui fut donnée par la hauteur du soleil :

Latitude : 56°,13' ;
Longitude : 170°,23'.

La vitesse de l'île était donc excessive, puisqu'elle avait dérivé de près de huit cents milles depuis le point qu'elle occupait deux mois auparavant dans le détroit de Behring, au moment de la débâcle.

Cette rapidité de déplacement rendit quelque peu d'espoir à Jasper Hobson.

« Mes amis, dit-il à ses compagnons en leur montrant la carte de la mer de Behring, voyez-vous ces îles Aléoutiennes? Elles ne sont pas à deux cents milles de nous, maintenant! En huit jours, peut-être, nous pourrions les atteindre!

— Huit jours! répondit le sergent Long en secouant la tête. C'est long, huit jours!

— J'ajouterai, dit le lieutenant Hobson, que si notre île eût suivi le cent soixante-huitième méridien, elle aurait déjà gagné le parallèle de ces îles. Mais il est évident qu'elle s'écarte dans le sud-ouest, par une déviation du courant de Behring. »

Cette observation était juste. Le courant tendait à rejeter l'île Victoria fort au large des terres, et peut-être même en dehors des Aléoutiennes, qui ne s'étendent que jusqu'au cent soixante-dixième méridien.

Mrs. Paulina Barnett considérait la carte en silence! Elle regardait ce point, fait au crayon, qui indiquait la position actuelle de l'île. Sur cette carte, établie à une grande échelle, ce point paraissait presque imperceptible, tant la mer de Behring semblait immense! Elle revoyait alors toute sa route retracée depuis le lieu d'hivernage, cette route que la fatalité ou plutôt l'immutable direction des courants avait dessinée à travers tant d'îles, au large de deux continents, sans y toucher nulle part, et devant elle s'ouvrait maintenant l'infini de l'océan Pacifique!

Elle songeait ainsi, perdue dans une sombre rêverie, et n'en sortit que pour dire :

« Mais cette île, ne peut-on donc la diriger? Huit jours, huit jours encore de cette vitesse, et nous pourrions peut-être atteindre la dernière des Aléoutiennes!

— Ces huit jours sont dans la main de Dieu! répondit le lieutenant Hobson d'un ton grave. Voudra-t-il nous les donner? Je vous le dis bien sincèrement, madame, le salut ne peut venir que du ciel.

— Je le pense comme vous, monsieur Jasper, reprit Mrs. Paulina Barnett, mais le ciel veut que l'on s'aide pour mériter sa protection. Y a-t-il donc quelque chose à faire, à tenter, quelque parti à prendre que j'ignore? »

Jasper Hobson secoua la tête d'un air de doute. Pour lui, il n'y avait plus qu'un moyen de salut, le radeau ; mais fallait-il s'y embarquer immédiatement, y établir une voilure quelconque au moyen de draps et de couvertures, et chercher à gagner la côte la plus prochaine?

Jasper Hobson consulta le sergent, le charpentier Mac Nap, en qui il avait grande confiance, le forgeron Raë, les chasseurs Sabine et Marbre. Tous, après avoir pesé le pour et le contre, furent d'accord sur ce point qu'il ne fallait abandonner l'île que lorsqu'on y serait forcé. En effet, ce ne pouvait être qu'une dernière et suprême ressource, ce radeau, que les lames balayeraient incessamment, qui n'aurait même pas la vitesse imprimée à l'île, dont les icebergs activaient la dérive vers le sud. Quant au vent, il soufflait le plus généralement de la partie est, et il tendrait plutôt à rejeter le radeau au large de toute terre.

Il fallait donc attendre, attendre encore, puisque l'île courait rapidement vers les Aléoutiennes. Aux approches de ce groupe, on verrait ce qu'il conviendrait de faire.

C'était, en effet, le parti le plus sage, et certainement, dans huit jours, si sa vitesse ne diminuait pas, ou l'île s'arrêterait sur cette frontière méridionale de la mer de Behring, ou, entraînée au sud-ouest sur les eaux du Pacifique, elle serait irrévocablement perdue.

Mais la fatalité qui avait tant accablé ces hiverneurs et depuis si longtemps, allait encore les frapper d'un nouveau coup. Cette vitesse de déplacement sur laquelle ils comptaient devait avant peu leur faire défaut.

En effet, pendant la nuit du 26 au 27 mai, l'île Victoria subit un dernier changement d'orientation, dont les conséquences furent extrêmement graves. Elle fit un demi-tour sur elle-même. Les icebergs, restes de l'énorme banquise, qui la bornaient au nord, furent par ce changement reportés au sud.

Le matin, les naufragés, — ne peut-on leur donner ce nom? — virent le soleil se lever du côté du cap Esquimau et non plus sur l'horizon du port Barnett.

Quelles allaient être les conséquences de ce changement d'orientation? Ces montagnes de glace n'allaient-elles pas se séparer de l'île?

Chacun avait le pressentiment d'un nouveau malheur, et chacun comprit ce que voulait dire le soldat Kellet, qui s'écria :

« Avant ce soir, nous aurons perdu notre hélice! »

Kellet voulait dire par là que les icebergs, à présent qu'ils n'étaient plus à l'arrière, mais à l'avant de l'île, ne tarderaient pas à se détacher. C'étaient eux, en effet, qui lui imprimaient cette excessive vitesse, parce que, pour chaque pied dont ils s'élevaient au-dessus du niveau de la mer, ils en avaient six ou sept au-dessous. Plus enfoncés que l'île dans le courant sous-marin, ils étaient, par cela même, plus soumis à son influence, et il était à craindre que ce courant ne les séparât de l'île, puisqu'aucun ciment ne les liait à elle.

Oui, le soldat Kellet avait raison. L'île serait alors comme un bâtiment désemparé de sa mâture, et dont l'hélice aurait été brisée!

A cette parole de Kellet, personne n'avait répondu. Mais un quart d'heure ne s'était pas écoulé, qu'un horrible craquement se faisait entendre. Le sommet des glaces s'ébranlait, leur masse se détachait, et, tandis que l'île restait en arrière, les icebergs, irrésistiblement entraînés par le courant sous-marin, dérivaient rapidement vers le sud.

CHAPITRE XXI.

OU L'ÎLE SE FAIT ÎLOT.

Trois heures plus tard, les derniers morceaux de la banquise avaient déjà disparu au-dessous de l'horizon. Cette disparition si rapide prouvait que, maintenant, l'île demeurait presque stationnaire. C'est que toute la force du courant résidait dans les couches basses, et non à la surface de la mer.

Du reste, le point fut fait à midi, et donna un relèvement exact. Vingt-quatre heures après, le nouveau point constatait que l'île Victoria ne s'était pas déplacée d'un mille!

Restait donc une chance de salut, une seule : c'est qu'un navire, un baleinier, passant en ces parages, recueillît les naufragés, soit qu'ils fussent encore sur l'île, soit que le radeau l'eût remplacée après sa dissolution.

L'île se trouvait alors par 54° 33' de latitude et 177° 19' de longitude, à plusieurs centaines de milles de la terre la plus rapprochée, c'est-à-dire des Aléoutiennes.

Le lieutenant Hobson, pendant cette journée, rassembla ses compagnons et leur demanda une dernière fois ce qu'il convenait de faire.

Tous furent du même avis : demeurer sur l'île tant qu'elle ne s'effondrerait pas, car sa grandeur la rendait encore insensible à l'état de la mer; puis, quand elle menacerait définitivement de se dissoudre, embarquer toute la petite colonie sur le radeau, et attendre.

Attendre!

Le radeau était alors achevé. Mac Nap y avait construit une vaste cabane, sorte de roufle, dans lequel tout le personnel du fort pouvait se mettre à l'abri. Un mât avait été préparé, que l'on pourrait dresser en cas de besoin, et les voiles qui devaient servir au bateau étaient prêtes depuis longtemps. L'appareil était solide, et si le vent soufflait du bon côté, si la mer n'était pas trop mauvaise, peut-être cet assemblage de poutres et de planches sauverait-il la colonie tout entière.

« Rien, dit Mrs. Paulina Barnett, rien n'est impossible à celui qui dispose des vents et des flots! »

Jasper Hobson avait fait l'inventaire des vivres. La réserve était peu abondante, car les dégâts produits par l'avalanche l'avaient singulièrement diminuée, mais ruminants et rongeurs ne manquaient pas, et l'île, toute verdoyante de mousses et d'arbustes, les nourrissait sans peine. Il parut nécessaire d'augmenter les provisions de viande conservée, et les chasseurs tuèrent des rennes et des lièvres.

En somme, la santé des colons était bonne. Ils avaient peu souffert de ce dernier hiver, si modéré, et les épreuves morales n'avaient point encore entamé leur vigueur physique. Mais, il faut le dire, ils ne voyaient pas sans une extrême appréhension, sans de sinistres pressentiments, le moment où ils abandonneraient leur île, ou, pour parler plus exactement, le moment où cette île les abandonnerait eux-mêmes. Ils s'effrayaient à la pensée de flotter à la surface de cette immense mer, sur un plancher de bois qui serait soumis à tous les caprices de la houle. Même par les temps moyens, les lames y embarqueraient et rendraient la situation très-pénible. Qu'on le remarque aussi, ces hommes n'étaient point des marins, de ces habitués de la mer qui ne craignent pas de se fier à quelques planches; c'étaient des soldats, accoutumés aux solides territoires de la Compagnie. Leur île était fragile, elle ne reposait que sur un mince champ de glace, mais enfin sur cette glace il y avait de la terre, et sur cette terre une verdoyante végétation, des arbustes, des arbres; les animaux l'habitaient avec eux; elle était absolument indifférente à la houle, et on pouvait la croire immobile. Oui! ils l'aimaient cette île Victoria, sur laquelle ils vivaient depuis près de doux ans, cette île qu'ils avaient si souvent parcourue en toutes ses parties, qu'ils avaient ensemencée, et qui, en somme, avait résisté jusqu'alors à tant de cataclysmes ! Oui ! ils ne la quitteraient pas sans regret, et ils ne le feraient qu'au moment où elle leur manquerait sous les pieds !

Ces dispositions, le lieutenant Hobson les connaissait, et il les trouvait bien naturelles. Il savait avec quelle répugnance ses compagnons s'embarqueraient sur le radeau, mais les événements allaient se précipiter, et sur ces eaux chaudes, l'île ne pouvait tarder à se dissoudre. En effet, de graves symptômes apparurent, qu'on ne devait pas négliger.

Voici ce qu'était ce radeau. Il mesurait trente pieds sur chaque face, ce qui lui donnait une superficie de neuf cents pieds carrés. Sa plate-forme s'élevait de deux pieds au-dessus de l'eau, et des pavois le défendaient tout autour contre les petites lames, mais il était bien évident qu'une houle un peu forte passerait par-dessus cette insuffisante barrière. Au milieu du radeau, le maître charpentier avait construit un véritable roufle, qui pouvait contenir une vingtaine de personnes. Autour étaient établis de grands coffres destinés aux provisions et des pièces à eau, le tout solidement fixé à la plate-forme au moyen de chevilles de fer. Le mât, haut d'une trentaine de pieds, s'appuyait au roufle et était soutenu par des haubans qui se rattachaient aux quatre angles de l'appareil. Ce mât devait porter une voile carrée, qui ne pouvait évidemment servir que vent arrière. Toute autre allure était nécessairement interdite à cet appareil flottant, auquel une sorte de gouvernail, très-insuffisant sans doute, avait été adapté.

Tel était le radeau du maître charpentier, sur lequel devaient se réfugier vingt personnes, sans compter le petit enfant de Mac Nap. Il flottait tranquillement sur les eaux du lagon, retenu au rivage par une forte amarre. Certes, il avait été construit avec plus de soin que n'en peuvent mettre des naufragés surpris en mer par la destruction soudaine de leur navire, il était plus solide et mieux aménagé, mais enfin ce n'était qu'un radeau.

Le 1er juin, un nouvel accident se produisit. Le soldat Hope était allé puiser de l'eau au lagon pour les besoins de la cuisine. Mrs. Joliffe, en goûtant cette eau, la trouva salée. Elle rappela Hope, lui disant qu'elle avait demandé de l'eau douce, et non de l'eau de mer.

Hope répondit qu'il avait puisé cette eau au lagon. De là une sorte de discussion, au milieu de laquelle intervint le lieutenant. En entendant les affirmations du soldat Hope, il pâlit, puis il se dirigea rapidement vers le lagon...

Les eaux en étaient absolument salées! Il était

évident que le fond du lagon s'était crevé, et que la mer y avait fait irruption.

Ce fait aussitôt connu, une même crainte bouleversa les esprits tout d'abord.

« Plus d'eau douce! » s'écrièrent ces pauvres gens.

Et, en effet, après la rivière Paulina, le lac Barnett venait de disparaître à son tour!

Mais le lieutenant Hobson se hâta de rassurer ses compagnons à l'endroit de l'eau potable.

« Nous ne manquons pas de glace, mes amis, dit-il. Ne craignez rien. Il suffira de faire fondre quelques morceaux de notre île, et j'aime à croire que nous ne la boirons pas tout entière, » ajouta-t-il en essayant de sourire.

En effet, l'eau salée, qu'elle se vaporise ou qu'elle se solidifie, abandonne complétement le sel qu'elle contient en dissolution. On déterra donc, si on peut employer cette expression, quelques blocs de glace, et on les fit fondre, non-seulement pour les besoins journaliers, mais aussi pour remplir les pièces à eau disposées sur le radeau.

Cependant, il ne fallait pas négliger ce nouvel avertissement que la nature venait de donner. L'île se dissolvait évidemment par sa base, et cet envahissement de la mer par le fond du lagon le prouvait surabondamment. Le sol pouvait donc à chaque instant s'effondrer, et Jasper Hobson ne permit plus à ses hommes de s'éloigner, car ils auraient risqué d'être entraînés au large.

Il semblait aussi que les animaux eussent le pressentiment d'un danger très-prochain. Ils se massaient autour de l'ancienne factorerie. Depuis la disparition de l'eau douce, on les voyait venir lécher les blocs de glace retirés du sol. Ils semblaient inquiets, quelques-uns paraissaient pris de folie, les loups surtout, qui arrivaient en bandes échevelées, puis disparaissaient en poussant de rauques aboiements. Les animaux à fourrure restaient parqués autour du puits circulaire qui remplaçait la maison engloutie. On en comptait plusieurs centaines de différentes espèces. L'ours rôdait aux environs, aussi inoffensif aux animaux qu'aux hommes. Il était évidemment très-inquiet, par instinct, et il eût volontiers demandé protection contre ce danger qu'il pressentait et ne pouvait détourner.

Les oiseaux, très-nombreux jusqu'alors, parurent aussi diminuer peu à peu. Pendant ces derniers jours, des bandes considérables de grands volateurs, de ceux auxquels la puissance de leurs ailes permettait de traverser les larges espaces, les cygnes entre autres, émigrèrent vers le sud, là où ils devaient rencontrer les premières terres des Aléoutiennes qui leur offraient un abri sûr. Ce départ fut observé et remarqué par Mrs. Paulina Barnett et Madge, qui erraient, à ce moment, sur le littoral. Elles en tirèrent un fâcheux pronostic.

« Ces oiseaux trouvent sur l'île une nourriture suffisante, dit Mrs. Paulina Barnett, et cependant, ils s'en vont! Ce n'est pas sans motif, ma pauvre Madge!

— Oui, répondit Madge, c'est leur intérêt qui les guide. Mais s'ils nous avertissent, nous devons profiter de l'avertissement. Je trouve aussi que les autres animaux paraissent être plus inquiets que de coutume. »

Ce jour-là, Jasper Hobson résolut de faire transporter sur le radeau la plus grande partie des vivres et des effets de campement. Il fut décidé aussi que tout le monde s'y embarquerait.

Mais, précisément, la mer était mauvaise, et sur cette petite Méditerranée, formée maintenant par les eaux mêmes de Behring à l'intérieur du lagon, toutes les agitations de la houle se reproduisaient et même avec une grande intensité. Les lames, enfermées dans cet espace relativement restreint, heurtaient le rivage encore, et s'y brisaient avec fureur. C'était comme une tempête sur ce lac, ou plutôt sur cet abîme aussi profond que la mer environnante. Le radeau était violemment agité, et de forts paquets d'eau y embarquaient sans cesse. On fut même obligé de suspendre l'embarquement des effets et des vivres.

On comprend bien que, dans cet état de choses,

le lieutenant Hobson n'insista pas vis-à-vis de ses compagnons. Autant valait passer encore une nuit sur l'île. Le lendemain, si la mer se calmait, on achèverait l'embarquement.

La proposition ne fut donc point faite aux soldats et aux femmes de quitter leur logement et d'abandonner l'île, car c'était véritablement l'abandonner que se réfugier sur le radeau.

Du reste, la nuit fut meilleure qu'on ne l'aurait espéré. Le vent vint à se calmer. La mer s'apaisa peu à peu. Ce n'était qu'un orage qui avait passé avec cette rapidité spéciale aux météores électriques. A huit heures du soir, la houle était presque entièrement tombée, et les lames ne formaient plus qu'un clapotis peu sensible à l'intérieur du lagon.

Certainement, l'île ne pouvait échapper à un effondrement imminent, mais enfin il valait mieux qu'elle se fondît peu à peu, plutôt que d'être brisée par une tempête, et c'est ce qui pouvait arriver d'un instant à l'autre, quand la mer se soulevait en montagnes autour d'elle.

A l'orage avait succédé une légère brume qui menaçait de s'épaissir dans la nuit. Elle venait du nord, et, par conséquent, suivant la nouvelle orientation, elle couvrait la plus grande partie de l'île.

Avant de se coucher, Jasper Hobson visita les amarres du radeau, qui étaient tournées à de forts troncs de bouleau. Par surcroît de précaution, on leur donna un tour de plus. D'ailleurs, le pis qui pût arriver, c'était que le radeau fût emporté à la dérive sur le lagon, et le lagon n'était pas si grand qu'il risquât de s'y perdre.

CHAPITRE XXII.

LES QUATRE JOURS QUI SUIVENT.

La nuit, c'est-à-dire une heure à peine de crépuscule et d'aube, fut calme. Le lieutenant Hobson se leva, et, décidé à ordonner l'embarquement de la colonie pour le jour même, il se dirigea vers le lagon.

La brume était encore épaisse ; mais au-dessus de ce brouillard, on sentait déjà les rayons du soleil. Le ciel avait été nettoyé par l'orage de la veille, et la journée promettait d'être chaude.

Lorsque Jasper Hobson arriva sur les bords du lagon, il net pu en distinguer la surface, qui était encore cachée par de grosses volutes de brume.

A ce moment, Mrs. Paulina Barnett, Madge et quelques autres venaient le rejoindre sur le rivage.

La brume commençait alors à se lever. Elle reculait vers le fond du lagon et en découvrait peu à peu la surface. Cependant, le radeau n'apparaissait pas encore.

Enfin, un coup de brise enleva le brouillard...

Il n'y avait pas de radeau! Il n'y avait plus de lac! C'était l'immense mer qui s'étendait devant les regards!

Le lieutenant Hobson ne put retenir un geste de désespoir, et quand ses compagnons et lui se retournèrent, quand leurs yeux se portèrent à tous les points de l'horizon, un cri leur échappa!... Leur île n'était plus qu'un îlot!

Pendant la nuit, les six septièmes de l'ancien territoire du cap Bathurst — usés, rongés par le flot, — s'étaient abîmés dans la mer, sans bruit, sans convulsion, et le radeau, trouvant une issue, avait dérivé au large. Et ceux qui avaient mis en lui leur dernière chance ne pouvaient même plus l'apercevoir sur cet océan désert!

Les malheureux, suspendus sur un abîme prêt à les engloutir, sans ressources, sans aucun moyen de salut, furent terrassés par le désespoir. De ces soldats, quelques-uns, comme fous, voulurent se précipiter à la mer. Mrs. Paulina Barnett se jeta au-devant d'eux. Ils revinrent. Quelques-uns pleuraient.

On voit maintenant quelle était la situation des naufragés, et s'ils pouvaient conserver quelque espoir! Que l'on juge aussi de la position du lieutenant au milieu de ces infortunés à demi affolés!

Vingt et une personnes emportées sur un îlot de glace, qui ne pouvait tarder à s'ouvrir sous leurs pieds! Avec cette vaste portion de l'île maintenant engloutie avaient disparu les collines boisées. Donc, plus un arbre. En fait de bois, il ne restait que les quelques planches du logement, absolument insuffisantes pour la construction d'un nouveau radeau, qui pût suffire au transport de la colonie. La vie des naufragés était donc strictement limitée à la durée de l'îlot, c'est-à-dire à quelques jours au plus, car on était au mois de juin, et la température moyenne dépassait soixante-huit degrés Fahrenheit (20 centigr. au-dessus de zéro).

Pendant cette journée, le lieutenant Hobson crut devoir encore faire une reconnaissance de l'îlot. Peut-être conviendrait-il de se réfugier sur un autre point, auquel son épaisseur assurerait une durée plus longue? Mrs. Paulina Barnett et Madge l'accompagnèrent dans cette excursion.

« Espères-tu toujours? demanda Mrs. Paulina Barnett à sa fidèle compagne.

— Toujours! » répondit Madge.

Mrs. Paulina Barnett ne répondit pas. Jasper Hobson et elle marchaient d'un pas rapide, en suivant le littoral. Toute la côte avait été respectée depuis le cap Bathurst jusqu'au cap Esquimau, c'est-à-dire sur une longueur de huit milles. C'était au cap Esquimau que la fracture s'était opérée, suivant une ligne courbe qui rejoignait la pointe extrême du lagon, dirigée vers l'intérieur de l'île. De cette pointe, le nouveau littoral se composait du rivage même du lagon, que baignaient maintenant les eaux de la mer. Vers la partie supérieure du lagon, une autre cassure se prolongeait jusqu'au littoral compris entre le cap Bathurst et l'ancien port Barnett. L'îlot représentait donc une bande oblongue, d'une largeur moyenne d'un mille seulement.

Des cent quarante milles carrés qui formaient autrefois la superficie totale de l'île, il n'en restait pas vingt !

Le lieutenant Hobson observa avec une extrême attention la nouvelle conformation de l'îlot et reconnut que sa portion la plus épaisse était encore l'emplacement de l'ancienne factorerie. Il lui parut donc convenable de ne point abandonner le campement actuel, et c'était aussi celui que les animaux, par instinct, avaient conservé.

Toutefois, on remarqua qu'une notable quantité de ces ruminants et de ces rongeurs, ainsi que le plus grand nombre des chiens qui erraient à l'aventure, avaient disparu avec la plus importante partie de l'île. Mais il en restait encore un certain nombre, principalement des rongeurs. L'ours, affolé, errait sur l'îlot et en faisait incessamment le tour, comme un fauve enfermé dans une cage.

Vers cinq heures du soir, le lieutenant Hobson et

ses deux compagnes étaient rentrés au logement. Là, hommes et femmes, tous se trouvèrent réunis, silencieux, ne voulant plus rien voir, ne voulant plus rien entendre. Mrs. Joliffe s'occupait de préparer quelque nourriture. Le chasseur Sabine, moins accablé que ses compagnons, allait et venait, cherchant à obtenir un peu de venaison fraîche. Quant à l'astronome, il s'était assis à l'écart et jetait sur la mer un regard vague et presque indifférent. Il semblait que rien ne pût l'étonner!

Jasper Hobson apprit à ses compagnons les résultats de son excursion. Il leur dit que le campement actuel offrait une sécurité plus grande que tout autre point du littoral, et il recommanda même de ne plus s'en éloigner, car des traces d'une prochaine rupture se manifestaient déjà à mi-chemin du campement et du cap Esquimau. Il était donc probable que la superficie de l'îlot ne tarderait pas à être considérablement réduite. Et, rien, rien à faire!

La journée fut réellement chaude. Les glaçons, déterrés pour fournir l'eau potable, se dissolvaient sans qu'il fût nécessaire d'employer le feu. Sur les parties accores du rivage, la croûte glacée s'en allait en minces filets qui tombaient à la mer. Il était visible que, d'une manière générale, le niveau moyen de l'îlot s'était abaissé. Les eaux tièdes rongeaient incessamment sa base.

On ne dormit guère au campement pendant la

nuit suivante. Qui aurait pu trouver quelque sommeil en songeant qu'à tout instant l'abîme pouvait s'ouvrir, si ce n'est ce petit enfant qui souriait à sa mère, et que sa mère ne voulait plus abandonner un instant?

Le lendemain, 4 juin, le soleil reparut au-dessus de l'horizon dans un ciel sans nuages. Aucun changement ne s'était produit pendant la nuit. La conformation de l'îlot n'avait point été altérée.

Ce jour-là, un renard bleu, effaré, se réfugia dans le logement et n'en voulut plus sortir. On peut dire que les martres, les hermines, les lièvres polaires, les rats musqués, les castors, fourmillaient sur l'emplacement de l'ancienne factorerie. C'était comme un troupeau d'animaux domestiques. Les bandes de loups manquaient seules à la faune polaire. Ces carnassiers, dispersés sur la partie opposée de l'île au moment de la rupture, avaient été évidemment engloutis avec elle. Comme par un pressentiment, l'ours ne s'éloignait plus du cap Bathurst, et les animaux à fourrure, trop inquiets, ne semblaient même pas s'apercevoir de sa présence. Les naufragés eux-mêmes, familiarisés avec le gigantesque animal, le laissaient aller et venir, sans s'en préoccuper. Le danger commun, pressenti de tous, avait mis au même niveau les instincts et les intelligences.

Quelques moments avant midi, les naufragés

éprouvèrent une émotion bien vive, qui ne devait aboutir qu'à une déception.

Le chasseur Sabine, monté sur le point culminant de l'îlot, et qui observait la mer depuis quelques instants, fit entendre ces cris :

« Un navire ! un navire ! »

Tous, comme s'ils eussent été galvanisés, se précipitèrent vers le chasseur. Le lieutenant Hobson l'interrogeait du regard.

Sabine montra dans l'est une sorte de vapeur blanche qui pointait à l'horizon. Chacun regarda sans oser prononcer une parole, et chacun vit ce navire dont la silhouette s'accentuait de plus en plus.

C'était bien un bâtiment, un baleinier sans doute. On ne pouvait s'y tromper, et, au bout d'une heure, sa carène était visible.

Malheureusement, ce navire apparaissait dans l'est, c'est-à-dire à l'opposé du point où le radeau entraîné avait dû se diriger. Ce baleinier, le hasard seul l'envoyait dans ces parages, et, puisqu'il n'avait point communiqué avec le radeau, on ne pouvait admettre qu'il fût à la recherche des naufragés, ni qu'il soupçonnât leur présence.

Maintenant, ce navire apercevrait-il l'îlot, peu élevé au-dessus de la surface de la mer? Sa direction l'en rapprocherait-il? Distinguerait-il les signaux qui lui seraient faits? En plein jour, et par ce beau soleil, c'était peu probable. La nuit, en brûlant les quelques planches du logement, on aurait pu entretenir un feu visible à une grande distance. Mais le navire n'aurait-il pas disparu avant l'arrivée de la nuit, qui ne devait durer qu'une heure à peine? En tout cas, des signaux furent faits, des coups de feu furent tirés.

Cependant, ce navire s'approchait! On reconnaissait en ce bâtiment un long trois-mâts, évidemment un baleinier de New-Arkhangel, qui, après avoir doublé la presqu'île d'Alaska, se dirigeait vers le détroit de Behring. Il était au vent de l'îlot, et, tribord amure, sous ses basses voiles, ses huniers et ses perroquets, il s'élevait vers le nord. Un marin eût reconnu à son orientation que ce navire ne laissait pas porter sur l'îlot. Mais peut-être l'apercevrait-il?

« S'il l'aperçoit, murmura le lieutenant Hobson à l'oreille du sergent Long, s'il l'aperçoit, il s'enfuira au contraire! »

Jasper Hobson avait raison de parler ainsi. Les navires ne redoutent rien tant, dans ces parages, que l'approche des icebergs et des îles de glace! Ce sont des écueils errants contre lesquels ils craignent de se briser, surtout pendant la nuit. Aussi se hâtent-ils de changer leur direction, dès qu'ils les aperçoivent. Ce navire n'agirait-il pas ainsi dès qu'il aurait connaissance de l'îlot? C'était probable.

Par quelles alternatives d'espoir et de désespoir les naufragés passèrent, cela ne saurait se peindre. Jusqu'à deux heures du soir, ils purent croire que la Providence prenait enfin pitié d'eux, que le secours leur arrivait, que le salut était là! Le navire s'était toujours approché par une ligne oblique. Il n'était pas à six milles de l'îlot. On multiplia les signaux, on tira des coups de fusil, on produisit même une grosse fumée en brûlant quelques planches du logement...

Ce fut en vain. Ou le bâtiment ne vit rien, ou il se hâta de fuir l'îlot dès qu'il l'aperçut.

A deux heures et demie, il lofait légèrement et s'éloignait dans le nord-est.

Une heure après, il n'apparaissait plus que comme une vapeur blanche, et bientôt il avait entièrement disparu.

Un des soldats, Kellet, poussa alors des rires extravagants. Puis il se roula sur le sol. On dut croire qu'il devenait fou.

Mrs. Paulina Barnett avait regardé Madge, bien en face, comme pour lui demander si elle espérait encore!

Madge avait détourné la tête!...

Le soir de ce jour néfaste, un craquement se fit entendre : c'était toute la plus grande partie de l'îlot qui se détachait et s'abîmait dans la mer. Des cris terribles d'animaux éclatèrent. L'îlot était réduit à cette pointe qui s'étendait depuis l'emplacement de la maison engloutie jusqu'au cap Bathurst!

Ce n'était plus qu'un glaçon!

CHAPITRE XXIII.

SUR UN GLAÇON.

Un glaçon! un glaçon irrégulier, en forme de triangle, mesurant cent pieds à sa base, cent cinquante pieds à peine sur son plus grand côté! Et sur ce glaçon, vingt et un êtres humains, une centaine d'animaux à fourrure, quelques chiens, un ours gigantesque, en ce moment accroupi à la pointe extrême!

Oui! tous les naufragés étaient là! L'abîme n'en avait pas encore pris un seul. La rupture s'était opérée au moment où ils étaient réunis dans le logement. Le sort les avait encore sauvés, voulant sans doute qu'ils périssent tous ensemble!

Mais quelle situation! On ne parlait pas. On ne bougeait pas. Peut-être le moindre mouvement, la plus légère secousse eût-elle suffi à rompre la base de glace!

Aux quelques morceaux de viande sèche que distribua Mrs. Joliffe, personne ne put ou ne voulut toucher. A quoi bon ?

La plupart de ces infortunés passèrent la nuit en plein air. Ils aimaient mieux cela : être engloutis librement, et non dans une étroite cabane de planches !

Le lendemain, 5 juin, un brillant soleil se leva sur ce groupe de désespérés. Ils se parlaient à peine. Ils cherchaient à se fuir. Quelques-uns regardaient d'un œil troublé l'horizon circulaire, dont ce misérable glaçon formait le centre.

La mer était absolument déserte. Pas une voile, pas même une île de glace, ni un îlot. Ce glaçon, sans doute, était le dernier qui flottât sur la mer de Behring !

La température s'élevait sans cesse. Le vent ne soufflait plus. Un calme terrible régnait dans l'atmosphère. De longues ondulations soulevaient doucement ce dernier morceau de terre et de glace qui restait de l'île Victoria. Il montait et descendait sans se déplacer, comme une épave, et ce n'était plus qu'une épave, en effet !

Mais une épave, un reste de carcasse, le tronçon d'un mât, une hune brisée, quelques planches, cela résiste, cela surnage, cela ne peut fondre ! Tandis qu'un glaçon, de l'eau solidifiée, qu'un rayon de soleil va dissoudre !...

Ce glaçon — et cela explique qu'il eût résisté jusqu'alors, — formait la portion la plus épaisse de l'ancienne île. Une calotte de terre et de verdure le recouvrait, et il était supposable que sa croûte glacée mesurait une épaisseur assez grande. Les longs froids de la mer polaire avaient dû le « nourrir en glace », quand autrefois, et pendant des périodes séculaires, ce cap Bathurst faisait la pointe la plus avancée du continent américain.

En ce moment, ce glaçon s'élevait encore en moyenne de cinq à six pieds au-dessus du niveau de la mer. On pouvait dès lors admettre que sa base avait une épaisseur à peu près égale. Si donc, sur ces eaux tranquilles, il ne courait pas le risque de se briser, du moins devait-il peu à peu se réduire en eau. On le voyait bien à ses bords qui s'usaient rapidement sous la langue des longues lames, et, presque incessamment, quelque morceau de terre, avec sa verdoyante végétation, s'écroulait dans les flots.

Un écroulement de cette nature eut lieu ce jour même, vers une heure du soir, dans la partie du sol occupée par le logement, qui se trouvait tout à fait sur la lisière du glaçon. Le logement était heureusement vide, mais on ne put sauver que quelques-unes des planches qui le formaient et deux ou trois poutrelles de toiture. La plupart des ustensiles et les instruments d'astronomie furent perdus ! Toute la petite colonie dut se réfugier alors sur la partie la plus élevée du sol, où rien ne la défendait des intempéries de l'air.

Là se trouvaient encore quelques outils, les pompes et le réservoir à air que Jasper Hobson utilisa en y recueillant quelques gallons d'une pluie qui tomba en abondance. Il ne fallait plus, en effet, emprunter au sol déjà si réduit la glace qui fournissait jusqu'alors l'eau potable. Il n'était pas une parcelle de ce glaçon qui ne fût à ménager.

Vers quatre heures, le soldat Kellet, celui-là même qui avait donné déjà quelques signes de folie, vint trouver Mrs. Paulina Barnett et lui dit d'un ton calme :

« Madame, je vais me noyer.

— Kellet! s'écria la voyageuse.

— Je vous dis que je vais me noyer, reprit le soldat. J'ai bien réfléchi. Il n'y a pas moyen de s'en tirer. J'aime mieux en finir volontairement.

— Kellet, répondit Mrs. Paulina Barnett, en prenant la main du soldat, dont le regard était étrangement clair, Kellet, vous ne ferez pas cela!

— Si, madame, et comme vous avez toujours été bonne pour nous autres, je n'ai pas voulu mourir sans vous dire adieu. Adieu, madame! »

Et Kellet se dirigea vers la mer. Mrs. Paulina Barnett, épouvantée, s'attacha à lui. Jasper Hobson et le sergent accoururent à ses cris. Ils se joignirent à elle pour détourner Kellet d'accomplir son dessein.

Mais le malheureux, pris par cette idée fixe, se contentait de secouer négativement la tête.

Pouvait-on faire entendre raison à cet esprit égaré? Non. Et cependant l'exemple de ce fou se jetant à la mer aurait pu être contagieux! Qui sait si quelques-uns des compagnons de Kellet, démoralisés au dernier degré, ne l'auraient pas suivi dans le suicide? Il fallait à tout prix arrêter ce malheureux prêt à se tuer.

« Kellet, dit alors Mrs. Paulina Barnett, en lui parlant doucement, souriant presque, vous avez de la bonne et franche amitié pour moi?

— Oui, madame, répondit Kellet avec calme.

— Eh bien, Kellet, si vous le voulez, nous mourrons ensemble..., mais pas aujourd'hui.

— Madame!...

— Non, mon brave Kellet, je ne suis pas prête..., demain seulement... demain, voulez-vous?... »

Le soldat regarda plus fixement que jamais la courageuse femme. Il sembla hésiter un instant, jeta un regard d'envie féroce sur cette mer étincelante, puis, passant sa main sur ses yeux :

« Demain! » dit-il.

Et, ce seul mot prononcé, il alla d'un pas tranquille reprendre sa place parmi ses compagnons.

« Pauvre malheureux! murmura Mrs. Paulina Barnett, je lui ai demandé d'attendre à demain, et d'ici là, qui sait si nous ne serons pas tous engloutis!... »

Cependant, Jasper Hobson, qui ne voulait pas désespérer, se demandait s'il n'y aurait pas un moyen quelconque d'arrêter la dissolution de l'îlot, si on ne pouvait parvenir à le conserver jusqu'au moment où il serait en vue d'une terre quelconque !

Mrs. Paulina Barnett et Madge ne se quittaient plus d'un seul instant. Kalumah était couchée comme un chien auprès de sa maîtresse et cherchait à la réchauffer. Mrs. Mac Nap, enveloppée de quelques pelleteries, restes de la riche moisson du Fort-Espérance, s'était assoupie, son petit enfant sur son sein.

Les autres naufragés, étendus çà et là, ne bougeaient pas plus que s'ils n'eussent été que des cadavres abandonnés sur une épave. Nul bruit ne troublait ce repos terrible. Seulement, on entendait la lame qui rongeait peu à peu le glaçon, et de petits éboulements se faisaient, dont le bruit sec marquait sa dégradation.

Parfois, le sergent Long se levait. Il regardait autour de lui, il parcourait la mer du regard ; puis, un instant après, il reprenait sa position horizontale. A l'extrémité du glaçon, l'ours formait comme une grosse boule de neige blanche qui ne remuait pas.

Il y eut une heure d'obscurité. Aucun incident ne modifia la situation ! Les basses brumes du matin se nuancèrent, vers l'orient, de teintes un peu fauves. Quelques nuages se fondirent au zénith, et bientôt les rayons du soleil glissèrent à la surface des eaux.

Le premier soin du lieutenant fut d'explorer le glaçon. Son périmètre s'était encore réduit, mais, circonstance plus grave, sa hauteur moyenne au-dessus du niveau de la mer avait sensiblement diminué. Les ondulations de la mer, si faibles qu'elles fussent, suffisaient à le couvrir en partie. Seul, le sommet du monticule échappait à leur atteinte.

Le sergent Long avait, de son côté, observé les changements qui s'étaient produits. Les progrès de la dissolution étaient si évidents qu'il ne lui restait plus aucun espoir.

Mrs. Paulina Barnett alla trouver le lieutenant Hobson.

« Ce sera pour aujourd'hui? lui demanda-t-elle.

— Oui, madame, répondit le lieutenant, et vous tiendrez la promesse que vous avez faite à Kellet!

— Monsieur Jaspar, dit gravement la voyageuse, avons-nous fait tout ce que nous devions faire?

— Oui, madame.

— Eh bien, que la volonté de Dieu s'accomplisse! »

Cependant, pendant cette journée, une dernière tentative désespérée devait être faite. Une brise assez forte s'était levée et venait du large, c'est-à-dire qu'elle portait vers le sud-est, précisément dans cette direction où se trouvaient les terres les plus rapprochées des Aléoutiennes. A quelle distance?

on ne pouvait le dire, depuis que, faute d'instruments, la situation du glaçon n'avait pu être relevée. Mais il ne devait pas avoir dérivé considérablement, à moins que quelque courant ne l'eût saisi, car il n'offrait aucune prise au vent.

Toutefois, il y avait là un doute. Si, par impossible, ce glaçon eût été plus près de terre que les naufragés ne le supposaient! Si un courant dont on ne pouvait constater la direction l'avait rapproché de ces Aléoutiennes tant désirées! Le vent portait alors vers ces îles, et il pouvait rapidement déplacer le glaçon, si on lui donnait prise. Le glaçon n'eût-il plus que quelques heures à flotter, en quelques heures la terre pouvait apparaître peut-être, ou sinon elle, du moins un de ces navires de cabotage ou de pêche qui ne s'élèvent jamais au large.

Une idée, d'abord confuse dans l'esprit du lieutenant Hobson, prit bientôt une étrange fixité. Pourquoi n'établirait-on pas une voile sur ce glaçon comme sur un radeau ordinaire? Cela était possible, en effet.

Jasper Hobson communiqua son idée au charpentier.

« Vous avez raison, répondit Mac Nap. Toutes voiles dehors! »

Ce projet, quelque peu de chance qu'il eût de réussir, ranima ces infortunés. Pouvait-il en être autrement? Ne devaient-ils pas se raccrocher à tout ce qui ressemblait à un espoir?

Tous se mirent à l'œuvre, même Kellet, qui n'avait pas encore rappelé à Mrs. Paulina Barnett sa promesse.

Une poutrelle, formant autrefois le faîte du logement des soldats, fut dressée et fortement enfoncée dans la terre et le sable dont se composait le monticule. Des cordes, disposées comme des haubans et un étai, l'assujettirent solidement. Une vergue, faite d'une forte perche, reçut en guise de voile les draps et couvertures qui garnissaient les dernières couchettes, et fut hissée au haut du mât. La voile, ou plutôt cet assemblage de toiles, convenablement orientée, se gonfla sous une brise maniable, et au sillon qu'il laissait derrière lui, il fut bientôt évident que le glaçon se déplaçait plus rapidement dans la direction du sud-est.

C'était un succès. Une sorte de révivification se fit dans ces esprits abattus. Ce n'était plus l'immobilité, c'était la marche, et ils s'enivraient de cette vitesse, si médiocre qu'elle fût. Le charpentier était particulièrement satisfait de ce résultat. Tous, d'ailleurs, comme autant de vigies, fouillaient l'horizon du regard, et si on leur eût dit que la terre ne devait pas apparaître à leurs yeux, ils n'auraient pas voulu le croire!

Il devait en être ainsi cependant.

Pendant trois heures, le glaçon marcha sur les eaux assez calmes de la mer. Il ne résistait point au vent et à la houle, au contraire, et les lames le portaient, loin de lui faire obstacle. Mais l'horizon se traçait toujours circulairement, sans qu'aucun point en altérât la netteté. Ces infortunés espéraient toujours.

Vers trois heures après midi, le lieutenant Hobson prit le sergent Long à part et lui dit :

« Nous marchons, mais c'est aux dépens de la solidité et de la durée de notre îlot.

— Que voulez-vous dire, mon lieutenant?

— Je veux dire que le glaçon s'use rapidement au frottement des eaux accru par sa vitesse. Il s'éraille, il se casse, et, depuis que nous avons mis à la voile, il a diminué d'un tiers.

— Vous êtes certain...

— Absolument certain, Long. Le glaçon s'allonge, il s'efflanque. Voyez! La mer n'est plus à dix pieds du monticule. »

Le lieutenant Hobson disait vrai, et avec ce glaçon, rapidement entraîné, il ne pouvait en être autrement.

« Sergent, demanda alors Jasper Hobson, êtes-vous d'avis de suspendre notre marche?

— Je pense, répondit le sergent Long, après un instant de réflexion, je pense que nous devons consulter nos compagnons. Maintenant, la responsabilité de nos décisions doit appartenir à tous. »

Le lieutenant fit un signe affirmatif. Tous deux reprirent leur place sur le monticule, et Jasper Hobson fit connaître la situation.

« Cette vitesse, dit-il, use rapidement le glaçon qui nous porte. Elle hâtera peut-être de quelques heures l'inévitable catastrophe. Décidez, mes amis. Voulez-vous continuer de marcher en avant?

— En avant! »

Ce fut le mot prononcé d'une commune voix par tous ces infortunés.

La navigation continua donc, et cette résolution des naufragés devait avoir d'incalculables conséquences. A six heures du soir, Madge se leva, et, montrant un point dans le sud-est :

« Terre! » dit-elle.

Tous se levèrent, électrisés. Une terre, en effet, se levait dans le sud-est, à douze milles du glaçon.

« De la toile! de la toile! » s'écria le lieutenant Hobson.

On le comprit. La surface de voilure fut accrue. On installa sur les haubans des sortes de bonnettes au moyen de vêtements, de fourrures, de tout ce qui pouvait donner prise au vent.

La vitesse fut accrue, d'autant plus que la brise fraîchissait. Mais le glaçon fondait de toutes parts. On le sentait tressaillir. Il pouvait s'ouvrir à chaque instant.

On n'y voulait pas songer. L'espoir entraînait. Le salut était là-bas, sur ce continent. On l'appelait, on lui faisait des signaux! C'était un délire!

A sept heures et demie, le glaçon s'était sensiblement rapproché de la côte. Mais il fondait à vue d'œil, il s'enfonçait aussi, l'eau l'affleurait, les lames le balayaient et emportaient peu à peu les animaux affolés de terreur. A chaque instant, on devait craindre que le glaçon ne s'abîmât sous les flots. Il fallut l'alléger comme un navire qui coule. Puis on étendit avec soin le peu de terre et de sable qui restait sur la surface glacée, vers ses bords surtout, de manière à les préserver de l'action directe des rayons solaires! On y plaça aussi des fourrures, qui, de leur nature, conduisent mal la chaleur. Enfin ces hommes énergiques employèrent tous les moyens imaginables pour retarder la catastrophe suprême. Mais tout cela était insuffisant. Des craquements couraient à l'intérieur du glaçon et des fentes se dessinaient à sa surface. Quelques-uns pagayaient avec des planches. Mais déjà l'eau se faisait jour au travers, et la côte était encore à quatre milles au vent!

« Allons! un signal, mes amis, s'écria le lieutenant Hobson, soutenu par une énergie héroïque. Peut-être nous verra-t-on! »

De tout ce qui restait d'objets combustibles, deux ou trois planches, une poutrelle, on fit un bûcher et on y mit le feu. Une grande flamme monta au-dessus de la fragile épave!

Mais le glaçon fondait de plus en plus, et en même temps il s'enfonçait. Bientôt, il n'y eut plus que le monticule de terre qui émergeât! Là, tous s'étaient réfugiés, en proie aux angoisses de l'épouvante, et, avec eux, ceux des animaux, en bien petit nombre, que la mer n'avait pas encore dévorés! L'ours poussait des rugissements formidables.

L'eau montait toujours. Rien ne prouvait que les naufragés eussent été aperçus. Certainement un quart d'heure ne se passerait pas avant qu'ils fussent engloutis...

N'y avait-il donc pas un moyen de prolonger la durée de ce glaçon? Trois heures seulement, trois heures encore, et on atteindrait peut-être cette terre qui n'était pas à trois milles sous le vent! Mais que faire? que faire?

« Ah! s'écria Jasper Hobson, un moyen, un seul pour empêcher ce glaçon de se dissoudre! Je donnerais ma vie pour le trouver! Oui! ma vie! »

En ce moment, quelqu'un dit d'une voix brève :
« Il y en a un! »

C'était Thomas Black qui parlait! C'était l'astronome qui, depuis si longtemps, n'avait plus ouvert la bouche, pour ainsi dire, et qui ne semblait plus compter comme un vivant parmi tous ces êtres voués à la mort! Et la première parole qu'il prononçait, c'était pour dire : « Oui, il y a un moyen d'empêcher ce glaçon de se dissoudre ! Il y a encore un moyen de nous sauver ! »

Jasper Hobson s'était précipité vers Thomas Black. Ses compagnons et lui interrogeaient l'astronome du regard. Ils croyaient avoir mal entendu.

« Et ce moyen ? demanda le lieutenant Hobson.

— Aux pompes ! » répondit seulement Thomas Black.

Thomas Black était-il fou ? Prenait-il le glaçon pour un navire qui sombre avec dix pieds d'eau dans sa cale ?

Cependant, il y avait bien là, en effet, les pompes d'aération et aussi le réservoir à air qui servait alors de charnier pour l'eau potable. Mais en quoi ces pompes pouvaient-elles être utiles ? Comment serviraient-elles à durcir les arêtes de ce glaçon qui fondait de toutes parts ?

« Il est fou ! dit le sergent Long.

— Aux pompes ! répéta l'astronome. Remplissez d'air le réservoir !

— Faisons ce qu'il dit ! » s'écria Mrs. Paulina Barnett.

Les pompes furent emmanchées au réservoir, dont le couvercle fut rapidement fermé et boulonné. Les pompes fonctionnèrent aussitôt, et l'air fut emmagasiné dans le réservoir sous une pression de plusieurs atmosphères. Puis, Thomas Black, prenant un des tuyaux de cuir soudés au réservoir, et qui, une fois le robinet ouvert, pouvait donner passage à l'air comprimé, il le promena sur les bords du glaçon, partout où la chaleur le dissolvait.

Quel effet se produisit, à l'étonnement de tous! Partout où cet air était projeté par la main de l'astronome, le dégel s'arrêtait, les fentes se raccordaient, la congélation se refaisait!

« Hurrah! hurrah! » s'écrièrent tous ces infortunés.

C'était un travail fatigant que la manœuvre des pompes, mais les bras ne manquaient pas. On se relayait. Les arêtes du glaçon se revivifiaient comme si elles eussent été soumises à un froid excessif.

« Vous nous sauvez, monsieur Black! dit Jasper Hobson.

— Mais rien de plus naturel! » répondit simplement l'astronome.

Rien n'était plus naturel, en effet, et voici l'effet physique qui se produisait en ce moment.

La recongélation du glaçon se refaisait pour deux motifs : d'abord, parce que sous la pression de l'air, l'eau, en se volatilisant à la surface du glaçon, produisait un froid rigoureux; et ensuite, parce que cet air comprimé empruntait, pour se détendre, sa chaleur à la surface dégelée. Partout où une fracture se produisait, le froid, provoqué par la détente de l'air, en cimentait les bords, et, grâce à ce moyen suprême, le glaçon reprenait peu à peu sa solidité première.

Et ce fut ainsi pendant plusieurs heures. Les naufragés, remplis d'un immense espoir, travaillaient avec une ardeur que rien n'eût arrêtée!

On approchait de terre.

Quand on ne fut plus qu'à un quart de mille de la côte, l'ours se jeta à la nage, atteignit bientôt le rivage et disparut.

Quelques instants après, le glaçon s'échouait sur une grève. Les quelques animaux qui l'occupaient encore prenaient la fuite. Puis, les naufragés débarquaient, tombaient à genoux et remerciaient le ciel de leur miraculeuse délivrance.

CHAPITRE XXIV.

CONCLUSION.

C'était à l'extrémité de la mer de Behring, sur la dernière des Aléoutiennes, l'île Blejinic, que tout le personnel du Fort-Espérance avait pris terre, après avoir franchi plus de dix-huit cents milles, depuis la débâcle des glaces! Des pêcheurs aléoutiens, accourus à leur secours, les accueillirent hospitalièrement. Bientôt même, le lieutenant Hobson et les siens furent mis en relation avec les agents anglais du continent qui appartenaient à la Compagnie de la baie d'Hudson.

Il est inutile de faire ressortir, après ce récit détaillé, le courage de tous ces braves gens, bien dignes de leur chef, et l'énergie qu'ils avaient montrée pendant cette longue série d'épreuves. Le cœur n'avait manqué ni à ces hommes, ni à ces femmes, auxquels la vaillante Paulina Barnett avait toujours donné l'exemple de l'énergie dans la détresse, et de la résignation aux volontés du ciel. Tous avaient lutté jusqu'au bout et n'avaient pas permis au désespoir de les abattre, même quand ils virent ce continent sur lequel ils avaient fondé le Fort-Espérance, se changer en île errante, cette île en îlot, cet îlot en glaçon, non pas même enfin, quand ce glaçon se fondit sous la double action des eaux chaudes et des rayons solaires! Si la tentative de la Compagnie était à reprendre, si le nouveau fort avait péri, nul ne pouvait le reprocher à Jasper Hobson ni à ses compagnons, qui avaient été soumis à des éventualités en dehors des prévisions humaines. En tout cas, des dix-neuf personnes confiées au lieutenant, pas une ne manquait au retour, et même la petite colonie s'était accrue de deux nouveaux membres, la jeune Esquimaude Kalumah et l'enfant du charpentier Mac Nap, le filleul de Mrs. Paulina Barnett.

Six jours après le sauvetage, les naufragés arrivaient à New-Arkhangel, la capitale de l'Amérique russe.

Là, tous ces amis, qui avaient été si étroitement attachés les uns aux autres par le danger commun, allaient se séparer pour jamais, peut-être! Jasper Hobson et les siens devaient regagner le Fort-Reliance à travers les territoires de la Compagnie, tandis que Mrs. Paulina Barnett, Kalumah qui ne voulait plus se séparer d'elle, Madge et Thomas Black comptaient retourner en Europe par San-Francisco et les États-Unis. Mais avant de se séparer, le lieutenant Hobson, devant tous ses compagnons réunis, d'une voix émue, parla en ces termes à la voyageuse :

« Madame, soyez bénie pour tout le bien que vous avez fait parmi nous! Vous avez été notre foi, notre consolation, l'âme de notre petit monde! Je vous en remercie au nom de tous! »

Trois hurrahs éclatèrent en l'honneur de Mrs Paulina Barnett. Puis, chacun des soldats voulut serrer la main de la vaillante voyageuse. Chacune des femmes l'embrassa avec effusion.

Quant au lieutenant Hobson, qui avait conçu pour Mrs. Paulina Barnett une affection si sincère, ce fut le cœur bien gros qu'il lui donna la dernière poignée de main.

« Est-ce qu'il est possible que nous ne nous revoyions pas un jour? dit-il.

— Non, Jasper Hobson, répondit la voyageuse, non, ce n'est pas possible! Et si vous ne venez pas en Europe, c'est moi qui reviendrai vous retrouver ici... ici ou dans la nouvelle factorerie que vous fonderez un jour... »

En ce moment, Thomas Black, qui, depuis qu'il venait de reprendre pied sur la terre ferme, avait retrouvé la parole, s'avança :

« Oui, nous nous reverrons... dans vingt-six ans! dit-il de l'air le plus convaincu du monde. Mes amis, j'ai manqué l'éclipse de 1860, mais je ne manquerai pas celle qui se reproduira dans les mêmes conditions et aux mêmes lieux en 1886. Donc, dans vingt-six ans, à vous, chère madame, et à vous, mon brave lieutenant, je donne rendez-vous de nouveau aux limites de la mer polaire. »

FIN.

TABLE

		Pages
CHAP. I.	Un fort flottant	1
— II.	Où l'on est	15
— III.	Le tour de l'île	29
— IV.	Un campement de nuit	46
— V.	Du 25 juillet au 20 août	61
— VI.	Dix jours de tempête	77
— VII.	Un feu et un cri	91
— VIII.	Une excursion de Mrs. Paulina Barnett	108
— IX.	Aventures de Kalumah	127
— X.	Le courant du Kamtchatka	144
— XI.	Une communication de Jasper Hobson	155
— XII.	Une chance à tenter	170
— XIII.	A travers le champ de glace	184
— XIV.	Les mois d'hiver	196
— XV.	Une dernière exploration	210

Chap. xvi.	La débâcle........................	228
— xvii.	L'avalanche.......................	241
— xviii.	Tous au travail....................	252
— xix.	La mer de Behring.................	268
— xx.	Au large !........................	281
— xxi.	Où l'île se fait îlot.................	292
— xxii.	Les quatre jours qui suivent.........	301
— xxiii.	Sur un glaçon.....................	310
— xxiv.	Conclusion........................	325

PARIS. — Impr. J. CLAYE. — A. QUANTIN et Cⁱᵉ, rue St-Benoît.

SEUL JOURNAL COURONNÉ
PAR L'ACADÉMIE FRANÇAISE

32 vol. *MAGASIN ILLUSTRÉ 32 vol.

DÉPARTEMENTS — 16 fr.   PARIS — 14 fr.

ET
DE RÉCRÉATION
Journal de toute la famille

Encyclopédie morale de l'Enfance et de la Jeunesse

PUBLIÉ PAR

JEAN MACÉ — P.-J. STAHL — JULES VERNE

AVEC LE CONCOURS DES ÉCRIVAINS, SAVANTS ET ARTISTES LES PLUS RÉPUTÉS

Il paraît une livraison de 32 pages tous les quinze jours, depuis le 20 mars 1864 ; soit un beau volume album tous les six mois.

Les 32 volumes parus contiennent 50 grands ouvrages, 730 contes et articles divers, et environ 3,600 gravures de nos premiers artistes.

ABONNEMENT ANNUEL
Paris : 14 fr. — Départements : 16 fr.

UNION POSTALE : 17 FR.

Les abonnements partent du 1er janvier ou du 1er juillet.

Volume br., 7 fr.; cart. toile, tr. dor., 10 fr.; rel., tr. dor., 12 fr.

COLLECTION COMPLÈTE : 32 VOLUMES
Brochés 224 fr.; cart. toile, tr. dor. : 320 fr.; reliés, tr. dor. : 384 fr.

Les tomes I à X forment une série complète.

NOTA. — Les ouvrages marqués d'un * ont été choisis par le ministère de l'instruction publique pour faire partie des catalogues des bibliothèques publiques scolaires. Le deuxième* désigne les ouvrages choisis pour être distribués en prix.

Les nouveautés du 1er janvier 1881 sont marquées d'une †.

COLLECTION COMPLÈTE
DES TRENTE PREMIERS VOLUMES DU
MAGASIN D'ÉDUCATION
ET DE RÉCRÉATION
PUBLIÉ SOUS LA DIRECTION DE
MM. JEAN MACÉ — P.-J. STAHL — JULES VERNE

Prix : 200 francs

Payables en 8 termes de 25 francs à répartir en deux ans

Les trente premiers volumes illustrés parus du *Magasin d'Éducation et de Récréation* constituent à eux seuls toute une bibliothèque de l'enfance et de la jeunesse. L'examen du catalogue général du *Magasin*, que nous tenons toujours à la disposition des parents, leur montrera que les œuvres principales, et pour ainsi dire complètes, de JULES VERNE, de P.-J. STAHL, de JULES SANDEAU, de E. LEGOUVÉ, d'EGGER, de J. MACÉ, de L. BIART et de bien d'autres; que les plus heureuses séries de dessins de Frœlich, Froment et d'un grand nombre d'artistes éminents, écrites ou dessinées avec un soin scrupuleux, à l'usage spécial de la jeunesse et de la famille, sont contenues dans les trente volumes déjà parus.

Cette collection grand in-8° représente par le fait la matière de plus de cent volumes in-18 ordinaires. Elle est en outre illustrée de près de quatre mille dessins, créés expressément pour le *Magasin d'Éducation*.

Le *Magasin d'Éducation* s'est tenu avec soin en dehors de ce qu'on appelle l'actualité, dont l'intérêt passe et vieillit, pour ne laisser entre les mains de ses lecteurs que des œuvres d'un intérêt durable et permanent. Les premiers volumes, à ce titre, présentent donc un intérêt égal aux derniers, et offrir aux enfants les premières années, s'ils ne les connaissent pas, leur assure des lectures aussi agréables que si on leur donnait les dernières.

*LES TOMES I à XXX
RENFERMENT COMME ŒUVRES PRINCIPALES

Les Aventures du Capitaine Hatteras, Les Enfants du Capitaine Grant, Vingt mille lieues sous les mers, Aventures de trois Russes et de trois Anglais, Le pays des Fourrures, L'Ile mystérieuse, Michel Strogoff, Hector Sarvadac, Les Cinq cents millions de la Bégum, de Jules VERNE. — La Morale familière, Les Contes Anglais, La Famille Chester, L'Histoire d'un Ane et de deux jeunes Filles, Une Affaire difficile à arranger, Maroussia, Un pot de crème pour deux, de P.-J. STAHL. — La Roche aux Mouettes, de Jules SANDEAU. — Le Nouveau Robinson Suisse, de STAHL et MULLER. — Romain Kalbris, d'Hector MALOT. — Histoire d'une Maison, de VIOLLET-LE-DUC. — Les Serviteurs de l'Estomac, Le Géant d'Alsace, Le Gulf-Stream, etc., de Jean MACÉ. — Le Denier de la France, La Chasse, Le Travail et la Douleur, A Madame la Reine, La Fée Béquillette, Un premier Symptôme, Sur la Politesse, Lettre à Mlle Lili, etc., de E. LEGOUVÉ. — Le Livre d'un père, de Victor DE LAPRADE. — La Jeunesse des Hommes célèbres, de MULLER. — Aventures d'un jeune Naturaliste, Entre Frères et Sœurs, Voyages et Aventures de deux enfants dans un parc, Les Voyages involontaires, de Lucien BIART. — Causeries d'Economie pratique, de Maurice BLOCK. — La Justice des choses, de Lucie B***. — Les Aventures d'un Grillon, La Gileppe, par le docteur CANDÈZE. — Vieux souvenirs, Départ pour la Campagne, Bébé aime le rouge, etc., de Gustave DROZ. — Le Pacha berger, par E. LABOULAYE. — La Musique au foyer, par LACOME. — Histoire d'un Aquarium, Les Clients d'un vieux Poirier, de E. VAN BRUYSSEL. — Le Chalet des Sapins, de Prosper CHAZEL. — L'Odyssée de Pataud et de son chien Fricot, de P.-J. STAHL et CHAM. — Le petit Roi, de S. BLANDY. — L'Ami Kips, de G. ASTON. — La Grammaire de Mlle Lili, de Jean MACÉ. — Histoire de mon oncle et de ma tante, par A. DEQUET. — L'Embranchement de Mugby, Histoire de Bebelle, Une lettre inédite, Septante fois sept, de Ch. DICKENS, etc., etc. — C'est-à-dire une Bibliothèque complète de l'Enfance et de la Jeunesse.

Les petites Sœurs et petites Mamans, Les Tragédies enfantines, Les Scènes familières et autres séries de dessins, par FROELICH, FROMENT, DETAILLE; textes de STAHL.

*TOMES XXXI-XXXII

La Maison à vapeur, par JULES VERNE. — Les Quatre filles du docteur Marsch, par P.-J. STAHL. — Leçons de Lecture, par E. LEGOUVÉ. — Riquette, par P. CHAZEL. — Contes et nouvelles, par C. LEMONNIER, LERMANT, BENTZON, DUPIN DE SAINT-ANDRÉ, NICOLE, BÉNÉDICT, etc.

ENFANCE, JEUNESSE. — LIBRAIRIE SPÉCIALE

Cours complet et gradué d'Éducation
POUR LES FILLES ET POUR LES GARÇONS
A suivre en six années
Soit dans la Pension, soit dans la Famille

CAHIERS
D'UNE ÉLÈVE DE SAINT-DENIS
PAR DEUX ANCIENNES ÉLÈVES DE LA MAISON DE LA LÉGION D'HONNEUR
ET PAR
LOUIS BAUDE, ancien professeur au Collège Stanislas.

17 Volumes in-18. — Brochés, **57 fr.**; cartonnés, **61 fr. 50**

Chaque volume se vend séparément

Sommaire des 12 cahiers. — Introduction. — Grammaire française. — Dictées. — Histoire sainte. — Mappemonde. — Géographie de l'Histoire sainte. — Anciennes divisions de la France par provinces. — Division de la France par départements. — Table chronologique des rois de France. — Arithmétique. — Système métrique. — Lectures et exercices de mémoire. — Étymologies. — Histoire ancienne. — Ères chronologiques. — Mythologie. — Etudes préparatoires à l'Histoire de France. — Cosmographie. — Géographie de l'Asie Mineure. — Départements et arrondissements de la France. — Géographie de la France. — Histoire romaine. — Histoire de l'Église. — Paris et ses monuments. — Récapitulation de l'Histoire ancienne. — Histoire du moyen âge. — Géographie moderne. — Géographie de l'Europe. — Histoire naturelle. — Précis de l'histoire de la langue française. — Traité de versification. — Histoire moderne. — Géographie de l'Amérique et de l'Océanie. — Curiosités historiques. — Botanique. — Zoologie. — Principales inventions et découvertes. — Principes de littérature. — Histoire de la littérature ancienne et française. — Philosophie. — Table chronologique des principaux événements de l'histoire contemporaine depuis 1789. — Bibliographie.

Original en couleur

NF Z 43-120-8

www.ingramcontent.com/pod-product-compliance
Lightning Source LLC
Chambersburg PA
CBHW060505170426
43199CB00011B/1327